Un Análisis Socio-Criminológico de la Epidemia del VIH

de
Bruno Meini

Bridging Languages and Scholarship

Serie en Sociología
VERNON PRESS

www.vernonpress.com

In the Americas:	*In the rest of the world:*
Vernon Press	Vernon Press
1000 N West Street, Suite 1200,	C/Sancti Espiritu 17,
Wilmington, Delaware 19801	Malaga, 29006
United States	Spain

B|S Bridging Languages and Scholarship

Serie en Sociología

LOC: 2021948501

ISBN: 978-1-64889-336-0

Also available: 978-1-64889-335-3 [Hardback]

Cover design by Vernon Press, using elements designed by Freepik.

Tabla de contenido

Lista de figuras

Introducción

La salud, y especialmente el virus de la inmunodeficiencia humana (VIH), se ha convertido en un problema mundial que requiere soluciones que todos los países puedan acordar. La mayoría de las infecciones mundiales en 2018 se produjeron entre las poblaciones clave y sus parejas sexuales. Las poblaciones clave constituyen un pequeño porcentaje de la población general, pero son las que corren mayor riesgo de adquirir o transmitir el VIH, independientemente del entorno legal y político. Los datos disponibles sugieren que el riesgo de adquirir el VIH entre los hombres homosexuales y otros hombres que tienen relaciones sexuales con hombres fue 22 veces mayor en 2018 que entre todos los hombres adultos. Del mismo modo, el riesgo de contraer el VIH para las personas que se inyectan drogas fue 22 veces mayor que para las personas que no se inyectan drogas, 21 veces mayor para los profesionales del sexo que los adultos de 15 a 49 años y 12 veces mayor para las personas transgénero que los adultos de 15 a 49 años (ONUSIDA 2019, 9).

En base en lo anterior, se deduce que la expansión de los mercados de la droga y sexo ha desempeñado un papel esencial en la propagación del VIH a casi todos los rincones del mundo, lo que ha llevado a las organizaciones internacionales a tomar iniciativas a escala global (OMS 2019; OMS 2015). La comunidad internacional ha operado directamente a través de la acción de organismos especializados, como la Organización Mundial de la Salud (OMS) (Kim 2015). También ha logrado que el tema de la salud se incorpore a las agendas de las cumbres internacionales y de los principales convenios internacionales, así como a algunos documentos del Secretario General de las Naciones Unidas. En este contexto, el tema de la calidad en los sistemas de salud está adquiriendo gradualmente proporciones universales. En la mayoría de los países, la calidad se ha vuelto fundamental en la realización de políticas adecuadas de servicios sociales y de salud. Las organizaciones internacionales han tenido un papel importante en la promoción de proyectos de desarrollo de servicios de salud cualitativos en países de bajos ingresos (Beigbeder 2004, 1-7).

La dimensión global del VIH se puede inferir por la propagación del virus por todo el mundo. A finales de 2018, había 37,9 millones [32,7 millones – 44,0 millones] de personas que vivían con el VIH. De ellos, alrededor del 61% se encuentran en África subsahariana, la región más afectada por la epidemia (ONUSIDA 2019, 16-17). El número de personas seropositivas está aumentando a medida que más personas viven más tiempo debido a la terapia antirretroviral, junto con el número de nuevas infecciones por el VIH que, aunque está disminuyendo, sigue siendo muy alto (Ghys et al. 2018). A nivel mundial, las nuevas infecciones por el VIH entre las mujeres jóvenes de 15 a 24 años se redujeron en un 25% entre 2010 y 2018. Sin embargo, estos datos alentadores no pueden pasar por alto lo que sigue siendo inaceptable, concretamente, el hecho de que cada semana 6.000 adolescentes se infectan con el VIH (ONUSIDA 2019, 2).

El VIH sigue siendo uno de los virus más temidos en la sociedad y, a menudo, alimenta la llamada fobia al sida, que es el miedo irracional a infectarse con el VIH o el miedo a que ya se haya infectado a pesar de la evidencia de lo contrario. A partir de esta fobia, a veces pueden surgir reacciones colectivas de histeria y pánico porque el VIH es el virus que causa la enfermedad mortal SIDA (Hood 2013). Sin embargo, estas reacciones no justifican actitudes injustas hacia aquellos grupos sociales que ya están socialmente excluidos debido a sus conductas, especialmente en los países en desarrollo (Chingwaru y Vidmar 2018). Este proceso de etiquetado puede llevar a sospechar de cualquier individuo que entre en contacto con poblaciones clave con mayor riesgo de exposición al VIH y esté influenciado por un sentimiento de repulsión por los modos por los cuales una persona sana puede ser infectada por una persona VIH positiva (Mawar et al. 2005). Las desaprobaciones morales no solo afectan a quienes presentan un estado de salud precario, sino que terminan por incluir también aquellas conductas que más aumentan el riesgo de transmitir o ser infectado por el virus, como tener sexo sin proteccion vaginal, anal o sexo oral (Kalichman et al. 2007), tener múltiples parejas sexuales casuales sin usar condón durante las relaciones sexuales (Steffenson et al. 2011), tener relaciones sexuales sin protección con una pareja que se inyecta drogas (Chikovani et al. 2013) y tener relaciones sexuales sin protección con profesionales del sexo (Mulieri et al. 2014).

En la vida cotidiana, desde ver los medios de comunicación hasta hablar en los bares, el VIH rara vez está fuera de la conciencia pública. El volumen de cobertura varía bastante de un país a otro. En la década de 1980, el interés inicial excesivo de los medios de comunicación por la enfermedad se desvaneció pronto. Posteriormente, a principios de la década de 1990, las noticias tendieron a adoptar un tono más sensacionalista y extremo que en el pasado. Esta nueva tendencia contribuyó considerablemente a que pareciera cada vez más e inequívocamente evidente que, las personas más expuestas a la infección eran aquellas poblaciones que, mucho antes de la llegada del VIH, ya estaban discriminadas, socialmente excluidas y estigmatizadas dentro de cada sociedad, como los hombres gay y otros hombres que tienen relaciones sexuales con hombres, trabajadores sexuales, personas transgénero y personas que se inyectan drogas (Aggleton et al. 2005).

El estigma y la discriminación relacionados con el VIH afectan negativamente a las personas que viven con el VIH y que se consideran peligrosas debido a su estado patológico (Phillips y Saewyc 2010, 369–370). En consecuencia, la reducción del estigma y la discriminación relacionados con el VIH puede mejorar drásticamente la vida de las personas más vulnerables a la infección por el VIH, mediante la implementación de un programa de inclusión social eficaz que facilite un proceso de optimización de las inversiones en la prevención, la atención y el tratamiento del VIH (Carr y otros 2010).

El VIH es un problema social importante que también ha movilizado el interés científico de numerosos investigadores. La investigación médica está experimentando una multiplicidad de estrategias con la esperanza de erradicar totalmente el VIH del cuerpo (una cura esterilizante) o limitarlo a un nivel tan bajo que el sistema inmunológico pueda mantener el control sin medicamentos antirretrovirales (una cura funcional). La mayoría de los investigadores buscan descubrir una vacuna eficaz contra el VIH, mientras que otros experimentan con una variedad de fármacos para encontrar un tratamiento eficaz (Highleyman 2011). Sin duda, la investigación científica médica ha dado enormes pasos hacia adelante, mientras que en el campo de la investigación social el camino aún se encuentra en etapas iniciales y muchos esperan una respuesta satisfactoria. Sin embargo, con la superación de un clima cultural propio de las situaciones de emergencia, las ciencias sociales, y en particular la sociología, han comenzado a producir varios trabajos significativos sobre el VIH (Watkins-Hayes 2014).

Este volumen ofrece un análisis completo de las dimensiones socio-criminológicas multifacéticas de la epidemia del VIH y contribuye positivamente al debate sociológico en curso sobre las enfermedades infecciosas. El autor pretende crear una epistemología del VIH independiente y original para explicar las fuerzas sociales que impactan y determinan el curso y la experiencia de la epidemia y también busca replantear el discurso popular sobre el VIH para reflejar conceptualizaciones sociológicas (Lemelle Jr., Harrington y LeBlanc 1999). Este paso conduce a identificar el concepto de interacción social como una herramienta apropiada para resaltar la compleja naturaleza social del virus (Derlega y Barbee 1998).

El libro está compuesto por seis capítulos. El primero resume todos los aspectos principales de la epidemia del VIH y ofrece una fuente detallada de información fácilmente disponible. El segundo capítulo se centra en el análisis sociológico del VIH con especial referencia al concepto de Parsons del "papel del enfermo". La cuestión de la desviación relacionada con la salud surge no solo en este contexto, sino también al tomar en consideración a los niños huérfanos por el SIDA. El tercer capítulo examina los efectos del estigma y la discriminación relacionados con el VIH en los niños que quedaron huérfanos a causa del SIDA y otros niños vulnerables a causa del VIH y cómo promover una estrategia que atraiga a estos menores a los planes y programas de protección social. El cuarto capítulo aborda los vínculos entre la violencia contra las mujeres y los niños y el riesgo de infección por el VIH tomando en consideración la realidad sudafricana como un ejemplo esclarecedor. El quinto capítulo ilustra la posible asociación entre los aspectos nocivos de la herencia de la viuda, las pruebas de virginidad, la mutilación genital femenina y la transmisión del VIH en mujeres adolescentes y adultas. Este capítulo contribuye significativamente al campo multifacético de la victimología de los derechos humanos. El sexto capítulo investiga los problemas relacionados con el VIH, la delincuencia, la seguridad y la gobernanza. Reconoce que la "salud" es parte del tejido de lo que constituye la seguridad de un país, no solo por el impacto que una enfermedad puede tener en la estabilidad de un estado, sino también por la capacidad del estado para mantener la estabilidad interna y la seguridad externa.

Capítulo 1

VIH: Los aspectos básicos

Salud y enfermedad

El concepto del binomio salud y enfermedad lo vamos a interpretar partiendo de la base de tres aspectos distintos: los que son sanos o enfermos (subjetivos), el médico (profesional) y las herramientas técnicas (objetivo) que pueden identificar, medir y representar la enfermedad de diversas formas. Cuando la mala salud se relaciona con un mal funcionamiento orgánico, se denomina enfermedad, mientras que la situación que experimenta una persona enferma y cómo la percibe se denomina dolencia. La dolencia condiciona el grado de adhesión a una terapia y, en algunos casos, la elección del terapeuta. Sin embargo, el significado que cada individuo le da a su estado de mala salud no es del todo subjetivo y siempre está condicionado socialmente. Un sociólogo tendria más que decir sobre el concepto de dolencia que sobre el de enfermedad, puesto que la interpretación que da la persona enferma a su mala salud está mediada por la perspectiva social. De hecho, el científico social es quien puede describir y explicar cómo la sociedad y sus segmentos dan lugar a la dolencia del individuo. El campo de estudio es bastante amplio. Solo necesitamos, a modo de ejemplo, pensar en las dolencias relacionadas con estilos de vida poco saludables incluyendo el alcoholismo (Cipolla 2002a, 12-13). Por consiguiente, el estilo de vida de una persona por sí solo puede ser la causa de graves desventajas y explicar asi el desarrollo de patologías menos graves (como, afecciones cardiovasculares) o su ausencia en las últimas décadas (Cipolla 2002b, 22). Finalmente, la enfermedad es el alcance social real de una dolencia; en otras palabras, la capacidad de un individuo para realizar aquellas tareas en las que la actividad de una comunidad se concreta. Cuando un individuo no puede realizar estas tareas, debido a la aparición de una enfermedad o dolencia, otros individuos lo definen como una persona enferma (Larsen, Lewis y Lubkin 2006, 23–44).

El origen del SIDA

A partir de la segunda mitad del siglo XIX, los primeros modelos biomédicos presentaban la enfermedad como un incidente accidental provocado por factores orgánicos y ambientales como virus, bacterias o contaminación; factores que logran superar la barrera de los mecanismos de defensa del cuerpo humano. Posteriormente, a principios del siglo XX, se desarrolló una perspectiva biopsicosocial. Según esta perspectiva, los riesgos para la salud son la consecuencia de la interacción entre el individuo (bio y psico) y el entorno que lo rodea (social). Más recientemente, esto fue reemplazado por una interpretación del riesgo para la salud, según la cual, el riesgo proviene del control insuficiente del individuo sobre sus impulsos internos cambiantes (Ogden 1995, 412-413). Partiendo de esta suposición, el autor puede ahora centrar su atención en el sida. En 1981, la descripción de cinco casos de neumonía por Pneumocystis[1] entre hombres homosexuales en Los Ángeles en el *Morbidity and Mortality Weekly Report*, una publicación de los Centros para el Control y la Prevención de Enfermedades (CDC) en Atlanta (la autoridad epidemiológica de los Estados Unidos)[2], fue el primer informe que se publicó sobre una enfermedad que, posteriormente se conocería como síndrome de inmunodeficiencia adquirida (SIDA) (Curran y Jaffe 2011, 64). Identificado por primera vez en 1981[3], pero clasificado oficialmente en 1982, el sida es una enfermedad provocada por un virus llamado virus de inmunodeficiencia humana (VIH), que pertenece a un subgrupo de retrovirus conocido como lentivirus, cuya principal característica es penetrar sutilmente en el nucleo de control del sistema inmunológico humano y progresivamente privarlo de su capacidad para contrarrestar agentes infecciosos (Douek, Roederer y Koup 2009).

Después de describir el SIDA en los homosexuales, las autoridades epidemiológicas estadounidenses establecieron un sistema de monitorización nacional y, por razones estadísticas, decidieron dar una definición de casos de SIDA que pudiera cumplir con unos parámetros específicos. Según esta definición, un individuo ha adquirido el síndrome de inmunodeficiencia cuando existen las siguientes condiciones: a) se les ha diagnosticado plausiblemente una enfermedad (por ejemplo, sarcoma de Kaposi y neumonía por Pneumocystis

---

[1] La enfermedad PCP es una forma de neumonía, causada por el hongo Pneumocystis jirovecii. Es relativamente raro en personas con sistemas inmunitarios normales, pero común entre personas con sistemas inmunitarios debilitados, como los niños prematuros o gravemente desnutridos, los ancianos y especialmente las personas que viven con el VIH (en quienes se observa con mayor frecuencia) (Aliouat-Denis et al.2008, 708–726).

[2] Finalmente, se concibió un único factor común para diversos cuadros clínicos. El síndrome se caracterizó por la aparición de infecciones y / o tumores definidos como oportunistas (porque aprovechan una deficiencia grave del sistema inmunológico del organismo, lo que les permite desarrollarse) y condicionados por la presencia de una inmunodeficiencia. Así surgió el síndrome de inmunodeficiencia adquirida, o SIDA (Elder, Baker y Ribes 2004, 281–288).

[3] Tras prolongadas controversias de carácter científico y político-legal sobre la paternidad de la identificación del virus entre el grupo francés liderado por Luc Montagnier y el grupo estadounidense liderado por Robert Gallo, se llegó a un acuerdo que disponía también que se utilizara un solo nombre. para referirse al virus; por lo tanto, se estableció que debería ser VIH, que significa Virus de Inmunodeficiencia Humana (Vahlne 2009).

carinii) que sugiere una falta de inmunidad celular; b) la enfermedad ocurre en ausencia de otras causas conocidas de deficiencia de inmunidad celular (por ejemplo, el uso de medicamentos inmunosupresores). En 1982, durante una investigación epidemiológica, los científicos del CDC llegaron a una conclusión interesante al emplear la definición de SIDA antes mencionada: Todos los casos (excepto uno) se referían a hombres, el 92% de los cuales eran homosexuales y bisexuales. Estos resultados llevaron a la suposición errónea de que el SIDA era una enfermedad exclusivamente homosexual vinculada con un tipo particular de relación sexual, un alto grado de cambio en las parejas sexuales y el uso de sustancias estimulantes (CDC 1982a). En consecuencia, el estigma asociado al SIDA como enfermedad se basaba en un estigma preexistente (Herek y Glunt 1988, 887), tanto es así que inicialmente la enfermedad fue etiquetada con el acrónimo GRID (Inmunodeficiencia relacionada con los homosexuales en inglés: Gay-Related Immunodeficiency) (Altman 1982); en otras palabras, la orientación sexual se convirtió en el criterio definitorio de la enfermedad. Sin embargo, pronto se detectó el desarrollo de otras infecciones oportunistas similares a las descritas en pacientes homo-bisexuales, con enfermedades relacionadas con el VIH, en muchas personas heterosexuales con problemas de drogadicción, en pacientes hemofílicos heterosexuales y en varios inmigrantes haitianos en los Estados Unidos. De igual modo, el SIDA se detectó tambien en las parejas femeninas de personas VIH positivas y en los niños nacidos de madres pertenecientes a los grupos enumerados anteriormente. Además, se hizo más fuerte la convicción de que la enfermedad podía transmitirse a través de un agente viral y por modos sexuales y parenterales similares a los del virus de la hepatitis B. En 1982, esta teoria fue corroborada por la identificación del virus en receptores de transfusiones. (CDC 1982b).

La controversia haitiana

A partir de la década de 1960, los haitianos habían estado emigrando a los Estados Unidos tanto legal como ilegalmente, por aire y por mar, a menudo impulsados por las mismas razones que habían empujado y atraído a otras oleadas de inmigrantes; huir de la violencia y la pobreza y trabajar para mantener a sus familias. Estos inmigrantes no fueron bienvenidos en los Estados Unidos; muchos de ellos fueron recluidos en centros de detención del Servicio de Inmigración y Naturalización de los Estados Unidos. Este organismo sostuvo que los haitianos no podían ser admitidos como refugiados, mientras que muchos haitianos y varios defensores de derechos humanos estadounidenses argumentaron lo contrario y denunciaron la ilegalidad de las detenciones. La epidemia de SIDA se produjo precisamente en el punto culminante de este debate. En noviembre de 1981, solo unos meses después de que la literatura médica anunciara lo que luego se llamaría SIDA, varios inmigrantes haitianos con infecciones típicas del síndrome fueron examinados en varios hospitales de Florida. Además, se descubrieron inmediatamente muchos otros casos entre la comunidad haitiana de Nueva York. (Pitchenik et al. 1983). En 1982, las autoridades epidemiológicas estadounidenses anunciaron que 34 haitianos residentes en Estados Unidos habían padecido infecciones oportunistas (CDC 1982c). A diferencia de otros pacientes norteamericanos que cumplieron con los criterios de diagnóstico de enfermedades relacionadas con el VIH, los haitianos negaron estar involucrados en conductas de riesgo como sexo sin protección entre hombres, uso de equipo para inyectarse drogas no esterilizado o transfusión de sangre infectada. Casi todos los casos del síndrome conocidos en ese momento implicaban uno o más de estos comportamientos; pero según muchos estudios, los casos de VIH entre la comunidad inmigrante haitiana nos plantean un misterio absoluto. Esto hizo que trabajadores sanitarios de Estados Unidos se vieran obligados a determinar el origen de estos casos no clasificables. Para establecer con precisión el riesgo de exposición al VIH entre la comunidad inmigrante haitiana, fue necesario un conocimiento lo mas exacto posible del tamaño de dicha población. Sin embargo, dado que no se disponía de datos relevantes, en lugar de admitir que el riesgo no podía cuantificarse, se utilizó a modo simpobólico un número que dictaba muy lejos de la realidad de 200.000 inmigrantes haitianos. El paso lógico posterior fue que el CDC agregó a ese número, todos los haitianos pertenecientes a las cuatro principales poblaciones clave con mayor riesgo de exposición al VIH. Los integrantes de estas poblaciones se definieron como el club de las cuatro H; homosexuales, haitianos, hemofílicos y consumidores de heroína (Farmer 1992, 211–212).

La prensa no dudó en publicar las conclusiones de los CDC y las imágenes poco halagüeñas de los pacientes VIH positivos haitianos y haitiano-estadounidenses. Además, Haití fue acusada de ser el lugar de origen de la infección debido a las transfusiones, de las cuales sólo una se llevó a cabo en Haití en una fecha no especificada (Siegal y Siegal 1983, 85). Estas circunstancias alimentaron un clima de racismo que se hizo bastante evidente cuando la Guardia Costera de los Estados Unidos no permitió atracar a los barcos haitianos (Nachman y Dreyfuss 1986, 33). Las protestas de la comunidad haitiana fueron motivadas por datos científicos que demostraron que el porcentaje de personas infectadas por el VIH en Haití era menor que en muchas otras islas del Caribe y en muchas ciudades de Estados Unidos. Sin embargo, ni siquiera con estos datos, las autoridades nacionales intervinieron a favor de la población haitiana.

Como consecuencia, la presión de las multitudes se hizo tan fuerte que los CDC se vieron obligados a eliminar a los haitianos, de las poblaciones clave con mayor riesgo de exposición al VIH en abril de 1985 (Farmer 1992, 217), aunque sin admitir que la designación previa era errónea (Sabatier 1988, 46). Sin embargo, la ley de la Administración de Drogas y Alimentos de los Estados Unidos que prohibía donar sangre a los haitianos que habían llegado a los Estados Unidos después de 1977 siguió en vigor (Salbu 1996, 952). El 5 de febrero de 1990, el Centro de Evaluación e Investigación Biológica de la Administración de Alimentos y Medicamentos emitió una orden que extendía esta prohibición de donación de sangre o productos sanguíneos, a todos los haitianos, independientemente de cuándo hubieran inmigrado a los Estados Unidos (Fairchild y Tynan 1994, 2013). Esta decisión provocó protestas en todo Estados Unidos, que culminaron con una gran reunión celebrada el 20 de abril de 1990 en Nueva York. La Administración de Alimentos y Medicamentos estaba con la gardia baja (FDA, por sus siglas en inglés) y nombró de inmediato una comisión, que sugirió que se levantara la prohibición de donación de sangre basada en la nacionalidad o el origen geográfico; sin embargo, la FDA no siguió su consejo (Sharif 1990, 13). Los manifestantes se reunieron para protestar en las principales ciudades de Estados Unidos, incluida Washington, donde marcharon hasta la sede de la FDA. En diciembre de 1990, la FDA decidió eliminar formalmente la ley que prohibía a los haitianos donar sangre (Somerville 1990).

Características de la epidemia del VIH

Desde el principio, el sida ha demostrado ser mucho más peligroso que otras enfermedades víricas como el sarampión y la hepatitis, enfermedades cuyos síntomas, leves o graves, aparecen en una semana y que el organismo es capaz de superar gracias a sus anticuerpos. Esto no ocurre con la infección por VIH, que apenas manifiesta síntomas durante su desarrollo. El individuo puede sentirse bien de salud durante mucho tiempo, aunque no lo esté y, por lo tanto, sin saberlo, puede ser una amenaza para los demás. En la actualidad, especialmente en los países occidentales, el tratamiento que se utiliza contra la infección por VIH es en forma de Terapia Antirretroviral de Gran Actividad (TARGA, o HAART, en inglés), que consiste en diferentes combinaciones de fármacos antirretrovirales (Schneider et al. 2005). La mayoría de los pacientes con VIH desarrollan SIDA en la primera década del diagnóstico. De estos pacientes, los que reciben la HAART sobrevivirán más de diez años desde el inicio del SIDA, mientras que los pacientes que no la reciben, por lo general, mueren en el intervalo de los dos años posteriores al inicio del SIDA (Poorolajal et al. 2016). Actualmente un paciente con el virus de la inmunodeficiencia humana no puede curarse porque aún no existe una vacuna capaz de inmunizar a los individuos infectados. Las investigaciones médicas continúan trabajando en una cura para el VIH. Mientras tanto, la terapia antirretroviral combinada consigue preservar la salud de los pacientes con VIH. Lo hace reduciendo los niveles del virus en la sangre a un nivel indetectable. Esto se llama supresión viral y ayuda a prevenir la progresión del VIH al SIDA. De ahí que sea de primordial importancia que el paciente siga con una precisión absoluta el tratamiento (Johnson 2019).

Muchos académicos e investigadores, han estudiado la epidemia con el propósito de, resaltar los fallos de las instituciones para aislar el VIH y diseñar estrategias eficientes para la salud pública. Paula Treichler (1987) acuñó el concepto de 'epidemia de significación'; un amplio mapa y análisis de los múltiples significados del VIH, que proporcionaron una definición oficial con la que se pudieron establecer políticas, reglas y procedimientos con los que regir el futuro de los seres humanos con respecto a la epidemia. Con este proyecto anticipó que era esencial determinar democráticamente el significado fidedigno del VIH (Kane 1994, 326). Charles Perrow y Mauro F. Guillén (1990) presentaron la epidemia del VIH en la ciudad de Nueva York como producto de la incapacidad sistemática de organizaciones complejas para hacer frente a crisis de emergencia. Gerald Oppenheimer (1992) se centró en el aspecto profesional de la epidemia. Mas concretamente, describió las formas en que el paradigma profesional de la epidemia incorporó ideas sociales y culturales, capaces de aislar un cierto número de variables que podrían ser los causantes de la transmisión del VIH. También expresó que el problema epidemiológico enfatizó estas ideas a través de afirmaciones científicas fundamentadas. Estos fundamentos teóricos fueron útiles para el mismo Oppenheimer que explicó cómo los CDC identificaron prematuramente al SIDA como una enfermedad de los hombres homosexuales y cómo esta interpretación errónea afectó a las políticas tempranas de prevención pública (Musheno 1994, 237).

Por último, es importante entender que el SIDA debe clasificarse como una enfermedad crónica (long wave), en los que los efectos negativos y de mayor índole emergen gradualmente con el tiempo. Esta enfermedad es diferente de otras con períodos de incubación cortos y con tasas de mortalidad altas. Por ejemplo, el cólera es una enfermedad de radio reducido (short wave) y cuyo transcurso es predecible tan pronto como el individuo contrae la enfermedad. Según el Centro MacKinder para el Estudio de eventos de onda larga (Study of Long Wave Events) de la Escuela de Economía de Londres, las patologías de acción prolongada comparten características específicas:

- o   Su comienzo es inadvertido.
- o   Cuando se detecta la presencia, dinámicas y efectos de la patología, requieren de una larga duración para reducir o anular el virus (en muchos casos el pronóstico es inexorable).
- o   La gestión es diferente de la empleada en patologías de corto alcance.
- o   Las instituciones dudan a la hora de utilizar los recursos requeridos para llevar a cabo las acciones apropiadas debido a que los políticos se limitan a aprobar medidas que se mantienen en vigor hasta un máximo de cinco

años, mientras que la enfermedad se prolonga en el tiempo al menos, durante varias décadas.

o La gestión de sus consecuencias genera nuevas preguntas, las cuales no son siempre susceptibles de ser respondidas por la experiencia humana.

o Su tratamiento requiere de unas extraordinarias habilidades políticas y administrativas.

o Una vez han sido identificados, se lleva a cabo una aproximación de emergencia para tratarlos, lo que eventualmente acaba por empeorar la situación.

El SIDA es una afeccion de largo alcance a causa de las características específicas y distintivas del patógeno de la enfermedad: el VIH (Barnett 2006, 302–303).

Las rutas de transmisión del VIH

Los estudios desarrollados a partir de la identificación del VIH como agente causal del SIDA permitieron la definición de sus características biológicas y la verificación de sus rutas de transmisión, las cuales son las vías principales por las que alguien puede infectarse del VIH. El virus se transmite en los fluidos corporales humanos por tres rutas: en un encuentro sexual a través de los tejidos vaginales, rectales o del pene (transmisión sexual), mediante contacto directo con equipo de inyección de drogas contaminado y no esterilizado u otro equipo perforante médico y no médico, y transfusión de sangre infectada y exposición a productos plasmáticos no tratados (transmisión parenteral) y de madre seropositiva a hijo durante el embarazo, el trabajo de parto y el parto y durante la lactancia (transmisión de madre a hijo) (Shaw and Hunter 2012).

El VIH se transmite principalmente a través de relaciones sexuales sin protección (incluido el sexo anal y oral). La transmisión sexual depende teóricamente de los siguientes factores de riesgo: la probabilidad de que la pareja esté infectada por el VIH, la cantidad de parejas con las que una persona ha tenido relaciones sexuales en su vida, el tipo de contacto sexual involucrado, la cantidad de virus presente en la sangre o las secreciones de la pareja infectada y la presencia en una o ambas parejas de otras infecciones de transmisión sexual y/o lesiones genitales (Ferris, Mizwa y Schutze 2010, 120-122). Las lesiones genitales ulcerativas, como las que se observan en la infección por el virus del cancroide, la sífilis o el herpes simple, parecen aumentar la susceptibilidad a la infección (Gillespie et al. 2013, 468–469). Se considera que el sexo oral sin protección conlleva el menor riesgo de transmisión; el riesgo es tan bajo que los investigadores han tenido dificultades para cuantificarlo. La probabilidad de transmisión del VIH durante un acto de coito vaginal sin protección a menudo se establece en aproximadamente 0,1%, o 1 en 1.000 (Powers et al. 2008; Boily et al. 2009). El coito anal sin protección se considera más riesgoso, con un riesgo por acto estimado de 1 en 100 a 1 en 50, que es de 10 a 20 veces mayor que el coito vaginal sin protección. El coito anal puede aumentar sustancialmente el riesgo de transmisión del VIH, ya que la mucosa anal es más vulnerable a la penetración del virus (Halperin et al. 2002; Baggaley, White y Boily 2010). Sin embargo, entre las parejas heterosexuales discordantes, la transmisión del VIH de hombre a mujer es relativamente más eficaz que la transmisión de mujer a hombre (Nicolosi et al. 1994; Padian et al. 1997). La explicación más probable de esta diferencia en la facilidad de transmisión del VIH de hombres seropositivos a sus parejas sexuales no infectadas se relaciona con el mayor volumen de semen en comparación con las secreciones cervicovaginales y con la mayor concentración de VIH en promedio en el líquido seminal (Cohn and Clark 2014, 1592).

La transmisión parenteral se define como la que ocurre fuera del tracto digestivo, como en las inyecciones subcutáneas, intravenosas, intramusculares e intracisternales (Berkley 1991). Ocurre principalmente entre personas que se inyectan drogas. Sin embargo, el VIH sigue transmitiéndose en los entornos de atención de la salud mediante el uso de equipos de inyección, quirúrgicos y de perforación de la piel contaminados, la transfusión de sangre y productos plasmáticos, la donación de tejidos, órganos y espermatozoides y la exposición ocupacional accidental, como las lesiones por pinchazos de agujas. Los casos de transfusión de sangre o productos plasmáticos contaminados con el VIH han empujado a las autoridades sanitarias a imponer la selección de donantes de sangre adecuados y el análisis de la sangre que se utiliza para transfusiones en la mayoría de los países con ingresos altos. En tales países, la implementación de medidas de seguridad ha reducido significativamente el riesgo de transmisión del VIH durante la transfusión de sangre. Sin embargo, la infección por el VIH sigue siendo un riesgo asociado con las transfusiones de sangre en países de escasos recursos donde las pruebas rutinarias de toda la sangre utilizada para las transfusiones no existen, son inadecuadas o son de baja calidad. Casi todos los pacientes que reciben sangre infectada desarrollan el VIH postransfusional (WHO 2014a, 18–20).

La transmisión del VIH de madre a hijo es el modo más importante de contagio del VIH en lactantes y niños, pero se desconoce el mecanismo exacto de transmisión del VIH de madre a hijo. Como se vio anteriormente, la transmisión puede ocurrir durante la vida intrauterina, el parto o la lactancia. Se cree que el mayor factor de riesgo de transmisión vertical es la enfermedad materna avanzada, probablemente debido a una alta carga viral materna del VIH (García et al. 1999). Sin tratamiento profiláctico, aproximadamente el 15-30% de los bebés nacidos de mujeres seropositivas se infectarán con el VIH durante la gestación y el parto, y otro 5-15% se infectará a través de la leche materna durante la lactancia (De Cock et al. 2000). La infección por el VIH de lactantes y niños genera una enfermedad crónica de por vida que potencialmente acorta la esperanza de vida y contribuye a importantes costes humanos, sociales y económicos (WHO 2014b).

Factores epidemiológicos

Todos los países occidentales han intentado reducir el impacto del VIH mediante la implementación de programas de prevención de amplio alcance caracterizados por la promoción de nuevos modelos de conducta. La idea básica de estas iniciativas era obligar a cada individuo a actuar con responsabilidad. En otras palabras, una vez que una persona descubrió que era positiva en VIH, su única culpa será haber sido negligente. En particular, rechazar el uso de condones como medida preventiva a menudo se ha justificado por el hecho de que perjudica la intimidad y alimenta un estado de desconfianza en la relación de pareja (Schiltz y Sandfort 2000, 1574-1575). Este rechazo a menudo ocurre si uno de los miembros de la pareja revela que es positivo; y, en el caso de mujeres heterosexuales sanas, puede ir acompañada de violencia verbal y física. Esta situación ha producido un aumento considerable del número de parejas en las que ambos cónyuges son seropositivos (Ibid., 1579).

Cabe destacar que, junto a las vías de contagio, los factores epidemiológicos asumen un papel destacado en el estudio del fenómeno del VIH. La epidemiología es la ciencia que estudia la frecuencia y distribución de enfermedades en poblaciones humanas. Identifica los agentes etiológicos de cada enfermedad y recopila y publica los datos necesarios para gestionar, evaluar y planificar los servicios de prevención y tratamiento de diversas patologías (Bonita, Beaglehole y Kjellström 2006). Hay tres tipos diferentes de investigación en el campo de la epidemiología: descriptiva, analítica y experimental. En cada investigación, la incidencia y la prevalencia son indicadores de morbilidad. Más precisamente, la incidencia del VIH se expresa como el número estimado de casos nuevos que surgen en una población específica durante un período determinado. El Programa Conjunto de las Naciones Unidas sobre el VIH y el SIDA (ONUSIDA) normalmente se refiere al número de adultos de 15 a 49 años o niños (de 0 a 14 años) que se han infectado durante el último año. En cambio, la prevalencia del VIH cuantifica el número de personas de una población que viven con el VIH en un momento específico en el tiempo, independientemente del momento de la infección y, por lo general, se expresa como un porcentaje de la población. ONUSIDA normalmente informa sobre la prevalencia entre los adultos de entre 15 y 49 años. En este análisis, el riesgo representa uno de los conceptos fundamentales de la epidemiología y ocupa una posición central en la cultura occidental. Puede definirse como un "mecanismo conceptual a través del cual determinar los resultados posibles y / o probables de nuestras acciones frente a las incertidumbres estructurales generadas por el mundo social y natural"

(Dannreuther y Lekhi 2000, 575). Es una herramienta utilizada para predecir y monitorear el futuro de los siguientes eventos: clima, gestión empresarial, protección del medio ambiente, control del crimen, transporte y promoción de la salud (Heyman, Henriksen y Maughan 1998, 1296). Esta operación postula que algunos individuos, grupos y expertos tienen o creen tener los recursos necesarios para obtener las mediciones adecuadas. En lo que respecta a la salud, los epidemiólogos son investigadores que investigan los patrones y las causas de las enfermedades en los seres humanos y toman decisiones basadas en los datos disponibles, aunque imperfectos.

En el pasado, una de las herramientas heurísticas más importantes en epidemiología analítica era el concepto de grupo de riesgo, que se refería a una categoría de individuos cuyas conductas favorecen la propagación de una infección (Brown 2000, 1276). La división de una población en categorías fue un expediente destinado a medir los efectos que se pueden atribuir a variables biológicas, ambientales y sociales. Las categorías expuestas empleadas en el caso del VIH fueron las siguientes: personas que se inyectan drogas, homosexuales, personas que se inyectan drogas y homosexuales, hemofílicos y receptores de transfusiones de sangre, heterosexuales y transmisión materno-infantil. Fue particularmente desinformante e inadecuado transferir los términos categorías de riesgo, o más simplemente grupos de riesgo, al contexto social. Desafortunadamente, esto sucedió y contribuyó a crear una especie de frontera entre estos grupos y el resto de la población (Goldstein 1991). Esta distinción es incorrecta y engañosa, ya que el riesgo de infección no depende de la pertenencia a un grupo social específico, sino de comportamientos que pueden llevar a estar expuesto al riesgo. Por ejemplo, dentro del grupo social homosexual, hay estilos de vida que son diversos en términos de consistencia y frecuencia de comportamientos sexuales con mayor riesgo de exposición al VIH. Además, estos estilos de vida han cambiado desde el estallido de la epidemia (Altman 1998).

Dentro del proceso de interpretación de las conductas sexuales que crean, aumentan o perpetúan el riesgo, el uso de modelos orientados a una dimensión psicológica individual ha sido predominante durante mucho tiempo. Estos modelos tienen como objetivo explicar cómo las personas perciben el riesgo de acuerdo con una definición epidemiológica utilizada en los mensajes de prevención y las motivaciones que impulsan a las personas a modificar sus comportamientos. La percepción de riesgo se produce sobre la base de la información que protege al individuo de la infección. Esta protección es simplemente un acto individual e intencional parcialmente influenciado por el entorno social circundante. Implícita en este tipo de enfoque está la hipótesis de que la protección de la salud representa la prioridad fundamental de cada individuo. En los últimos tiempos ha surgido un segundo modelo de tipo relacional, según el cual toda relación sexual es el resultado de procesos interactivos entre socios. Aquí, el acto de la persona soltera adquiere significado solo en relación con otro individuo. Por lo tanto, las interacciones que componen la relación adquieren significado solo si se consideran dentro de los límites relacionales, mientras que pierden significado si se toman en consideración por separado. Esta perspectiva no necesariamente descuida o subestima las características individuales del individuo y los elementos del contexto, sino que simplemente los recompone dentro de la estructura lógica de la relación (Bajos y Marquet 2000, 1533-1535). La aplicación de este modelo puede estar bien representada por el manejo de conductas que colocan a los individuos en situaciones en las que pueden estar expuestos al VIH, lo que no se ajusta a modelos de gestión de riesgos individualistas, racionalistas y funcionalistas. El problema está en lograr protegerse mientras se involucra a la otra persona (Manning et al. 2012).

Política de prevención: Una aproximación teórica

Un objetivo muy importante de las intervenciones de prevención es la identificación de las denominadas poblaciones o grupos de individuos ocultos, cuya identificación es especialmente difícil debido a que su percepción institucional es pobre o, en algunos casos, inexistente. Esto puede depender de muchos factores objetivos y subjetivos: su pequeño tamaño, su elección personal de mantener un perfil bajo, su falta de comunicación con el entorno social, su ubicación y composición, y la presencia de protección jurídica que ratifique su derecho a mantener un perfil bajo (Ellard-Gray et al. 2015).

El término población oculta puede incorporar situaciones que son definitivamente diversas, debido a los diferentes significados que pueden adquirir los términos individuales. Estas diferencias conciernen al menos a tres aspectos estrechamente relacionados: en este campo, el concepto de población parece débil e incierto, ya que difícilmente puedo considerarlo comprensivo de las características de los individuos que lo componen y por los criterios de inclusión, que casi nunca se cumplen unívoca y autoexcluyentemente (por ejemplo, se pueden realizar estudios sobre mujeres abusadas sexualmente, pero en el transcurso de su existencia una mujer no se definirá exclusivamente por este hecho y podría estar comprendida simultáneamente en otra población oculta, como un grupo de personas que consumen drogas); los individuos pueden formar parte de una población oculta en niveles diferentes y más o menos conscientes (pensemos en la delincuencia y el consumo de drogas). Un caso extremo es el de las personas que desconocen que padecen determinadas enfermedades, y el grado de visibilidad puede ser mayor o menor según el caso particular (homicidio vs. juego) y el observador (los evasores son desconocidos para las autoridades tributarias, pero son bien conocidos por los contables fiscales). Además, a menudo depende de la actitud del individuo hacia el problema específico (piense en el orgullo homosexual frente a aquellos que ocultan su orientación sexual porque son percibidos como desviados) (Sydor 2013; Duke 2007; Tortu, Goldsamt, and Hamid 2001).

Una epidemia estalla cuando una infección comienza a desarrollarse fuera de las poblaciones clave con mayor riesgo (tanto clave para la dinámica de la epidemia como clave para la respuesta). Ciertamente, el seguimiento de las poblaciones de las que se origina la infección debe realizarse, ya que el paso del virus de estas poblaciones a individuos sanos es crucial para la propagación de la enfermedad. Sin embargo, es importante tener en cuenta que la infección se ha extendido por toda la sociedad y que, por tanto, puede propagarse progresivamente por otros canales. Los científicos sociales han elaborado métodos que pueden identificar una población sumergida considerada de mayor riesgo, estimar su número y sugerir estrategias apropiadas de educación sanitaria (Icard, 2008).

La eficacia de la estrategia de prevención depende, en gran medida, de la comunicación de los modelos de educación en salud capaces de promover la implementación de hábitos saludables convenciendo o, en todo caso, induciendo a las personas a tomar todas las medidas necesarias (Brown, Crawford, et al. Carter 2006). Las intervenciones tradicionales ya no se consideran suficientes para prevenir y controlar el VIH de manera eficaz. Las investigaciones muestran que las actividades de comunicación sobre salud basadas en el comportamiento y diseñadas correctamente, pueden tener un impacto positivo significativo en las actitudes, creencias y comportamientos relacionados con la salud (Doyle et al. 2012).

Durante los últimos 30 años, han surgido cinco principios como componentes centrales para estrategias de comunicación de prevención eficaces. En primer lugar, los profesionales de la salud pública, las políticas y los profesionales de la prevención del VIH deben facilitar mensajes científicamente precisos, completos y actualizados. En segundo lugar, una campaña de información exitosa depende profundamente de la confianza entre el destinatario y el remitente, ya sea un individuo, una organización o una autoridad pública. En tercer lugar, los programas de comunicación deben promover el respeto por uno mismo y el empoderamiento mediante objetivos compartidos que incluyan un mensaje contundente de afirmación de la individualidad de la persona con objetivos relacionados con la salud. En cuarto lugar, cada estrategia de comunicación debe garantizar principalmente la participación de las poblaciones clave en mayor riesgo y las poblaciones vulnerables en todas sus fases a través de enfoques participativos, dialógicos y centrados en la comunidad que puedan aliviar las posibles respuestas negativas (Sander et al. 2016, 5–7).

La epidemiología del VIH demuestra claramente que tener sexo vaginal, anal u oral sin condón con una persona infectada es la principal fuente de transmisión del virus (ONUSIDA 2018a, 8). Se debe estimular a las personas a las que se dirige la intervención preventiva para que discutan cómo evitar eficazmente los riesgos de una posible infección. El sexo no debe considerarse exclusivamente como una necesidad de satisfacción, ya que esto haría aceptable cualquier tipo de comportamiento. Cabe señalar que el uso de condones se está volviendo cada vez más común porque las pruebas han demostrado, que previene la transmisión del VIH y, además, otras enfermedades de transmisión sexual (Arkell y Harrigan 2018). Su difusión, sin embargo, encuentra dificultades significativas en varias áreas del África subsahariana, ya que diversas organizaciones religiosas están en contra del uso de condones porque, en su opinión, esto promovería la infidelidad y la promiscuidad (es decir, los condones están asociados con prácticas pecaminosas e inmorales, actos como el sexo casual). En particular, algunos líderes religiosos relacionan el VIH, el uso de condones y la inmoralidad durante sus sermones en la iglesia, lo que sugiere que solo los no creyentes corren el riesgo de contraer la infección. Esto induce a los jóvenes feligreses a creer que son inmunes al riesgo y, en consecuencia, no adoptan con coherencia las medidas de protección adecuadas. Otros líderes religiosos comparten las opiniones de muchos africanos seculares que se oponen al uso del condón porque lo consideran una estrategia de prevención inviable que reduce el placer sexual (Ochillo, Teijlingen y Hind 2017). Sin embargo, la iglesia necesita limitar sus actitudes de juicio hacia el comportamiento sexual reconociendo la realidad de la actividad sexual entre los jóvenes y la necesidad de usar protección (Mash and Mash 2013).

Varios estudios han demostrado que muchos heterosexuales tienden a etiquetar a diversos grupos minoritarios, como los hombres que tienen relaciones sexuales con hombres, los bisexuales, las personas transgénero y los trabajadores sexuales y sus clientes, como individuos desviados que tienen más probabilidades de estar expuestos al VIH o transmitirlo. Esto sugiere que son claves para la epidemia y claves para la respuesta (Lewis et al.2015; Fredriksen-Goldsen et al.2014; Goh 2008; Samudzi y Mannell 2016; White Hughto, Reisner y Pachankis 2015; Fauk et al. 2018; Pitpitan et al.2013; Scambler y Paoli 2008). Esta actitud implica una separación entre los heterosexuales y las minorías etiquetadas (Herek 2009). Sin embargo, también resucita una vieja idea religiosa tradicional según la cual Dios puede castigar a quienes cometen un pecado como el sexo fuera del matrimonio, incluidas las relaciones sexuales entre personas del mismo sexo, el sexo casual o el sexo comercial, con algunas enfermedades físicas o mentales (O'Mathúna y Larimore 2006, 59–60). A lo largo de la historia, algunas enfermedades, como la lepra y la peste, han simbolizado el pecado más que otras, ya que las personas las asociaron con un comportamiento inmoral (Grigsby 2004). El control social llamó a la marginación y exclusión social del enfermo (Halasz 2018).

La mayoría de los estudios que han verificado hasta qué punto el VIH ha modificado los hábitos sexuales de la población han mostrado que solo una minoría ha cambiado su comportamiento (Noroozinejad et al.2013; Berten y Van Rossem 2009; Odu y Akanle 2008; Ntozi et al. 2003). Los individuos a menudo eligen a sus parejas dentro de su red de amigos o conocidos, y esta elección se basa en la certeza de evaluar la salud de su pareja por su apariencia (Hendrick y Hendrick 2000). Ser consciente de controlar la percepción del riesgo es extremadamente importante para la persona. La mayor vulnerabilidad a una enfermedad infecciosa está estrictamente relacionada con una disminución de la sensación control personal sobre la propia salud. Un individuo no puede aumentar o reducir el riesgo relacionado con una afección específica, a menos que pueda ejercer un control específico sobre la afección en sí mediante la implementación de comportamientos apropiados, pero si esto no sucede, corre el riesgo de contraer una enfermedad infecciosa, incluido el VIH (Carnaghi et al. 2011). Cabe destacar que el control también se ejerce a nivel social tanto por las leyes como por los códigos éticos, que son herramientas importantes para prevenir enfermedades no deseados (OMS 2017).

Considerando lo anterior, las estrategias de prevención del VIH designan la adopción de acciones específicas, sugeridas por los programas de información en salud dirigidos a prevenir la propagación de la epidemia del VIH. Estas acciones pueden ser tomadas por individuos para proteger su propia salud y la salud de las personas que viven en su comunidad (uso apropiado de condones, profilaxis previa a la exposición, profilaxis posterior a la exposición, adherencia a la terapia antirretroviral, etc.) o pueden ser organizados por gobiernos u otras instituciones como políticas de salud pública (educación sexual, educación sexual LGBT, programas de inyección segura, etc.) (ONUSIDA 2018b). Sin embargo, desde el punto de vista de la salud pública, la prevención del VIH se puede articular en tres fases diferentes. En primer lugar, la prevención primaria se centra en cómo ayudar a las personas a protegerse de contraer el VIH (Kelly y Kalichman 2002, 626). Se busca de manera proactiva construir fortalezas de adaptación, recursos de afrontamiento y salud en poblaciones y comunidades; apoya el uso de herramientas de diagnóstico y tratamientos antirretrovirales con políticas educativas adecuadas (incluida la gama de herramientas preventivas disponibles) y cambios a nivel social/estructural (incluyendo cambios en leyes, políticas y prácticas). Esta estrategia también afirma que, solo es posible abordar de manera eficiente los problemas antes o durante, si las personas tienen los recursos que necesitan para prosperar a su alcance (incluido el aumento de opciones terapéuticas disponibles para las personas al cargo de su propia salud) (Ayala et al. 2017, 7). En segundo lugar, la prevención secundaria, a veces se usa para referirse a intervenciones diseñadas para reducir las conductas de riesgo entre las personas que viven con el VIH (p. Ej., Uso constante de condones, reducción de parejas, abstinencia, divulgación del estado serológico y equipo de inyección esterilizado) (Killianova 2013; Brown y DiClemente 2011; Fisher y Smith 2009). Tienen la intención de prevenir la transmisión del virus a las personas VIH negativas, educando a las personas VIH positivas sobre cómo reducir el riesgo de transmisión del VIH a otras personas (se llama prevención positiva), y apoyar al paciente con el cumplimiento de su medicación contra el VIH para evitar complicaciones (Veterans Health Administration 2008). Por último, la prevención terciaria tiene como objetivo limitar los efectos negativos adicionales del VIH y aumentar la calidad de vida de las personas con infección crónica por el VIH (Cabassi 2004, 29). Esto incluye reducir la carga viral y cuidar la salud física y psicológica del paciente proporcionando la base esencial para mantener comportamientos más seguros y mejorar sus condiciones de vida diaria (Knox y Chenneville 2006, 395). La mayoría de las veces, hay más de un enfoque de prevención dirigido a un grupo objetivo, ya que los comportamientos que pueden situarlos en un mayor riesgo de exposición al VIH son multidimensionales y se superponen. Se puede aplicar una gran cantidad de estrategias de intervención a nivel micro (por ejemplo, intervenciones centradas en el pacientes que viven con el VIH y sus familiares o cuidadores formales como profesionales de la salud, enfermeras y trabajadores sociales), meso (comunidad), y macro (política o estructural) con cierta eficacia (Sahasrabuddhe y Vermund 2007).

Conclusión

Las enfermedades infecciosas que han surgido a lo largo de los siglos han incluido algunas de las epidemias más aterradoras del pasado. Siguen desarrollándose nuevas infecciones, mientras que muchas de las viejas plagas todavía están presentes (Morse 2001). La aparición de nuevas enfermedades infecciosas (que incluyen no solo el VIH, sino también la enfermedad por coronavirus 2019 y nuevas cepas de influenza) indica nuevamente que los problemas de salud tienen una dimensión internacional y requieren intervenciones estratégicas globales (Sands, Mundaca-Shah y Dzau 2016).

El VIH, el virus que causa el SIDA, es uno de los problemas de salud pública más graves del mundo, principalmente en el África subsahariana. En esta área geográfica, la enfermedad ha reducido drásticamente la esperanza de vida, en particular entre países con grandes epidemias de VIH (Gori, Manfredi y Sodini 2019, 333). La agenda política internacional sobre el VIH ha surgido gradualmente en paralelo a su reconocimiento como una preocupación internacional. Como resultado, existe un compromiso global para prevenir nuevas infecciones por el VIH y garantizar que todas las personas con VIH tengan acceso a la terapia antirretroviral (TAR) [4] (OMS 2016a).

El uso de TAR es ahora una práctica médica estándar para detener la progresión del VIH porque reduce la carga viral en el cuerpo (Chendi et al. 2019). En las personas VIH positivas, la TAR se recomienda encarecidamente porque proporciona beneficios para la salud pública e individual. Un estudio reciente publicado en Lancet HIV en 2017 examinó la esperanza de vida de las personas mediante el análisis de conjuntos de datos de 18 cohortes europeas y norteamericanas de personas que viven con el VIH. Particularmente, los investigadores observaron datos de 88.504 pacientes que comenzaron el TAR entre 1996 y 2013. Descubrieron que la esperanza de vida había aumentado desde el advenimiento de la TAR, en particular, entre 1996 y 2010, y la esperanza de vida en pacientes de 20 años aumentó en unos nueve años en mujeres y diez años en hombres. Además, la esperanza de vida estimada para un paciente de 20 años que comenzó el tratamiento con medicamentos antirretrovirales entre 2008 y 2010 era de 78 años, es decir, una esperanza de vida cercana a la de la población general (The Antiretroviral Therapy Cohort Collaboration 2017).

El tratamiento antirretroviral también se puede prescribir como profilaxis para personas con riesgo de exposición al VIH (profilaxis previa a la exposición [PrEP] y profilaxis posterior a la exposición [PEP]) (Saag et al. 2018). La PrEP implica el uso de medicamentos antirretrovirales por personas VIH negativas para evitar que contraigan el VIH. La Organización Mundial de la Salud recomienda esta profilaxis para las personas que no siempre usan condones durante la actividad sexual y, por lo tanto, tienen un alto riesgo de infección por VIH. La decisión de utilizar la PrEP recae en la persona, que debe interrumpir inmediatamente la administración si adquiere la infección por el VIH (Coombs y Gold 2019, 1). Se ha demostrado que la PrEP es muy eficaz y reduce el riesgo de contraer el VIH hasta en un 99% si se toma de forma correcta y constante (CDC 2019). La PrEP ha producido un ligero aumento en la esperanza de vida de las poblaciones clave con mayor riesgo de exposición al VIH, como lo confirman los siguientes estudios: el primero se llevó a cabo en los Estados Unidos de América en un grupo de hombres que tenían relaciones sexuales con hombres y con un promedio de edad de 34 años. La PrEP redujo el riesgo de infección por el VIH durante toda la vida del 44% al 25% y aumentó la esperanza de vida promedio de 39,9 años a 40,7 años (Paltiel et al. 2009). El segundo estudio examinó los efectos clínicos de implementar un programa de PrEP en un grupo de hombres brasileños que tenían relaciones sexuales con hombres y mujeres transgénero y con una edad promedio de 31,4 años. La PrEP redujo el riesgo de infección por el VIH de por vida por persona del 50,5% al 40,1%,

---

[4] Los sinónimos son TAR combinada y TAR de gran actividad (OMS 2014c, 3).

mientras que aumentó la esperanza de vida media de 36,8 años a 41 años (Luz et al. 2018).

La PEP es un tratamiento antirretroviral a corto plazo para prevenir la adquisición de la infección por el VIH después de una posible exposición en situaciones ocupacionales o no ocupacionales, principalmente para casos de agresión sexual. La primera dosis debe ofrecerse lo antes posible después de la exposición, a más tardar después de 72 horas (OMS 2013, 83). Se ha estimado que la PEP puede reducir el riesgo de infección por VIH en el orden del 80% (Nambiar y Short 2019, 23), con los consiguientes efectos positivos para la longevidad, las condiciones de salud física y psicológica y la calidad de vida (Pinto et al.2019).

Los puntos anteriores proporcionan elementos adicionales para una mejor comprensión de los aspectos básicos de la epidemia del VIH, que ya se han abordado de manera concisa en el capítulo, y constituyen una base de información útil para enmarcar sociológicamente la enfermedad en el próximo capítulo.

Capítulo 2

Normalidad, patología
y el 'rol del enfermo'[1]

Organicismo sociológico

La influencia de los paradigmas de las ciencias naturales en la epistemología de las ciencias sociales es ahora evidente. La literatura sociológica actual expresa una aversión casi absoluta por la sociología organicista del siglo XIX sin siquiera intentar en ocasiones determinar si esta escuela de pensamiento ha dejado un legado permanente. Una contribución importante de los organicistas fue la de trasladar al pensamiento social algunos conceptos y principios que pertenecen a la ciencia médica. Uno de los principios fundamentales adoptados por Auguste Comte, quien él mismo lo tomó de François Broussais, involucra estados sociales normales y patológicos que representan las etapas extremas de un solo tipo de condición (Foucault 1999). La insistencia de estos autores en esta analogía médica se refleja hoy en expresiones como "sociedad sana" (Wilkinson 1996).

Comte fue el principal punto de referencia teórico para la mayoría de los organicistas. Según Comte, los trastornos sociales deben considerarse casos patológicos existentes dentro de un cuerpo social específico, siendo así afines a las enfermedades que pueden estar presentes en el cuerpo humano. Tenía las ideas de Broussais en alta estima (Broussais fue uno de los grandes reformadores de la medicina) y las utilizó ampliamente. Según Broussais, no hay interrupción entre los fenómenos fisiológicos y patológicos; un fenómeno fisiológico se torna patológico cuando se observan alteraciones específicas y mensurables desde un punto de vista cualitativo. Es decir, los fenómenos de una enfermedad coinciden básicamente con los de la buena salud, siendo la única diferencia su intensidad. Cada concepto de patología debe basarse en el conocimiento previo del estado normal, pero al mismo tiempo, el estudio científico de los

---

[1] El contenido de la sección titulada "Niños huérfanos por el SIDA y sus tendencias desviadas" se publicó originalmente en Meini, Bruno y Mara Tognetti Bordogna. 2018. "El impacto del estigma relacionado con el VIH en los niños huérfanos a causa del SIDA o que viven con cuidadores seropositivos". *International Review of Sociology* 28 (3): 541–555. Reproducido con permiso de Taylor & Francis Ltd, http://www.tandfonline.com en nombre de la Universidad de Roma "La Sapienza".

casos patológicos se vuelve esencial para todo seguimiento de las leyes del estado normal. Comte destacó varias veces la necesidad de determinar el significado de normalidad antes de explorar metódicamente los casos patológicos, pero nunca sugirió ningún criterio capaz de reconocer cuando un fenómeno es normal. De ahí que, con respecto a este aspecto, creo entender que se estaba refiriendo a un concepto común correspondiente, dado que utilizó indiscriminadamente las nociones de estado normal, estado fisiológico y estado natural (Canguilhem 1966). A partir de lo expuesto anteriormente, es evidente que la intención de Comte era refutar cualquier diferencia cualitativa entre los fenómenos naturales y patológicos, ya que definió lo patológico como una mera extensión del estado normal más allá de lo común.

A diferencia de Comte y Broussais, Claude Bernard, el fundador de la fisiología moderna, no trabajó en casos generales, sino que formuló una teoría basada en observaciones experimentales (Bernard 1865). En el caso de la diabetes, por ejemplo, el cambio de una condición normal a una patológica se debe a una alteración cuantitativa que se puede observar claramente en el nivel de glucosa en sangre que normalmente se produce en el cuerpo (Jörgens y Grüsser 2013). Partiendo de estas premisas, el supuesto de un enfoque científico médico-biológico de la sociedad, puede conducir a una unidad orgánica de los hechos sociales, que en principio solían atribuirse a diferencias éticas, políticas y jurídicas. La autoridad de las ciencias sociales se basa en una metáfora, es decir, en la metáfora del organismo, según la cual toda organización social posee capacidades internas de equilibrio y control. Por tanto, la sociedad se convierte en un organismo unificador que puede absorber los conflictos globales o locales, que los paradigmas previos asignaban a las colisiones entre intereses contrapuestos (Barberis 2003).

La estructura organística de las primeras teorías sociológicas condujo a una mala comprensión de la naturaleza de las relaciones existentes entre la sociedad y los límites de la patología. Auguste Comte en sociología y Adolphe Quetelet en sus estudios criminológicos y antropométricos identificaron arbitrariamente la norma con la media. El concepto de normalidad no se consideró un criterio relativo a la capacidad de los organismos para adaptarse a un entorno, sino un principio meta-social resultante de las relaciones matemáticas de las que se derivan inferencialmente las características humanas (Udehn 2001, 29-30). Émile Durkheim (1895) identificó una de las principales reglas de su método en la distinción entre lo normal y lo patológico. Dado que la característica fundamental de la sociología es considerar los hechos sociales como cosas, el sociólogo francés quiso obtener un criterio objetivo relativo a los hechos mismos, que permitieran formular una distinción. Resolvió el problema recurriendo a un criterio aplicado en biología, definiendo así los hechos que presentan las formas más generales como normales, y como morbosos o patológicos los que asumen formas excepcionales. La normalidad a la que se refirió Durkheim es la normalidad estadística, que subyace a la distinción de identidad entre el tipo genérico, el tipo medio y el tipo sano.

El 'rol del enfermo'

La importancia que Talcott Parsons le da a la interdependencia de los distintos niveles de la realidad, en la explicación de los fenómenos sociales, hace de su enfoque un punto de referencia necesario en el análisis de las cuestiones de salud/enfermedad. El concepto de enfermedad ya fue formulado en *The Social System* (1951), en el que Parsons describe la enfermedad como una condición que trastorna el funcionamiento normal del individuo, desde un punto de vista tanto orgánico como personal y social. La enfermedad no representa simplemente una amenaza externa de la que el sistema social debe defenderse, sino que es parte de un equilibrio social integrador. La enfermedad, de hecho, intencionada o no, representa una reacción a las presiones de la sociedad; en otras palabras, es una forma de evadir las obligaciones sociales. Esta configuración es el resultado de lo que Parsons considera el problema social por excelencia, llámese, el orden social (Williams 2003, 181-182).

El análisis del concepto de enfermedad y, más en general, de la profesión médica se sitúa en el contexto del problema social del orden. Parsons plantea la cuestión de si estar enfermo constituye un papel especial o si es simplemente un hecho; en otras palabras, una condición. La respuesta es que el individuo que ha caído enfermo no sólo está físicamente enfermo, sino que ahora se adhiere al papel social específicamente modelado de estar enfermo, mientras que este papel sigue siendo una mera condición del sistema orgánico desde un punto de vista médico. El proceso curativo que legitima la función del médico, junto con la naturaleza dependiente del papel de la persona enferma con su obligación de curar, encajaba con la idea de Parsons de una sociedad funcionalmente equilibrada (Weiss y Lonnquist 1997, 243). La división de roles sociales y la relación de poder desequilibrada sirven al objetivo social de restablecer las normas sociales y reequilibrar el sistema social (Young 2004, 4).

Para Parsons, la enfermedad es un fenómeno intrínsecamente social y estructurado por roles. Cuando un individuo se enferma, argumentó, existe un rol social, el "rol de enfermo", que lo canaliza en el médico. La enfermedad es una forma temporal y médicamente sancionada de conducta desviada, que libera a la persona enferma de los roles normales y es disfuncional para la sociedad. El equilibrio que mantiene la sociedad puede romperse cuando los miembros individuales, debido a una enfermedad, no pueden cumplir con sus responsabilidades rutinarias. Como el crimen, es un problema de orden social, y el médico es un agente de control social que regula la entrada al rol de enfermo y aplica sus conocimientos y habilidades especializados con el objetivo de reintegrar al desviado a la sociedad. La reintegración no implica castigo sino tratamiento (Davis 2010, 214). Sin embargo, es lógico subrayar que las personas con VIH, a pesar de los avances en la medicina, no se reintegran a las relaciones sociales normales y al consecuente cumplimiento de sus roles según el modelo de Parsons. Se convierten en actores permanentes en el papel de una persona enferma; un papel del que no pueden escapar, ya que son víctimas de una patología crónica. En consecuencia, las expectativas relativas al rol del enfermo son más adecuadas para describir situaciones como las que se materializan en el caso de enfermedades en las que la incapacidad física es temporal (Parsons 1978).

En las sociedades occidentales, se considera que las personas están enfermas cuando su comportamiento cumple con las cuatro expectativas generales que se describen a continuación. En primer lugar, las personas enfermas están exentas de sus actividades y responsabilidades habituales en virtud del rol social que normalmente tienen, y la exención está relacionada con la naturaleza y gravedad de su enfermedad. En segundo lugar, las personas enfermas no son responsables de su condición, dado que no se puede esperar que se recuperen mediante un simple acto intencional. Su condición, así como su comportamiento, deben cambiar, pero esto solo es posible mediante un proceso de reorganización mental o biológica. Si bien las dos primeras expectativas son de alguna manera los derechos de una persona enferma, las dos segundas delinean las obligaciones. Por lo general, se espera que una persona enferma reconozca lo indeseable de su condición y, en consecuencia, que desee recuperarse lo más rápido posible, y luego busque consejo médico y coopere con los médicos (Parsons 1951, 436–437).

Estar enfermo significa que el sujeto entra en un papel de desviación sancionada que, sin embargo, debe distinguirse de otros roles desviados, ya que una persona enferma no se considera responsable de su condición (Finerman y Bennett 1995). El papel de enfermo sirve como un mecanismo de control social que ayuda al sistema a guiar las tendencias desviadas, en este caso una enfermedad, lejos de la formación del grupo (es decir, una subcultura desviada de los enfermos) y el establecimiento exitoso de la reivindicación de legitimidad (Scott y Marshall 2009, 687). Los enfermos no están vinculados con otros desviados para constituir una subcultura separada, sino que cada uno está conectado con un grupo de personas no enfermas, su círculo personal y, sobre todo, los médicos. Los enfermos se convierten así en una clase de estatus estadístico y se ven privados de la posibilidad de formar una comunidad unida y solidaria. Además, estar enfermo es por definición estar en una condición indeseable, por lo que no tiene ningún sentido sostener que la mejor manera para que todos puedan lidiar con los aspectos más frustrantes del sistema social es enfermarse. Estas dos funciones del rol de enfermo están activas también cuando no se ejerce influencia terapéutica, y su peso con respecto al sistema social no debe subestimarse (Parsons 1951, 477). Sin embargo, la función de enfermo es una de las pocas funciones que requiere un diagnóstico certificado antes de la entrada y la salida. Un individuo sintomático no puede asumir el rol de enfermo a menos que una declaración médica dé fe de su condición clínica. La condición constituye enfermedad hasta que un médico la declara enfermedad. Si bien la familia y los miembros de su grupo social pueden proporcionar una confirmación temporal del estado de enfermedad, esto no permitirá que la persona sea excusada del trabajo o la escuela, ni permitirá que la persona afectada tenga acceso a tratamiento médico, ingreso hospitalario o prescripciones de medicamentos. Al mismo tiempo, el paciente permanece en el papel de enfermo hasta que el médico lo despide formalmente (Thomas 2003, 220).

Algunas enfermedades, como las enfermedades mentales y el SIDA, implican un alto grado de estigma y quienes las padecen pueden decidir ocultar el conocimiento público de su patología (Browne 2006, 122). Por lo tanto, pueden decidir adoptar el papel de una persona enferma exclusivamente dentro de los límites de un subsistema médico, ya que el resultado del diagnóstico es confidencial (Parsons 1975). Los médicos pueden experimentar conflictos entre mantener la confidencialidad de la relación médico-paciente y revelar información a los padres o cónyuge de un paciente. Esto plantea la cuestión de si existe alguna circunstancia en la que un médico de una clínica deba revelar que un paciente es seropositivo o tiene SIDA, cuando esto va en contra de los deseos del paciente. Estas situaciones a menudo plantean dilemas a los médicos y plantean interrogantes sobre sus principales deberes y responsabilidades, además de presentar posibles conflictos en relación con sus propias creencias y valores. Sin embargo, existen buenas razones para afirmar que el mantenimiento de la confidencialidad de la relación médico-paciente es una prioridad. En particular, esto permite preservar la confianza de los pacientes en los médicos y su voluntad de consultar y discutir libremente sus problemas en el futuro; destruir esta confianza socava la base misma de la relación entre estos dos actores (Morgan 2003).

Hay implicaciones morales al informar de que una persona es VIH positiva, ya que esto significa revelar comportamientos que han llevado a esta condición. Esta revelación cuestiona la identidad del individuo ante su entorno social y representa un trastorno que rompe el equilibrio de las interacciones sociales (Parsons 1964, 267-271). La investigación se ha centrado más en las actitudes de las personas seronegativas, hacia las personas que viven con el VIH que en las perspectivas de las personas directamente afectadas. Dos dimensiones significativas asociadas con la interacción social, e identificadas por los investigadores como de importancia primordial para comprender el estigma relacionado con el VIH, incluyen el miedo al contagio y la capacidad de control de la infección. Las personas evitan la interacción con las personas que viven con el VIH porque temen infectarse con ellas. Por otro lado, las actitudes negativas hacia las personas seropositivas también están estrechamente relacionadas con la percepción de otras personas de cuánto control tenían estas personas seropositivas sobre la infección. Las personas que se percibe que tienen más control sobre sus medios de infección están más estigmatizadas y reciben menos empatía que aquellas que se percibe que tienen menos control. Por ejemplo, las actitudes podrían ser más negativas hacia una trabajadora sexual seropositiva que hacia un ama de casa cuyo esposo la infecta a sabiendas sin revelar nunca su estado positivo antes o después del matrimonio. La trabajadora sexual podría ser percibida como culpable o responsable de su estado seropositivo, mientras que el ama de casa es vista como una víctima inocente (Varas-Díaz, Serrano-García y Toro-Alfonso 2005, 171). Además, quienes son estigmatizados son comúnmente tanto personas que están realmente enfermas, como personas que asumen comportamientos que las colocan en situaciones en las que pueden estar expuestas al VIH, como tener relaciones sexuales sin condón o usar equipos de inyección de drogas no esterilizados. Las personas con comportamientos que pueden ponerlas en mayor riesgo de exposición al VIH no necesariamente se identifican con ningún grupo en particular. En otras palabras, solo ciertos comportamientos, en lugar de pertenecer a un grupo en particular, colocan a las personas en situaciones en las que pueden estar expuestas al VIH. Estas personas a veces se identifican erróneamente como grupos en riesgo y, por lo tanto, se consideran infecciosas, aunque estén sanas (Israel, Laudari y Simonetti 2008).

Las argumentaciones expuestas hasta ahora resaltan el problema central que encuentro cuando aplico el concepto parsoniano del rol del enfermo, que es la no correspondencia entre la condición del sistema orgánico de un individuo y su capacidad de ajuste a nivel personal y social. La disfunción del sistema orgánico de un individuo (enfermedad) se puede comparar con el desajuste del sistema de personalidad de una persona (enfermedad), pero no necesariamente con un desajuste social (enfermedad). Uno de los factores que regula el grado de inconsistencia es el sistema de personalidad y especialmente su función específica, la de identidad. En opinión de Parsons, la identidad se convierte en una función de orientación subjetiva; es decir, un principio que regula la acción que, al guiar al individuo en la elección entre alternativas de comportamiento, preserva la coherencia interna del sistema psicológico mediante su adecuación al sistema de valores. De hecho, la formación de una identidad se basa en un proceso de internalización de valores y símbolos culturales mediado por el sistema social. Este proceso puede considerarse cumplido y, en sus características fundamentales, irreversible inmediatamente después de la adolescencia. La consecuencia de esta configuración es que un individuo maduro siempre tiende a actuar de manera coherente. Parece que la coherencia interior de la identidad individual y la conformidad social, no puede considerarse por separado sin generar formas patológica o teóricamente conectadas a categorías ambiguas de desviación. En esta perspectiva, así se puede comprender cómo el análisis sociológico del fenómeno del SIDA ha hecho aún más notorios los conocidos límites interpretativos (Sciolla 1983, 28-29).

El elemento de intencionalidad

El elemento de la responsabilidad individual se vuelve crucial cuando una persona contrae una enfermedad. Este problema fue analizado por Edward Albert (1986), quien examinó el proceso de legitimización del estado de la persona enferma desde un punto de vista moral más que médico. Se basa en el supuesto de que toda sociedad se basa en unos valores morales específicos, según los cuales la comunidad tiende a aprobar o desaprobar los comportamientos de sus miembros. Al igual que Parsons, revela que una distinción similar se institucionaliza en todas las sociedades, y que la diferenciación del sistema de referencia fomenta la especialización de las funciones de control social y del sistema organizativo requerido para su cumplimiento. Además, destaca que las conductas específicas que pueden provocar manifestaciones patológicas, identifican al individuo que las realiza como un desviado y no como una persona enferma. Albert estructura su teoría recurriendo al modelo de desviación sugerido por Parsons. De esta teoría se pueden inferir dos trayectorias: la primera distingue la desviación desde un punto de vista situacional o normativo, dependiendo de si el comportamiento de una persona se ajusta a una situación o modelos normativos. En el primer caso, se dan alteraciones en el desempeño de un rol producidas por una enfermedad; mientras que en el segundo queda claro lo que se subsume desde el punto de vista moral dentro del concepto de pecado. La segunda trayectoria distingue la desviación según el grado de participación del individuo; por lo tanto, puede referirse a su voluntad de cumplir con ciertas obligaciones vinculadas a normas específicas o derivadas de roles particulares que tienen en comunidades específicas.

Como se vio anteriormente, la intencionalidad no siempre está involucrada en contraer una infección. Este es el caso de los recién nacidos (Thisyakorn 2017), los individuos que han recibido varias transfusiones y los hemofílicos (Evatt 2006), que se encuentran dentro de la clasificación parsoniana de enfermedad como desviación involuntaria (Williams 2005). Sin embargo, esta clasificación se complica para aquellos individuos cuyo estilo de vida los coloca en un mayor riesgo de infectarse, ya que, en este caso, las motivaciones del sujeto se vuelven determinantes y su ubicación dentro de la tipología es bastante difícil. En consecuencia, es lógico preguntarse cómo se debe clasificar a una trabajadora sexual VIH positiva o a una persona seropositiva que se inyecta drogas y cómo debe clasificarse su desviación. Para responder a estas preguntas, Albert (1986) sugiere que el modelo parsoniano se complemente con la teoría de Theodore R. Sarbin (1967), que establece una conexión entre la naturaleza y la severidad de las sanciones asociadas con un comportamiento desviado y el desempeño de las expectativas del rol. Según Sarbin, la expectativa existente hacia un rol adquirido implica una mínima tendencia a sancionar las actuaciones negativas, mientras que proporciona una recompensa a las que lo merecen. Por el contrario, la expectativa hacia los roles asignados podría otorgar recompensas escasas o nulas a los desempeños positivos y sancionar fuertemente a los negativos.

El descontento de Michael D. Quam (1990) con las cuestiones relacionadas con el sida que planteaba el esquema interpretativo parsoniano lo llevó a adoptar la teoría situacional de Eliot Freidson, según la cual, desde un punto de vista social, una enfermedad es el significado que un actor o quienes lo rodean le atribuyen a una conducta, y la actitud de la persona enferma está regulada precisamente por este significado. En esta teoría, una enfermedad representa una reacción social que desconoce cualquier tipo de premisa de carácter médico. La definición del rol de una persona enferma se basa en dos variables que definen la enfermedad como una reacción social específica a la desviación; la atribución de responsabilidad individual y el grado de severidad de la reacción (Freidson 1970). Sobre la base de esta argumentación, Quam concluye que cuando una enfermedad se percibe como suficientemente grave y el enfermo no es responsable de su condición (desviación), se le atribuye la legitimidad de su estado y se le asigna incondicionalmente el rol de enfermo. Sin embargo, si la enfermedad se considera una desviación intencional de las normas sociales, la persona enferma puede ser considerada un delincuente. Basándonos en esta teoría, las personas enfermas pueden dividirse en víctimas inocentes y víctimas culpables según su identidad social. En la primera categoría se incluyen los niños seropositivos, los hemofílicos y las personas que han recibido varias transfusiones de sangre. La última categoría incluye a las personas cuyo estilo de vida infringe sistemáticamente las normas sociales comúnmente aceptadas: hombres que tienen relaciones sexuales con hombres, profesionales del sexo y personas que se inyectan drogas. Por tanto, en este último caso, da igual que un individuo se haya expuesto intencionadamente al riesgo de contagio dado que, para certificar su intencionalidad, basta con que pertenezca a una categoría que por derecho propio se define como desviado. Las características personales de estas categorías de individuos son tales que el límite entre la desviación involuntaria (enfermedad) y la desviación desaparece, y esto explica la tendencia social a discriminar, estigmatizar y criminalizar a las personas VIH positivas. Esta tendencia también se ve agravada por intervenciones inspiradas en estrategias de control social que pueden crear una alarma social injustificada (Quam 1990, 33).

Dentro de la dicotomía entre enfermedad y desviación, el concepto de discapacidad propuesto por Lawrence D. Haber y Richard T. Smith durante la década de 1970 es digno de atención como algo que es diferente tanto del rol de enfermo como de la conducta desviada. En su ensayo, la discapacidad se entiende como un proceso social que indica un modelo de comportamiento que surge de la pérdida de la capacidad de una persona para cumplir con sus roles sociales asignados debido a deficiencias físicas y mentales crónicas. Con base en este modelo, la normalización de comportamientos desviados, lograda dentro de una estructura recíproca de roles, puede concebirse como un medio para facilitar la conservación de roles y el control social. En otras palabras, la discapacidad puede entenderse como una adaptación social a la incapacidad, que organiza el comportamiento de un individuo de acuerdo con un modelo específico de expectativas, similar a las adaptaciones conductuales definidas por Edwin M. Lemert como desviación secundaria.[2] (Haber and Smith 1971, 88–89).

Un tema de especial relevancia es si las personas que tienen el VIH pero que parecen asintomáticas pueden considerarse discapacitadas y, por lo tanto, estar protegidas por la ley. Este problema se puede abordar ilustrando un caso específico como ejemplo. En 1994, el Dr. Randon Bragdon realizó un examen dental a la Sra. Sidney Abbott y descubrió una caries. Ella había indicado en su formulario de admisión que era seropositiva "asintomática". El Dr. Bragdon le dijo que no podía llenar su cavidad en su oficina y que estaría de acuerdo en hacerlo solo en un hospital. Abbott tendría que pagar los gastos de admisión y uso de las instalaciones. Abbott decidió demandar a Bragdon por discriminación, citando la Ley de Estadounidenses con Discapacidades. El 25 de junio de 1998, la Corte Suprema de los Estados Unidos en Bragdon v. Abbott abordó la definición de la Ley de Estadounidenses con Discapacidades de un individuo con una discapacidad y dictaminó que la infección por VIH asintomática de la Sra. Abbott era un impedimento físico. El Tribunal también agregó que la infección por VIH

---

[2] Lemert hizo una distinción entre la desviación primaria y la desviación secundaria. La desviación primaria ocurre cuando un actor se involucra en un comportamiento que viola las normas sin verse a sí mismo participando en un papel desviado, por lo tanto, con consecuencias marginales para su estructura mental (Lemert 1951, 75). Por el contrario, la desviación secundaria afecta significativamente la estructura psicológica del sujeto y tiene lugar cuando "una persona comienza a emplear su comportamiento desviado o un papel basado en él como un medio de defensa, ataque o ajuste a los problemas abiertos y encubiertos creados por la consiguiente reacción social hacia él, su desviación es secundaria" (Ibid., 76).

imponía una limitación sustancial a la capacidad de la Sra. Abbott para reproducirse y tener hijos y que la reproducción era una actividad importante de la vida. Finalmente, después de evaluar la evidencia médica, el Tribunal concluyó que la capacidad de la Sra. Abbott para reproducirse estaba drásticamente limitada de dos maneras: (1) un intento de concebir impondría un riesgo significativo a la pareja de la Sra. Abbott y (2) una mujer infectada con el VIH corre el riesgo de infectar a su hijo durante la gestación y el parto (Jones 2003, 91).

Como hemos visto anteriormente, la Corte Suprema dictaminó que las personas VIH positivas tienen impedimentos físicos que las califican como personas con discapacidades que están protegidas por la Ley de Estadounidenses con Discapacidades. Sin embargo, no todo el mundo considera al VIH como una enfermedad discapacitante, especialmente en su etapa asintomática. El VIH es una epidemia que se puede detener o al menos minimizar en sus efectos más debilitantes, pero seguirá prosperando hasta que se reduzcan el estigma y la discriminación (Holloway 2014).

Un gran número de personas seropositivas, incluidas las que reciben terapia antirretroviral, experimentan diferentes tipos de discapacidad, como deficiencias (p. ej., sensoriales, musculoesqueléticas, cardiovasculares, mentales), limitaciones de actividad (p. ej. movilidad, actividades diarias) y restricciones de participación (p. ej., trabajo, vida social). En consecuencia, ahora se espera que los profesionales de la salud manejen la complejidad aumentada del VIH crónico (ONUSIDA 2017, 6) de acuerdo con la Convención de las Naciones Unidas sobre los Derechos de las Personas con Discapacidad (2006) (Ibid., 2).

El análisis realizado ha demostrado claramente que la desviación ya no representa la única herramienta de investigación disponible para estudiar el alcance social del VIH y que la existencia de un elemento de relacionalidad implícito en el concepto de discapacidad permite superar el dilema salud/enfermedad que plantea VIH (Verbrugge y Jette 1994).

Niños huérfanos por el SIDA y sus tendencias desviadas

La cuestión de la desviación relacionada con la salud también surge cuando se tiene en cuenta a los niños huérfanos a causa del SIDA. A pesar de una modesta disminución en la prevalencia del VIH en adultos en todo el mundo y el aumento del acceso al tratamiento antirretroviral, el número de niños afectados o vulnerables al VIH sigue siendo bastante alto (Oficina del Coordinador Mundial del SIDA de EE. UU. 2012). Los niños huérfanos a causa del SIDA tienen perspectivas de vida limitadas y carecen de un apoyo afectivo y económico adecuado. No solo están traumatizados por la pérdida de sus padres, cuyo deterioro físico pueden haber presenciado a menudo, sino que su pérdida y dolor a veces corren el riesgo de verse agravados por procesos de prejuicio, estigma, discriminación y exclusión social (Wild 2001). Además, podrían sufrir un trauma emocional adicional causado por el hecho de que pueden permanecer solos sin la ayuda de la red de seguridad africana tradicional, la familia extensa. Pueden aumentar el número ya elevado de niños de la calle presentes en muchos países africanos. Muchos de estos niños han sido desalojados por parientes sin escrúpulos, obligados a dejar la escuela porque no han podido pagar las tasas escolares y, en ocasiones, deben cuidar de sus hermanos menores (Schönteich 2002, 30). En estas circunstancias de presión, los niños de la calle pueden ser más vulnerables a participar en actividades delictivas, tanto contra personas como contra la propiedad, o convertirse en víctimas de una variedad de delitos como agresión sexual, abuso y violación. Además, un número cada vez mayor de ellos está siendo explotado sexualmente dentro de los círculos sexuales comerciales (Fourie y Schönteich 2001, 39).

Los niños huérfanos a causa del SIDA constituyen un grupo social de jóvenes marginados que carecen de la guía, la supervisión y el cuidado de sus padres (Loeber y Stouthamer-Loeber 1986). En particular, los hombres jóvenes huérfanos sufren principalmente de la muerte prematura de una figura paterna que podría representar un modelo a seguir positivo durante su crecimiento y esto colocará a los niños en mayor riesgo de desarrollar conductas antisociales posteriores, incluida la delincuencia (Pharoah y Weiss 2005, 2). Además, una figura masculina adulta con experiencia proporciona un apego seguro y apoyo emocional a los niños para permitirles crecer serenamente y demostrar altos niveles de empatía y autodisciplina. Como resultado, tal ausencia puede producir un efecto negativo en la capacidad de un niño para desarrollar el autocontrol y puede conducir a un aumento de la conducta violenta (Harper y McLanahan 2004).

Otro tema emergente es que el VIH ha contribuido principalmente a modificar la estructura demográfica del sur de África (Heuveline 2004). En los países más afectados, se estima que la supervivencia media con el VIH es de unos diez años. En estos países, la mayoría de las infecciones por el VIH se producen entre los 15 y los 25 años para las mujeres y entre los 20 y los 30 años para los hombres. Como resultado, muchos hombres de entre 30 y 40 años morirán en los próximos años, lo que provocará una sobrerrepresentación de hombres jóvenes de entre 15 y 29 años (ONUSIDA y OMS 2005, 20-25); este es un grupo de edad en el que la propensión de las personas a cometer delitos se encuentra en su nivel más alto (Schönteich 1999). Las teorías criminológicas sugieren que este cambio demográfico puede implicar un aumento en los niveles de criminalidad y violencia, lo que impactará negativamente en la estabilidad y seguridad de la región (Pharoah y Schönteich 2003, 11). El temor es que la epidemia del SIDA exacerbe este fenómeno creando millones de huérfanos. De hecho, estos jóvenes angustiados pueden proporcionar un grupo de reclutamiento constante para individuos y organizaciones que deseen desafiar el status quo existente (Loewenson y Whiteside 2001).

Randy B. Cheek (2000) argumentó que los niños huérfanos por el SIDA que están desconectados de las estructuras de apoyo social, económico y político pueden constituir un grupo de población extranacional, que fácilmente podría convertirse en una herramienta para la guerra étnica, la explotación económica o el oportunismo político. Los niños se convertirían en niños soldado y las niñas se convertirían en esclavas sexuales de los combatientes masculinos. Además, agregó que los niños sin educación, desnutridos y sin propósito pueden representar un ejército potencial que, si se explota, podría desestabilizar efectivamente a la mayoría de los países del sur de África. Finalmente, Cheek informó sobre el ejemplo del conflicto en Sierra Leona, donde los niños pequeños fueron reclutados para el Frente Revolucionario Unido con promesas de comida, alcohol, drogas y niñas.

La relación entre el crimen y la edad ha sido el tema principal de varias investigaciones criminológicas, basadas en la premisa principal de que el crimen es cometido principalmente por adolescentes y adultos jóvenes (Smith 1995, 395). El factor edad impacta de manera crucial las tasas de delincuencia, y esta relación a menudo se designa como la curva edad-crimen. Esta curva indica una tendencia específica, a saber: la propensión a cometer delitos alcanza su punto máximo en los últimos años de la adolescencia y disminuye a medida que avanza la edad (Farrington 1986). Robyn Pharoah cuestiona el análisis de Martin Schönteich destacando cuántos de los argumentos sobre los niños sin padres son de naturaleza abiertamente especulativa, basados en datos empíricos limitados y parecerían ser parte de un creciente cuerpo de literatura orientada a la promoción dirigida a crear conciencia sobre el VIH como un posible problema significativo de seguridad (en oposición a la salud) (Pharoah 2004a, 5-6). Sostiene que los huérfanos y otros niños vulnerables a causa del sida pueden no representar una amenaza real para la estabilidad del sur de África, y Sudáfrica en particular, como han predicho algunos analistas, y agrega que a pesar de que el número de niños huérfanos a causa del sida está aumentando, relativamente pocos niños parecen estar viviendo en situaciones de extrema pobreza y sin algún tipo de apoyo (Pharoah 2004b, 121). En otras palabras, aunque un número cada vez mayor de niños huérfanos a causa del SIDA está comenzando a hacer hincapié en los mecanismos tradicionales de supervivencia, como la familia extensa, todavía están notablemente intactos (Mkhwanazi et al. 2018, 73).

Como se examinó anteriormente, la dinámica que rodea a los niños huérfanos por el SIDA ha sido principalmente objeto de investigación por parte de psicólogos, analistas de seguridad y demógrafos hasta ahora. Solo recientemente, los sociólogos han comenzado a estudiar este fenómeno como uno de los efectos más graves provocados por la epidemia del VIH en las sociedades africanas. Las teorías del control social pueden proporcionar un apoyo teórico útil para los sociólogos interesados en proporcionar una explicación sociológica general del problema de los niños huérfanos por el SIDA que cometen actos delictivos o desviados (Meini 2008a, 51-52), mientras que la teoría del aprendizaje de Edwin Sutherland puede brindar una contribución valiosa al análisis del fenómeno del niño soldado. Afirma que el comportamiento delictivo se puede aprender y aprender mediante la interacción con otros individuos desviados. A través de este contacto, los niños aprenden no solo técnicas sobre cómo realizar ciertos delitos, sino también razones, motivos, etc. específicos. La parte principal del aprendizaje de la conducta delictiva ocurre dentro de grupos personales íntimos. Una persona se convierte en delincuente por exceso de definiciones (o valores) favorables a la infracción de la ley sobre definiciones (valores) desfavorables a la infracción de la ley. En otras palabras, el comportamiento delictivo surge cuando un individuo está principalmente expuesto a señales sociales que favorecen la conducta delictiva en lugar de mensajes sociales que promueven la observancia de la ley (Sutherland y Cressey 1974). Según la Coalición para detener el uso de niños soldados (1999), dos factores clave han llevado a un aumento constante en el uso de niños soldados. En primer lugar, los avances tecnológicos han hecho que las armas, especialmente las armas pequeñas, sean lo suficientemente ligeras para que las porten y utilicen los niños. La caída de los precios ha contribuido a la proliferación de estas armas. En segundo lugar, cuanto más dura una guerra, es más probable que se recluten niños, ya que la escasez de mano de obra debido a las bajas y la escalada del conflicto, conduce a la búsqueda de más reclutas.

Conclusión

Este capítulo ha explorado sociológicamente la naturaleza de la epidemia del VIH buscando resaltar cómo la teoría sociológica puede contribuir positivamente a explicar las dimensiones socio-criminológicas multifacéticas del virus (Watkins-Hayes 2014; Akers y Lanier 2009). Por lo tanto, representa una contribución destacada al debate sociológico en curso sobre las enfermedades infecciosas (Dingwall, Hoffman y Staniland 2013).

Parsons conceptualiza la enfermedad como una forma de desviación indeseable e involuntaria dentro de un sistema social que funciona normalmente hasta que sus miembros desempeñan sus funciones de manera adecuada. Explica que el comportamiento de una persona enferma es desviado porque se desvía del desempeño normal de sus roles sociales. Esta desviación (papel enfermo) puede convertirse en una amenaza generalizada para la estabilidad de la sociedad a menos que intervengan los mecanismos de control social adecuados (Heidarnia y Heidarnia 2016; Varul 2010; Arluke 1988).

En este contexto, la descripción que hace Parsons del rol del enfermo representa un tema de fundamental importancia cuando se pretende ilustrar la relación dicotómica entre salud y enfermedad dentro de un sistema social que busca constantemente la estabilidad. De hecho, como lo formuló específicamente Parsons en The Social System (1951), la enfermedad no es solo una amenaza externa de la que el sistema social debe defenderse, sino que, como se mencionó anteriormente, también puede verse como un estado de desviación o disfuncionalidad, cuya presión crea las condiciones para volver a un estado de funcionalidad. Este nuevo equilibrio social se logra prácticamente gracias a la acción terapéutica que ejerce el médico sobre el enfermo (Bury y Monaghan 2013, 91-93; Ziguras 2004, 77).

La cuestión de la desviación relacionada con la salud también surge al examinar a los niños huérfanos por el SIDA. La mayoría de los investigadores argumentan que los niños que han perdido a sus padres a causa del SIDA podrían experimentar aislamiento social, discriminación y estigmatización, lo que, a su vez, podría conducir a comportamientos antisociales o violentos. Las iniciativas políticas deben apoyar un sistema de justicia separado, que canalice a los niños que están en conflicto con la ley fuera del sistema judicial formal hacia programas de reintegración (Meini 2008b).

En el capítulo siguiente, a partir del análisis de los niños huérfanos por el sida o vulnerables a causa del sida, que son marginados, discriminados y aislados por la vergüenza asociada a esta enfermedad, el autor ilustra a fondo el impacto que pueden tener los procesos de estigmatización y discriminación en la expansión y mantenimiento de la epidemia del VIH (Meini y Tognetti Bordogna 2018).

Capítulo 3

El impacto del estigma relacionado con el VIH y discriminación contra los niños huérfanos a causa del SIDA[1]

El VIH como cuestión de derechos humanos

La protección de los derechos humanos es una forma eficaz de proteger la salud pública, incluida una respuesta satisfactoria al VIH (Jürgens y Cohen 2009). Hay dos aspectos de la salud pública que son importantes desde la perspectiva de los derechos humanos. Por un lado, la protección de la salud pública es uno de los motivos universalmente aceptados para limitar los derechos y libertades individuales. La prevención de la propagación de enfermedades transmisibles puede provocar privaciones de libertad, intromisión en la vida privada y familiar y la limitación de diferentes tipos de libertad (libertad de circulación, libertad de culto, etc.). Por otro lado, tales restricciones deben ser definidas específicamente por la ley y pueden ser revisadas judicialmente si restringen de manera irrazonable los derechos humanos. Así, desde el punto de vista de la salud, los derechos humanos ofrecen un conjunto de principios que las políticas de salud pública están obligadas a proteger y defender (Tomasevski 2006, 72).

El derecho a la salud es un componente fundamental del enfoque de derechos humanos al VIH (Patterson 2004, 9). La epidemia del VIH no es solo un problema médico, sino que incluye cuestiones relacionadas con el género, el desarrollo y los derechos humanos (Viljoen y Precious 2007, 4). Estos últimos están, de hecho, indisolublemente conectados con la propagación y el impacto del VIH en personas y comunidades de todo el mundo. La falta de respeto por los derechos humanos alimenta la propagación y agrava el impacto de la enfermedad, mientras que al mismo tiempo el VIH socava el progreso en la

---

[1] El contenido de las secciones tituladas "Estigma relacionado con el VIH" y "Huérfanos y otros niños vulnerables a causa del VIH" se publicó originalmente en Meini, Bruno y Mara Tognetti Bordogna. 2018. "The Impact of HIV-Related Stigma on Children Orphaned by AIDS or Living with Seropositive Caregivers." *International Review of Sociology* 28 (3): 541–555. Reproducido con permiso de Taylor & Francis Ltd, http://www.tandfonline.com en nombre de la Universidad de Roma "La Sapienza".

realización de los derechos humanos (Roseman, Gruskin y Banerjee 2004, 10). La relación entre el VIH y los derechos humanos destaca las formas en que las personas vulnerables a las violaciones de los derechos humanos y la negligencia son más vulnerables a la infección por el VIH. Además, si están infectadas, estas personas no tienen acceso a servicios, atención y tratamiento de calidad adecuados, especialmente la terapia antirretroviral como el logro de derechos humanos más importante en sus respuestas al VIH (Levi et al. 2016; Gruskin y Tarantola 2008).

Los derechos humanos son relevantes para la respuesta al VIH de al menos tres formas: primero, la falta de protección de los derechos humanos aumenta la vulnerabilidad al VIH, especialmente entre las poblaciones que tienen más probabilidades de estar expuestas al VIH, como los hombres homosexuales y otros hombres que tienen sexo con hombres, trabajadores sexuales y sus clientes, personas transgénero, personas que se inyectan drogas y presos, pero también ciertos grupos vulnerables como mujeres, jóvenes y niños, incluidos los huérfanos y otros niños vulnerables a causa del SIDA. En segundo lugar, la falta de protección de los derechos humanos alimenta el estigma, la discriminación y la violencia contra las personas que viven con el VIH y están afectadas por él. Estas actitudes negativas y dañinas a menudo se generan por un malentendido sobre las rutas de transmisión del VIH, así como por la falsa percepción que vincula el virus del VIH con comportamientos socialmente desaprobados como el sexo fuera del matrimonio, el sexo entre hombres y el consumo de drogas. Por último, la falta de protección de los derechos humanos dificulta las estrategias eficaces contra el VIH. Los enfoques discriminatorios, coercitivos y castigadores del VIH aumentan la vulnerabilidad a la infección y agravan el impacto de la epidemia en la población de cada país (por ejemplo, restricciones impulsadas ideológica y moralmente a la información y educación sobre la prevención del VIH, incluido el sexo seguro y el uso de condones, las pruebas del VIH sin consentimiento informado y restricciones de inmigración relacionadas con el VIH en la entrada, la estancia y la residencia) (Duger et al. 2013, 102-103).

El Consejo de Derechos Humanos, en su resolución 16/28 sobre la protección de los derechos humanos en el contexto del VIH y el SIDA, pidió a la Oficina del Alto Comisionado de las Naciones Unidas para los Derechos Humanos que participara activamente en la Reunión de Alto Nivel de la Asamblea General de 2011 sobre SIDA, proporcionando una perspectiva basada en los derechos humanos, e informar al respecto al Consejo de Derechos Humanos. En diciembre de 2011, se presentó el informe del Alto Comisionado de las Naciones Unidas para los Derechos Humanos (ACNUDH) sobre la protección de los derechos humanos en el contexto del VIH y el SIDA en respuesta a esa solicitud. Este informe proporciona (a) una idea general del contexto y los objetivos de la Declaración Política sobre el VIH y el SIDA de 2011: intensificación de nuestros esfuerzos para eliminar el SIDA, adoptada en la Reunión de alto nivel sobre el SIDA de la Asamblea General de las Naciones Unidas, incluida información sobre el papel que la Oficina del Alto Comisionado para los Derechos Humanos (ACNUDH) contribuyó a apoyar una perspectiva basada en los derechos humanos y (b) un análisis de la declaración política mencionada desde una perspectiva de derechos humanos (ACNUDH 2011). La declaración política de 2011 reafirma la declaración de compromiso de 2001 sobre el VIH y el sida y la declaración política de 2006 sobre el VIH y el sida y la urgente necesidad de los Estados miembros de las Naciones Unidas de incrementar considerablemente los esfuerzos hacia el objetivo del acceso universal a la prevención integral, programas, tratamiento, atención y apoyo. En particular, incluye un capítulo específico sobre derechos humanos y es especialmente importante, ya que es una afirmación del reconocimiento por parte de la Asamblea General de las Naciones Unidas del papel clave de los derechos humanos en la respuesta al VIH (Asamblea General de las Naciones Unidas 2011).

Los países que han colocado los principios jurídicos relacionados con los derechos humanos en el centro de sus políticas relacionadas con el VIH han visto cómo se han evitado o ralentizado las epidemias. Entre ellos se incluyen los siguientes: el derecho a la no discriminación basada en el estado serológico del VIH; el derecho a un tratamiento adecuado como parte de la atención médica esencial; el derecho de las personas seropositivas a participar en el desarrollo de políticas y planes sobre el sida (Jürgens y Cohen 2009); el derecho a la privacidad, entre otros derechos, que protege y defiende el derecho del individuo a la autodeterminación, la integridad, el consentimiento informado, la confidencialidad médico-paciente y el derecho a saber (Burke 2015); el derecho a la vida implica que el gobierno debe garantizar el pleno disfrute de la vida a todos los seres humanos, sean VIH positivos, tengan SIDA o no (ONUSIDA y Comisión Europea 2013) y la prohibición de torturar, abusar y realizar experimentos médicos establece las pautas precisas que debe seguir un gobierno para prevenir la tortura, el abuso y los experimentos médicos (ACNUDH y OMS 2008, 3). En consecuencia, se podrían solicitar (Dingake 2018) acciones específicas destinadas a defender los derechos y la dignidad de determinadas poblaciones clave con mayor riesgo de exposición al VIH, como los detenidos (Jürgens, Nowak y Day 2011) o las personas sin hogar (Bagheri Amiri et al. 2018).

La promulgación de leyes para proteger y preservar los derechos humanos de las personas que viven con el VIH y de las poblaciones clave con mayor riesgo de contraer el VIH es de primordial importancia para crear un entorno propicio para respuestas eficaces al VIH. Para darse cuenta de esto, es deseable consagrar los principios de derechos humanos en las leyes nacionales sobre el VIH que deberían tener una base en el derecho internacional de los derechos humanos (PNUD 2013; Comisión Africana de Derechos Humanos y de los Pueblos 2018). Este cuerpo de leyes debe inspirar intervenciones relacionadas con tres áreas distintas que buscan abordar la epidemia del VIH: primero, la ley de derechos humanos apoya a los estados para responder de manera efectiva a los desafíos de la epidemia del VIH asegurando un marco sobre la base del cual puedan organizar políticas capaces de integrar los objetivos de salud pública y las normas de derechos humanos. En segundo lugar, los derechos humanos también constituyen una especie de brújula útil para orientar a las organizaciones no gubernamentales y los grupos de defensa al monitorear el desempeño de cada estado en sus programas y estrategias y para intervenir para reparar si estas políticas de salud pública violan los derechos humanos. Por último, los derechos humanos empoderan a los profesionales de la salud pública para que tomen medidas para la protección y promoción de la salud a nivel social (Patterson y London 2002, 967), eliminando las barreras estructurales para la prevención biomédica, la educación para la salud y el compromiso con los servicios de salud (Enoch y Piot 2017, 119).

No obstante, aunque ningún tratado internacional sobre derechos humanos aborda explícitamente el VIH, existe una multiplicidad de instrumentos no vinculantes que afirman las recomendaciones de derechos humanos y salud pública en el contexto del VIH. Entre estos, juegan un papel central las Directrices internacionales sobre el VIH/SIDA y los derechos humanos desarrolladas durante la Segunda Consulta Internacional sobre el VIH/SIDA y los Derechos Humanos a la luz de la necesidad de orientación para los gobiernos, las organizaciones internacionales, las organizaciones no gubernamentales y los grupos de la sociedad civil sobre la mejor forma de promover, proteger y cumplir los derechos humanos en el contexto de la epidemia del VIH. La Segunda Consulta Internacional sobre el VIH/SIDA y los Derechos Humanos fue organizada por ONUSIDA, en cooperación con la Oficina del Alto Comisionado para los Derechos Humanos (ACNUDH), en Ginebra, del 23 al 25 de septiembre de 1996. Estas directrices internacionales se revisaron en 2002 (Directriz 6), y ONUSIDA y el ACNUDH publicaron conjuntamente una versión consolidada en 2006 (Eba 2015, 228–229). Esta última versión tiene como objetivo ayudar de manera más eficaz a los responsables de la formulación de políticas y a otras personas a cumplir con las normas internacionales de derechos humanos en materia de derecho, práctica administrativa y políticas (ACNUDH y ONUSIDA 2006).

Aggleton et al. (2005, 7–10) definen el estigma como un proceso de devaluación de un individuo en función de ciertos atributos (por ejemplo, color de piel, forma de hablar o preferencia sexual) considerados desacreditados o indignos por otros. La discriminación, a su vez, ocurre cuando se actúa sobre el estigma y consiste en acciones o comportamientos dirigidos contra quienes son estigmatizados. En el contexto del VIH, el estigma refuerza las connotaciones negativas a través de la asociación del VIH y el SIDA con grupos ya marginados como los trabajadores sexuales, las personas que se inyectan drogas, los hombres homosexuales y otros hombres que tienen sexo con hombres, las personas transgénero, los presos y los migrantes. A menudo se cree que las personas VIH-positivas de estos grupos merecen su estado de salud porque están involucradas en comportamientos que se consideran moralmente incorrectos. Al mismo tiempo, la discriminación también puede relacionarse con el estado del VIH en sí mismo. A las personas con un estado seropositivo real o presunto se les puede negar el derecho a la atención médica, el empleo, la educación y la libertad de movimiento, incluidas las limitaciones en los viajes internacionales y la migración.

La investigación social sugiere que los determinantes subyacentes del estigma y la discriminación son consistentes en diferentes contextos y epidemias y comprenden lo siguiente: falta de conciencia sobre el estigma y la discriminación y sus consecuencias dañinas, miedo a la infección por el VIH a través del contacto casual y juicio social que vincula a las personas que viven con el VIH con comportamientos considerados inapropiados o disolutos (ONUSIDA 2007). Estos determinantes pueden abordarse eficazmente mediante medidas que garanticen el avance de los derechos humanos en su respuesta al VIH. La estrategia actual de ONUSIDA (2016-2021) tiene como objetivo garantizar que estas medidas se apliquen eliminando, por un lado, las leyes, políticas y prácticas punitivas en torno al trabajo sexual, el consumo de drogas, las relaciones sexuales entre personas del mismo sexo y, por otro lado, alentar a las personas a cooperar con los proveedores de servicios en los entornos de atención médica, lugar de trabajo y educativos para eliminar el estigma y la discriminación relacionados con el VIH, incluso contra las personas que viven con el VIH y otras poblaciones clave (por ejemplo, hombres homosexuales y otros hombres que tienen relaciones sexuales con hombres, trabajadores sexuales y sus clientes y personas que se inyectan drogas) y huérfanos y niños vulnerables a causa del VIH (ONUSIDA 2015a, 18, 89).

Estigma relacionado con el VIH

El concepto de estigma es el proceso de percibir un atributo de otro, como desviado de las expectativas sociales que tienen la mayoría (Australasian Society for HIV Medicine y National Center in HIV Social Research 2012, 9). En otras palabras, un rasgo se considera estigmatizante cuando la gran mayoría de las personas lo considera profundamente desacreditador (Goffman 1963).

En los últimos años, el concepto de estigma ha recibido una atención significativa en el debate sobre la salud pública, especialmente en relación con las enfermedades mentales y el VIH (Parker 2012). La perspectiva predominante es que el estigma daña la salud y debe ser combatido por los encargados de formular políticas y las agencias de salud pública. Tales argumentos, por ejemplo, han sido convincentes para abordar el tema de la estigmatización de las personas seropositivas. Los funcionarios de la salud pública eran conscientes de las consecuencias negativas de la estigmatización para la salud pública, al saber que, la estigmatización de las poblaciones clave con mayor riesgo de exposición al VIH, como los hombres que tienen relaciones sexuales con hombres, las personas que se inyectan drogas y los profesionales del sexo, tan solo sirve para hacerlos más vulnerable a la infección por VIH (Stuber, Meyer y Link 2008, 355). El estigma contribuye a la carga de la enfermedad e influye en la eficacia de la detección de casos y el tratamiento, que son las principales preocupaciones del control de la enfermedad (Weiss, Ramakrishna y Somma 2006). Hay una serie de enfermedades que están estigmatizadas, como las enfermedades mentales, el SIDA, las enfermedades venéreas, la lepra y ciertas patologías de la piel. Las personas que padecen estas enfermedades son discriminadas en el sistema sanitario, suelen recibir mucho menos apoyo social que las que padecen una enfermedad no estigmatizante, y también pueden tener serias dificultades en las actividades diarias si su enfermedad es altamente discapacitante (Sartorius 2007). El estigma puede afectar la salud tanto a través de un mecanismo psicológico a nivel micro (upstream), como a través de mecanismos a nivel estructural (downstream). El primero puede afectar la salud mental directa e indirectamente a través de respuestas al estrés, mientras que el segundo implica la distribución desigual de recursos. Los mecanismos ascendentes operan en varios entornos organizacionales. Por ejemplo, cuando los profesionales de la salud tienen creencias y actitudes estigmatizantes, es más probable que proporcionen un tratamiento médico desigual y discriminatorio (Clair, Daniel y Lamont 2016, 224). El estigma parece aumentar el riesgo de resultados adversos para la salud, principalmente a través de la interrupción y alteración de los siguientes sistemas: institucional y comunitario (recursos materiales y condiciones), interpersonal (relaciones sociales) e intrapsíquico (autoestima, conductas de afrontamiento) (Hatzenbuehler, Phelan y Link 2013). Nieweglowski y Corrigan (2017) ilustran la relación entre el estigma y la salud de la siguiente manera:

> El estigma es un proceso complejo que resulta de la interacción de estereotipos, prejuicios y discriminación. Cuando se aplica a las condiciones de salud (por ejemplo, enfermedades mentales, VIH/SIDA, diabetes, obesidad), el estigma puede contribuir a la falta de recuperación y recursos, así como a la devaluación del yo. Las personas con problemas de salud estigmatizados pueden sentirse demasiado avergonzadas para buscar tratamiento y es posible que otras personas no les brinden las mismas oportunidades. Esto a menudo resulta en

discriminación en el empleo, la vivienda y los entornos de atención médica.

En resumen, el estigma relacionado con la salud es un proceso complejo que es fruto de la interacción de actitudes negativas como estereotipos y prejuicios que algunos tienen en relación con las condiciones de salud (por ejemplo, discapacidades, trastornos mentales, enfermedades de transmisión sexual, obesidad) de grupos específicos. (Parker 2012).

El VIH es quizás una de las afecciones médicas mundiales más estigmatizadas. El VIH es un virus que las personas temen contraer. Los diversos conceptos erróneos asociados con el VIH también han contribuido a la percepción de que es una infección potencialmente mortal que afecta a 'otros', especialmente a aquellos que ya están estigmatizados por su comportamiento sexual, género, raza o situación socioeconómica, y ha dado lugar a que algunos individuos que niegan que puedan estar en riesgo o afectados por él (Amuri et al. 2011; Loutfy et al. 2012; Parker et al. 2002, 3; Smit et al. 2012). En particular, debilita los lazos sociales que unen a las personas (es decir, organizaciones, instituciones, individuos clave, eventos, costumbres y rituales) en una comunidad (Decosas 2002, 8-10). Actualmente, el VIH sigue siendo uno de los problemas de salud más graves del mundo, especialmente en los países de ingresos bajos y medianos (PNUD 2016).

El estigma relacionado con el VIH normalmente se refiere a actitudes y creencias negativas y dañinas dirigidas contra las personas que viven con el VIH, están afectadas o están asociadas con él y su propagación (Husbands et al. 2012, 2), y puede resultar en discriminación basada en hechos reales o estado serológico percibido como VIH-positivo (ONUSIDA 2007). Esta consideración y/o trato injusto tiene como principal objeto a aquellos grupos sociales que ya se encuentran socialmente excluidos por sus conductas de riesgo (Keetile 2014; Vian et al. 2012; Zhu et al. 2012), y puede llevar a la sospecha de cualquier individuo que entre en contacto con estos grupos (Mawar et al. 2005). El estigma asociado al VIH no debe considerarse como una entidad singular. El estigma de la infección se superpone con otros estigmas específicos, como los asociados con las vías de transmisión (p. ej., relaciones sexuales sin protección con una trabajadora sexual infectada y compartir el equipo de inyección de agujas con alguien que está infectado) y rasgos personales (p. ej., género, raza y religión) (Reidpath y Chan 2005). Esta co-interacción de capas de estigmas (Herek 1999; Scheper-Hughes y Lock 1991) casi con certeza ha contribuido a la propagación del VIH en lugar de retrasarlo (Husbands et al. 2012, 2) ya que representa una de las mayores barreras para los esfuerzos de prevención, pruebas y tratamiento del VIH (Parker y Aggleton 2003).

El estigma relacionado con el VIH específicamente puede describirse como el proceso de devaluación de las personas que viven con, están afectadas o están asociadas con el VIH (Herek 1999, 1106; Lawson et al. 2006, 56). Por ejemplo, las personas y grupos que tienen una relación cercana con personas VIH-positivas (cuidadores, miembros de la familia, amantes y parientes) pueden experimentar el estigma por delegación. Las personas también pueden ser objeto de estigmatización porque se les asocia con personas con comportamientos que pueden colocarlas en un mayor riesgo de exposición al VIH y que con frecuencia se describen como sospechosas, inmorales o como los principales vectores de transmisión del VIH (por ejemplo, hombres que tienen sexo con hombres, trabajadores sexuales y personas que se inyectan drogas). Esta forma de estigma se ha definido como estigma simbólico (Husbands et al. 2012, 2-3). Herek (1986) argumentó que el estigma relacionado con el VIH generalmente tiene componentes tanto simbólicos como instrumentales. Herek y Capitanio (1998) utilizan el término estigma simbólico para describir actitudes discriminatorias hacia las personas que viven con el VIH basadas en juicios de valor moralistas. Por ejemplo, una escuela cristiana privada decide no contratar a un maestro VIH positivo porque se lo considera inmoral. Herek (1986, 2002) y Herek y Capitanio (1998) utilizan el término estigma instrumental para representar la discriminación intencional basada en un miedo exagerado de contraer un virus letal como el VIH, así como la discriminación deliberada basada en preocupaciones sobre el impacto financiero del VIH o SIDA en impuestos personales y costes de atención médica. Esto podría incluir, por ejemplo, negarse a cuidar o mantener económicamente a un miembro de la familia VIH-positivo. La distinción entre estigmas instrumentales y simbólicos se basa en dos actitudes psicológicas individuales diversas: evaluativa basada en preocupaciones instrumentales sobre el riesgo personal de infección y expresiva basada en la necesidad de afirmar el autoconcepto expresando valores personales. El estigma relacionado con el VIH identifica y conecta la presencia de un agente patológico biológico (o cualquier signo físico de una enfermedad) con conductas o características definidas negativamente o con ciertos grupos de personas, y a menudo resulta en discriminación (lo que las personas hacen para perjudicar a las personas seropositivas injustamente). Sin embargo, el estigma no siempre tiene por qué implicar un proceso de discriminación para producir un efecto negativo, porque las personas pueden internalizar el estigma o presumir que serán estigmatizadas o discriminadas y pueden decidir no ofrecerse a sí mismas para la prueba o tratamiento y cura o disfrutar una buena calidad de vida como resultado (Deacon, Stephney y Prosalendis 2005; Goffman 1959). El estigma internalizado es la medida en que esas características y creencias negativas sobre las personas que viven con el VIH están respaldadas y aceptadas internamente (Simbayi et al. 2007; Earnshaw y Chaudoir 2009; Rueda et al. 2012).

El estigma relacionado con el VIH tiene un impacto negativo en la calidad de vida, la autoimagen, la autoestima y los comportamientos de las personas que viven con el VIH, que a menudo optan por no revelar su estado serológico porque temen perder sus hogares y trabajos y ser discriminados y rechazados por familiares y amigos (Florom-Smith y De Santis 2012; Cohen, Mugavero y Hall 2017, 8). El estigma relacionado con el VIH también puede representar una barrera importante para la prevención, el diagnóstico y la cura del VIH (Churcher 2013; Mbatha 2013) porque juega un papel importante en la toma de decisiones de divulgación del VIH. En consecuencia, las intervenciones destinadas a reducir el estigma internalizado pueden ayudar en los esfuerzos por aumentar la divulgación del VIH y, por lo tanto, disminuir la transmisión secundaria del VIH (Lee, Kochman y Sikkema 2002; Okello et al. 2015). Las personas que viven con el VIH que ignoran, ocultan o niegan su estado son menos propensas a tomar medidas para prevenir la transmisión del virus a otras personas porque a menudo deciden perpetuar las conductas de riesgo (Valdiserri 2002).

Las formas en que se transmite el VIH contribuyen al estigma asociado con la enfermedad (Fishman 2013, 208-210). En consecuencia, y sobre la base de esta premisa, el sector de la salud debe ser uno de los primeros lugares donde se deben emprender intervenciones concretas contra el estigma y la discriminación, especialmente hacia poblaciones clave con mayor riesgo de exposición al VIH como trabajadores sexuales, hombres que tienen relaciones sexuales con otros hombres y personas que se inyectan drogas (Australasian Society for HIV Medicine y National Center in HIV Social Research 2012, 16– 18). El personal de salud tiene el deber ético de evitar comportamientos estigmatizantes y el deber legal de no discriminar (Anderson 2009, 1000) porque estas conductas podrían empujar a los pacientes a ocultar su estado. El ocultamiento de la enfermedad a los profesionales de la salud puede provocar un aumento en el número de personas infectadas y la prevalencia de la enfermedad (Saki et al. 2015).

El estigma relacionado con el VIH es un factor de riesgo importante asociado con las condiciones de salud en las poblaciones expuestas, como los hombres que tienen relaciones sexuales con otros hombres, los trabajadores sexuales, los huérfanos y los niños vulnerables a causa del SIDA (Pulerwitz et al. 2010). Refuerza los prejuicios y estereotipos sociales existentes, que, a su vez, contribuyen significativamente a la vulnerabilidad a la infección por el VIH entre los miembros de las poblaciones mencionadas anteriormente (Cairns 2008).

Huérfanos y otros niños vulnerables a causa del VIH

Los niños que han quedado huérfanos por el SIDA a menudo son víctimas de actitudes negativas como el ostracismo, la discriminación y la marginación social, afectiva y económica debido a la vergüenza asociada con la enfermedad mortal o al miedo irracional de que los niños que quedan huérfanos por el SIDA puedan transmitir el VIH a otros niños (Coalición Interagencial sobre el SIDA y el desarrollo 2006, 3). Un huérfano también puede decidir dejar la escuela porque tiene que cuidar de su familia. La educación es tremendamente importante porque enseña a los niños cómo cuidar su propia salud, pero también porque puede proporcionarles las habilidades profesionales que son necesarias para sacarlos de la pobreza (Equipo de trabajo interinstitucional sobre educación de ONUSIDA, 2004).

El VIH daña gravemente a los hogares afectados, especialmente a las mujeres y los niños. Estos últimos a menudo están traumatizados por la pérdida de uno o ambos padres a causa del SIDA. La pérdida de uno de los padres puede resultar en un empeoramiento significativo de las condiciones de vida; también aumenta potencialmente la probabilidad de que este grupo sea explotado por personas sin escrúpulos (ONUSIDA 2008, 164). En particular, cuando ambos padres han fallecido, el hijo mayor a veces se convierte en el jefe de familia y cuida a los hermanos porque no hay nadie más capaz de asumir este papel (es decir, abuela u otro familiar) (Laurie 2015, 131). Sin el cuidado de los padres o un cuidador designado, los niños corren el riesgo de desnutrición, mala salud, educación insuficiente, migración, falta de vivienda, violación y abuso (Ogunbodede 2004, 358). Por lo tanto, es necesario prestar especial atención a los niños en situaciones vulnerables, como los huérfanos, los niños de la calle y los niños en crisis humanitarias (ONUSIDA 2016, 45).

Los niños son, en particular, más vulnerables al estigma que los adultos debido a su fragilidad (Cree et al. 2004). El estigma relacionado con el VIH repercute en los niños de muchas formas diferentes. Algunos ejemplos incluyen: se puede culpar a los niños por el comportamiento de sus padres si mueren de SIDA (esta es una fuerte creencia en Etiopía, donde se considera que los huérfanos nacen "desafortunados"); los niños pueden ser excluidos de la escuela, de las familias y de las comunidades por temor a la infección si el VIH está presente en su familia; muchos huérfanos son tratados de manera diferente a otros niños en una nueva familia y se les acusa de seguir comportándose mal como lo hicieron sus padres; algunos huérfanos no aceptan vivir en una nueva familia y huyen para vivir en la calle porque el ambiente en la casa de acogida es muy malo (Kidd y Clay 2003, 110-117).

La estigmatización relacionada con el VIH sigue siendo un potente factor de estrés para las personas VIH positivas y sus familiares, incluidos los niños

(Vanable et al. 2006). La vulnerabilidad psicológica de los niños afectados por el VIH se genera a partir de múltiples factores estresantes relacionados con el SIDA, como la pérdida de un progenitor o vivir con un progenitor moribundo a causa del SIDA, la estigmatización del VIH de los padres y los desafíos emocionales y económicos de la orfandad (Lin et al. 2010). En particular, el VIH de los padres tiene un impacto negativo en el bienestar psicológico de los niños en la etapa temprana de la enfermedad parental relacionada con el VIH y persiste durante el curso de la enfermedad de los padres y después de la muerte de los padres. Las habilidades individuales de afrontamiento, las relaciones de confianza con los cuidadores y el apoyo social son intervenciones sugeridas para mitigar el efecto negativo del VIH de los padres hacia los niños (Chi y Li 2013).

A pesar de cierta disminución de la prevalencia del VIH en adultos en todo el mundo y del creciente acceso al tratamiento antirretroviral, el número de niños afectados por el VIH o vulnerables al mismo sigue siendo bastante elevado (Oficina del Coordinador Mundial del SIDA de EE. UU. 2012). Desde 2002, al menos 10 millones de niños (de 0 a 17 años) en todo el mundo han perdido a uno o ambos padres a causa del SIDA. Este número alcanzó su punto máximo en 2009, cuando se estimaba que 15 millones de niños en todo el mundo habían perdido a uno o ambos padres a causa del SIDA. Aunque este número había disminuido progresivamente, se estimaba que en 2015 había 13,4 millones de niños que vivían sin uno o ambos padres debido al sida en todo el mundo. Más del 80% de estos niños (10,9 millones) vivían en África subsahariana (UNICEF 2016a, 26–28, 89).

La expresión "huérfanos del SIDA" es inapropiada porque este término contribuye considerablemente a la estigmatización de los niños cuyos padres han muerto a causa del SIDA, pero también los etiqueta como seropositivos, lo que puede ser falso. Contrariamente al uso tradicional, ONUSIDA sugiere el uso de la expresión "huérfanos y otros niños vulnerables a causa del SIDA" en sus directrices sobre la terminología preferida. El término 'huérfano' describe una tipología específica de huérfanos, es decir, aquellos que han perdido a uno o ambos padres a causa del SIDA (ONUSIDA 2015b, 4), mientras que el término 'otros niños vulnerables' (o simplemente 'niños vulnerables') es una expresión que hace referencia a menores que son VIH-positivos, viven sin el apoyo adecuado de un adulto (es decir, en un entorno familiar en el que uno o ambos padres están enfermos, un hogar que ha perdido recientemente a un ser querido debido a una enfermedad crónica y/o una familia encabezada por un niño), viven fuera del cuidado familiar (es decir, en centros de atención residencial y orfanatos o en las calles), o son marginados, estigmatizados o discriminados (Institute of Medicine et al. 2007, 233-234).

La vulnerabilidad de un niño huérfano a causa del SIDA comienza mucho antes de la muerte de sus padres. Los efectos comienzan cuando vive con uno o varios padres infectados por el VIH, que no pueden brindarle la atención adecuada, y pueden incluir privación económica, escolarización inadecuada, angustia psicológica y emocional, negligencia y aumento de la carga de responsabilidad asociada con la enfermedad de uno de los padres (UNICEF 2006, 18). Zaba y col. (2005) muestran que el VIH tiene un impacto en la mortalidad infantil directamente a través de la transmisión del VIH a los recién nacidos por madres infectadas e indirectamente a través de tasas más altas de mortalidad infantil asociadas con la muerte materna. Específicamente, los investigadores indican que los niños (de 0 a 3 años) tienen 3.9 veces más probabilidades de morir en el año anterior o posterior a la muerte de su madre, mientras que el riesgo excesivo de muerte correlacionado con tener una madre VIH positiva se reduce a 2.9 veces; además, este efecto perdura durante toda la infancia. Además, basándose en una revisión exhaustiva de la literatura publicada y no publicada sobre el impacto intergeneracional del SIDA, Cluver y Operario (2008) encontraron que los niños huérfanos pueden tener un mayor riesgo de infección por el VIH en comparación con los niños no huérfanos (grupo de control). Identificaron cinco posibles vías por las cuales los huérfanos de padres que han muerto de SIDA enfrentan un mayor riesgo de contraer el VIH. Estas vías fueron desencadenadas por los siguientes cinco factores contribuyentes: pobreza, problemas de salud mental, características y dinámica de la conducta sexual, factores estresantes del cuidado y violencia familiar, abuso sexual y violación. La evidencia de cada uno era limitada y era necesaria una investigación adicional.

Los adultos VIH-positivos se sienten estigmatizados o temen por el futuro de sus hijos una vez que mueren porque la familia extendida a veces no puede cuidarlos adecuadamente (Ngige, Ondigi y Wilson 2008, 224-225). Dentro de una familia extensa, la calidad de la relación entre el nuevo cuidador y el niño influye fuertemente en su desarrollo. Varios estudios han demostrado que cuanto más cerca están los niños de su familia biológica, es más probable que estén bien cuidados (UNICEF 2006, 20). Geary (2000), por ejemplo, observó que los resultados parciales de algunos estudios fueron consistentes con la visión de que los niños que vivían en ambientes familiares estables con ambos padres biológicos disfrutaban de un estado más saludable que aquellos que vivían en situaciones diferentes. Sobre la base de estos resultados, concluyó que la estabilidad del hogar repercutía positivamente en las tasas de supervivencia de la descendencia. Sin embargo, los huérfanos también pueden optar por no vivir con miembros de la familia extendida por las siguientes razones: primero, temen el maltrato; segundo, no quieren ser explotados para trabajar; tercero, quieren seguir estudiando; y cuarto, piensan que están mejor solos (Lloyd 2008, 24-25).

Discriminación por VIH

La discriminación se refiere al trato perjudicial de las personas porque son parte, o se percibe que son parte, de un grupo o categoría en particular (Nöstlinger et al. 2014, 155) y se basa en una característica personal particular, como la raza u orientación sexual, o atributos físicos específicos. La discriminación a menudo resulta en alguna forma de rechazo o exclusión (Giddens et al. 2009). El concepto de discriminación, como lo indica Goffman (1963), está estrictamente relacionado con el de estigma. En consecuencia, no se puede conceptualizar como algo separado del estigma, pero es el resultado final del proceso de estigmatización; de hecho, el estigma "promulgado". La discriminación (o el estigma promulgado) devalúa y reduce las posibilidades de vida de los estigmatizados (Nyblade y MacQuarrie 2006, 2, 6, 8). Por ejemplo, el estigma puede conducir a prejuicios y discriminación activa hacia las personas que en realidad son o simplemente se percibe que son VIH positivas, y los grupos sociales y personas con quienes están asociados (EngenderHealth 2004, 15; Brown, BeLue, y Airhihenbuwa 2010; Li et al. 2008).

Casi 40 años después del inicio de la epidemia del VIH, el estigma y la discriminación del VIH persisten y continúan siendo alimentados por la falta general de conocimiento sobre los modos básicos de transmisión del VIH y los temores infundados de contagio, así como el juicio moral y los prejuicios preexistentes contra determinadas poblaciones (por ejemplo, hombres que tienen relaciones sexuales con hombres, personas que se inyectan drogas, profesionales del sexo y sus clientes) (Anderson 2009; Stangl, Brady y Fritz 2012). Específicamente, la discriminación relacionada con el VIH, también conocida como estigma del VIH promulgado, se refiere a cualquier medida que implique una diferenciación arbitraria entre las personas en función de su estado serológico real o presunto frente al VIH (Caraël et al. 2000).

Parece que para las personas que viven con el VIH, o para las que se supone que son VIH-positivas, cualquier área de su vida puede verse afectada por el estigma y ser objeto de discriminación (National AIDS Trust 2003). La Asociación Nacional de Trabajadores Sociales de los Estados Unidos reconoce que las personas que viven con el VIH y, a veces, incluso las que se someten a la prueba del virus, continúan enfrentando discriminación en el empleo, el servicio militar, la vivienda, el acceso a la atención médica, la educación, los programas sociales y comunitarios y derechos humanos y civiles fundamentales (Tomaszewski 2012). La discriminación se puede institucionalizar a través de leyes, políticas y prácticas (Boulton et al. 2017; Harsono et al. 2017; Lehman et al. 2014; Burki 2011).

El estigma y la discriminación relacionados con el VIH limitan el éxito de los programas de prevención, tratamiento, atención y apoyo del VIH porque desalientan a las personas que viven con la enfermedad de revelar su estado incluso a miembros de la familia y parejas sexuales y socavan su capacidad y voluntad de acceder y adherirse a tratamiento. Así, el estigma y la discriminación ponen en riesgo el estado de salud tanto de las personas como de comunidades enteras (ONUSIDA 2014, 2). Esto requiere que los formuladores de políticas y las instituciones de salud pública incorporen estrategias de reducción del estigma en los programas de VIH y permitan que las personas y las comunidades comprendan mejor cómo el estigma socava su bienestar (Husbands et al. 2012, 5).

Los niños de hogares afectados por el VIH son testigos o, en varios casos, cuidan a sus padres u otros cuidadores que mueren de SIDA. Este doloroso proceso a menudo se ve agravado por el estigma y la discriminación asociados al VIH y al ser huérfano. La mayoría de estos niños también sufren el trauma emocional causado por el ostracismo de sus compañeros y familiares y/o por la desaprobación y el rechazo de la comunidad en general (Todres 2007, 425–430; UNICEF 2006), incluidos vecinos, tutores, maestros y otros hijos de la familia cuidadora. En consecuencia, las iniciativas gubernamentales y de base comunitaria deben tener como objetivo reducir el estigma y la discriminación contra los niños huérfanos a causa del SIDA ayudando a las víctimas (Delva 2010). Además, es en este punto de mayor vulnerabilidad que el huérfano tiene un mayor riesgo de mala salud, nutrición, deserción escolar, problemas mentales, desarrollo defectuoso, participación en conductas de riesgo como el abuso de alcohol y drogas, actividades ilegales o peligrosas (por ejemplo, delitos menores, vandalismo), promiscuidad sexual y estar sujeto a todas las formas de explotación como la prostitución, la mendicidad y el trabajo forzoso (Lata y Verma 2013, 456).

El estado serológico de los padres tiene un impacto negativo en el bienestar psicológico de los niños y los hace más propensos al estigma y la discriminación (Chi y Li 2013; Mishra y Bignami-Van Assche 2008). Específicamente, Fleming (2015) señala que los huérfanos y otros niños vulnerables a causa del SIDA sufren discriminación en el acceso a la educación y la atención médica. Son pocos los huérfanos que pueden matricularse en las escuelas porque, por un lado, no pueden pagar el costo de los materiales educativos y, por el otro, tienen que cuidar a sus hermanos. Las instituciones educativas sirven como un lugar de socialización para los jóvenes cuyos hogares pueden ser destruidos, pero estas instituciones también pueden ser un escenario triste para los estudiantes, como los niños huérfanos por el SIDA que sufren discriminación y rechazo allí (Moletsane 2013, 297). En consecuencia, estas instituciones deben establecer un entorno de aprendizaje de apoyo para los huérfanos y otros niños vulnerables a causa del SIDA, de modo que puedan encontrar un trabajo y vivir con dignidad. La educación es una forma eficaz de protección contra el VIH al que estos niños pueden ser susceptibles (Mwoma y Pillay 2016).

Los huérfanos y otros niños vulnerables a causa del SIDA a menudo se ven agobiados por el consiguiente colapso de su estructura familiar, pero, como demuestra la experiencia de numerosos países subsaharianos, los sistemas de apoyo tradicionales no pueden ayudar de manera eficaz al creciente número de niños que necesitan ayuda y protección. La epidemia del VIH tiende a tener un impacto negativo en los jóvenes en su conjunto, incluso si su estructura familiar permanece en gran parte intacta, porque ejerce presión sobre las comunidades y erosiona las oportunidades de educación y desarrollo (Utan 2005, 61).

Es importante señalar que los hogares pobres a menudo se ven limitados en sus opciones con respecto a la asignación de recursos porque tienen pocos ingresos o riqueza disponible. En estas duras condiciones económicas, los niños no biológicos pueden, por lo tanto, experimentar discriminación (Gillespie 2006, 7) en el hogar (por ejemplo, ser el último en obtener alimentos) o dentro de la comunidad (por ejemplo, ostracismo y marginación social) por parte de los adultos. y otros niños (Smart 2003, 4). Por el contrario, en los hogares no pobres, las asignaciones de recursos de los niños biológicos y no biológicos no difieren considerablemente, por lo que es más probable que estas familias acojan a niños no biológicos y les permitan asistir a la escuela (Gillespie 2006, 7). Los niños que no asisten a la escuela corren el riesgo de verse obligados a trabajar en una multiplicidad de entornos a menudo explotadores, incluso como sirvientes domésticos, trabajadores agrícolas y fabriles, y niños prostituidos. Los niños que han quedado huérfanos a causa del SIDA corren un mayor riesgo de ser explotados tanto en entornos de trabajo formales como informales porque no pueden contar con el apoyo de sus padres (Todres 2007, 428–429).

En ocasiones, los huérfanos y otros niños vulnerables a causa del SIDA no pueden acceder a los servicios de salud (Bejide 2014, 323). Los proveedores de atención médica se niegan a tratar no solo a los niños huérfanos y vulnerables, sino también a sus padres seropositivos. Incluso cuando los niños y sus familias no son sometidos a un trato discriminatorio, los recursos familiares son muy limitados (Todres 2007, 429). En consecuencia, solo la disponibilidad de medicamentos antirretrovirales gratuitos o de bajo costo, junto con la mayor disposición de los trabajadores de la salud para ayudar a los huérfanos y niños vulnerables por el SIDA, puede disminuir la discriminación contra estos grupos de personas (Thi et al. 2008).

La discriminación en las escuelas, los servicios de salud y otras instituciones compromete los derechos de los huérfanos y otros niños vulnerables a causa del SIDA y, a menudo, limita sus oportunidades (Smart 2003, 4). Estos niños tienen dificultad para comprender por qué se les trata de manera diferente a otros niños. Este tratamiento puede desencadenar un sentimiento de exclusión que influye negativamente en la autoestima de los huérfanos y otros niños vulnerables a causa del SIDA (International HIV/AIDS Alliance y Vasavya Mahila

Mandali 2004, 7). Además, la discriminación de los huérfanos y otros niños vulnerables por el SIDA con respecto a cuestiones de cuidado y protección, incluido el acceso a los alimentos, puede adoptar tres formas principales: 1) El ostracismo público y la exclusión social como resultado del estigma asociado a la enfermedad. Esto sigue siendo, en parte, el resultado de una falta de conocimiento y malentendidos sobre los modos de transmisión. Muchas personas se niegan a aceptar a un niño en su familia si el padre ha muerto de SIDA por temor a que el VIH se propague a la familia. 2) Acoger a huérfanos y otros niños vulnerables a causa del SIDA con fines de explotación. Los miembros de la familia extensa pueden explotar a estos niños como fuentes de mano de obra barata y, a veces, negarles sus derechos de herencia quitándoles sus propiedades. 3) La discriminación dentro del hogar ocurre cuando los cuidadores tratan a los huérfanos y otros niños vulnerables por el SIDA de manera diferente a sus hijos biológicos, lo que incluye tener cargas de trabajo más pesadas y recibir menos comida (Greenblott y Greenaway 2007, 10-11).

Aunque una notable diversidad de culturas, mentalidades, perspectivas sociales, idiomas e historia de los derechos humanos están presentes en las sociedades, debe organizarse un frente común contra la epidemia del VIH. Los gobiernos deben revisar las leyes y políticas que apoyan la discriminación y hacer cumplir otras nuevas que protejan a las personas que viven con el VIH de diversas formas de estigma y discriminación relacionados con el VIH (Kontomanolis et al. 2017, 116). En Sudáfrica, por ejemplo, el Tribunal de Igualdad se creó para promover los derechos y garantizar el acceso a la justicia de los grupos vulnerables y se centra específicamente en las denuncias relacionadas con casos de discriminación injusta que pueden basarse en una serie de factores, incluido el estado del VIH. La Ley de Relaciones Laborales también protege a los empleados de ser despedidos debido a su condición de VIH y de ser discriminados en términos de beneficios para empleados, promociones, capacitación del personal y otros aspectos relacionados con el trabajo. Por último, la Ley de Equidad en el Empleo incluye explícitamente el estado del VIH como un motivo prohibido para la discriminación y la discriminación por este motivo es procesable (Ahonsi et al. 2014, 19).

Los huérfanos y otros niños vulnerables a causa del SIDA deben tener derecho a protección, confidencialidad y privacidad, y acceso a servicios básicos como educación y salud sin ningún trato discriminatorio (Coalición Interagencial sobre SIDA y Desarrollo 2006, 3). Los gobiernos deben garantizar que el derecho de los huérfanos y otros niños vulnerables a causa del SIDA a la no discriminación en el acceso a los servicios básicos esté claramente reconocido en las leyes nacionales (Moletsane 2013, 303). En la práctica, esto significa que los gobiernos deben implementar planes nacionales de protección infantil y contra el VIH que incluyan mecanismos para abordar el estigma y la discriminación relacionados con el VIH en los niños en los estándares y procedimientos operativos relacionados con el VIH y la protección infantil (p. Ej., Pautas de atención alternativa, protocolos de pruebas del VIH, atención pediátrica del VIH, tratamiento y directrices de apoyo) (UNICEF 2016b, 8), y una red de seguridad social para huérfanos, como subvenciones de manutención infantil y subvenciones para hogares de guarda (Hall y Sambu 2018, 137–143). Sin embargo, los problemas que enfrentan los huérfanos y otros niños vulnerables a causa del SIDA solo pueden resolverse si todos los niveles de la sociedad, desde las agencias donantes internacionales y los gobiernos nacionales hasta las organizaciones comunitarias y las familias individuales, trabajan juntos para proporcionar un entorno seguro y empoderador (Utan 2005, 66). En otras palabras, es esencial que la atención médica, el apoyo socioeconómico, los derechos humanos y el apoyo legal, el apoyo psicosocial y los servicios de asesoramiento se implementen mutuamente (Family Health International 2001) a través de planes de ayuda nacionales e internacionales con recursos suficientes (UNICEF 2016a, 28).

Conclusión

Las poblaciones con más probabilidades de estar expuestas al VIH o de transmitirlo incluyen tanto a las poblaciones clave con mayor riesgo de exposición al VIH como a los grupos vulnerables. La estigmatización y discriminación de estos dos grupos sociales distintos con el tiempo creó un clima de caza de brujas que ha hecho que la implementación de un programa efectivo de inclusión social sea cada vez más difícil (Meini 2013, 193).

Se dice que las poblaciones clave con mayor riesgo de exposición al VIH son aquellas que tienen el mayor riesgo de contraer y transmitir el VIH como resultado de lo que están haciendo o de lo que podrían hacer si se les colocara en una situación con factores predisponentes relacionados con el VIH. Ejemplos de esos grupos de población son los hombres que tienen relaciones sexuales con hombres, las personas transgénero, las personas que se inyectan drogas, los trabajadores sexuales masculinos y femeninos y sus clientes, los delincuentes en las cárceles y las parejas seronegativas en las parejas serodiscordantes. Se dice que los grupos vulnerables se encuentran en un estado de vulnerabilidad si sus condiciones de vida contribuyen significativamente a ponerlos en riesgo de contraer el VIH. Ejemplos de estos grupos son los adolescentes, los huérfanos, los niños de la calle, los trabajadores móviles, los migrantes y las poblaciones desplazadas y otros (Oficina Regional de la OMS para el Mediterráneo Oriental, sin fecha).

Las poblaciones clave y los grupos vulnerables son importantes para la dinámica de la transmisión del VIH y socios esenciales en una respuesta eficaz a la epidemia (OMS 2016b). La reducción del estigma y la discriminación puede mejorar drásticamente la vida de las personas que viven con el VIH, están afectadas o están asociadas con el VIH y sus familias y facilita las inversiones en los programas de prevención, atención y tratamiento del VIH (Carr et al. 2010).

Este capítulo ha analizado en profundidad cómo los procesos de estigmatización hacen que sea mucho más complicado proteger los derechos básicos de los niños huérfanos por el SIDA o vulnerables por el VIH. Además, ha revelado que muchos de ellos corren un mayor riesgo de ser explotados por bandas criminales o de convertirse en víctimas de abusos, especialmente en África subsahariana. En consecuencia, el autor sugiere implementar una política que involucre a los huérfanos y otros niños vulnerables por el VIH y el SIDA en esquemas y programas de protección social (Meini y Tognetti Bordogna 2018).

La vergüenza y el estigma son partes integrales de la lógica masculina de utilizar la violencia sexual como una herramienta para ganar poder y control sobre las víctimas, especialmente las mujeres jóvenes y los niños (Kalra y Bhugra 2013). Durante siglos, la violencia contra las mujeres siguió siendo un problema oculto, invisible y sin nombre. Esta invisibilidad fue indudablemente dictada por la falta de poder real por parte de las mujeres, que siempre han estado sujetas al poder masculino (Fox 2002). Esto es lo que todavía sucede hoy en muchos estados del África subsahariana donde la violencia de género es una emergencia nacional (Medie 2019). En particular, varios estudios victimológicos se han centrado no solo en la violencia sexual en sí misma, sino también en el riesgo inherente de infección por el VIH (Ellsberg y Heise 2005). En el Capítulo 4, a la luz de lo anterior, el autor analiza el impacto que tiene la violencia contra las mujeres y los niños en la epidemia del VIH tomando en consideración a Sudáfrica como estudio de caso.

Capítulo 4

La doble carga sanitaria de la violencia infligida por la pareja y el VIH en Sudáfrica

La capital de la violencia sexual

No es fácil distinguir exactamente el término "género" del término estrechamente relacionado "sexo". La Organización Mundial de la Salud define sexo y género de la siguiente manera: sexo 'se refiere a las características biológicas y fisiológicas que definen a hombres y mujeres', mientras que género 'se refiere a los roles, comportamientos, actividades y atributos socialmente construidos que una sociedad determinada considera apropiados para hombres y mujeres '(OMS 2014d). El sexo y el género constituyen determinantes importantes de la salud y forman una interrelación compleja. Específicamente, el sexo a menudo se conceptualiza como deseado y consensuado o como no deseado y no consensuado, lo que refleja un modelo unidimensional y dicotómico. Las relaciones sexuales deseadas se tratan como consensuales, mientras que las relaciones sexuales no deseadas se tratan como no consensuadas y/o forzadas (Peterson y Muehlenhard 2007).

Durante siglos, la violencia contra las mujeres siguió siendo un problema oculto, invisible y sin nombre. Esta invisibilidad fue indudablemente dictada por la falta de poder real por parte de las mujeres, quienes siempre han estado subordinadas a la autoridad masculina (Fox 2002), una relación que ha resultado en sanciones solo cuando ha roto el código de honor tradicional (Schwerhoff 2013; Gill 2008). Esto es lo que todavía sucede hoy en muchos Estados del África subsahariana en los que la violencia de género supone una emergencia social, cultural y sanitaria (Sanjel 2013). La violencia de género puede entenderse como una coacción física y/o psicológica de las mujeres (o de quienes pueden representar un sustituto funcional en la economía de las relaciones), que generalmente puede estar comprendida en la esfera sexual y está más o menos estigmatizada socialmente. Este tipo de coerción es típico de las sociedades patriarcales (o aquellas que lo son parcialmente); es decir, de sociedades moderada o fuertemente dominadas por hombres (Bimbi 2000, 52–53).

En cuanto a las relaciones sexuales, las expectativas están determinadas por clichés de transmisión cultural que pueden tolerar la violencia y así, animar a los hombres a sentirse superiores y legitimar las agresiones sexuales hacia las mujeres, consideradas trofeos (Crowell y Burgess 1996). Este fenómeno revela la existencia de algunos mitos sobre la violación, que consisten en negar la existencia de la misma (por ejemplo, creer que la mayoría de los informes de violación son falsos o que las mujeres generalmente mienten sobre la violación), lo motivos de la violación (por ejemplo, "ella lo pidió", "era incapaz de controlarse", "estas cosas les pasan a las mujeres que provocan a los hombres", etc.) y la minimización de la gravedad del hecho. El estudio de los mitos sobre la violación, realizados en numerosas investigaciones, ha puesto de manifiesto la existencia de asociaciones significativas entre la aceptación de los propios mitos y la admisión por parte de los hombres de ser sexualmente agresivos (Murphy, Coleman y Haynes 1986). Me encuentro ante un enfoque biologizante en el que los impulsos sexuales masculinos no solo parecen incontrolables, sino que están ampliamente legitimados desde un punto de vista pavloviano. El resultado es la desresponsabilización del violador y la atribución de culpa al comportamiento de la mujer (Akins 2004).

Una de las aportaciones del análisis feminista fue la de criticar severamente esos modelos explicativos centrados en patologías individuales. El modelo psicopatológico sería creíble si la violación representara un fenómeno marginal, numéricamente pequeño; pero su incidencia ha adquirido proporciones verdaderamente alarmantes en muchos países. En particular, los datos oficiales sobre delitos sexuales muestran que la personalidad del agresor puede definirse como alterada solo en unos pocos casos. Por tanto, el modelo psicopatológico no nos ayuda a explicar las causas de la violación; es decir, de un fenómeno cuya incidencia varía según la cultura y organización de cada sociedad (Jewkes y Abrahams 2000, 18).

En los países africanos, cuestionar un sistema de relaciones predominantemente patriarcal hace que las mujeres sean especialmente vulnerables, ya que los hombres se sienten amenazados por su posible pérdida de poder e implementan estrategias agresivas y violentas (Namy et al.2017; Decker et al.2015; Mookodi 2004). La violencia sobre la mujer (sexual, física y psicológica) representa, por tanto, una forma de ejercer una forma de control que restablece un dominio que debe ser cierto y absoluto para defender una virilidad en crisis (Giddens 1992). La violación atenta contra la seguridad física de la víctima, así como su integridad sexual y psicológica. Puede considerarse como una forma invasiva y humillante de terrorismo sexual (Smith 2001, 73). Este crimen es uno de los menos denunciados, ya que muchas víctimas tienden a ocultarlo. Los motivos son la vergüenza, el miedo a represalias o a que no se les crea y la falta de confianza en el sistema judicial. En efecto, el juicio puede convertirse en un acto más de violencia sobre la víctima, del que deriva el término victimización secundaria (Tamarit, Villacampa y Filella 2010).

El Servicio de Policía de Sudáfrica (SAPS) publicó las estadísticas de delincuencia del país del 1 de abril de 2017 al 31 de marzo de 2018 a principios de septiembre de 2018. El análisis de las estadísticas de delincuencia cubre todas las categorías principales de delitos, como los delitos de contacto (delitos contra la persona) (p. ej. asesinato, delitos sexuales, intento de asesinato, asalto con la intención de infligir daños corporales graves, asalto común, robo común y robo agravado, incluidos los siguientes delitos TRIO: robo de casa, robo de negocios y robo de auto), delitos relacionados con el contacto (por ejemplo, incendio intencional y daños a la propiedad), delitos relacionados con la propiedad (por ejemplo, robo en locales no residenciales, robo en locales residenciales, robo de vehículos de motor y motocicletas, robo de vehículos de motor y robo de existencias), otros delitos graves (por ejemplo, todos tipos de robo no mencionados anteriormente, delitos comerciales y hurtos en tiendas) y delitos detectados como resultado de la acción policial (por ejemplo, posesión ilegal de armas de fuego y municiones, delitos de drogas, conducción bajo los efectos del alcohol y/o drogas y delitos sexuales detectados como consecuencia de la actuación policial) (SAPS 2018).

En general, los delitos violentos siguen siendo una amenaza constante en Sudáfrica. El robo a mano armada es el delito mayor más extendido, que involucra principalmente pistolas y/o cuchillos. De particular preocupación son los robos por invasión de viviendas. Estos delitos son generalmente violentos y pueden ocurrir en cualquier momento. Los delincuentes prefieren cometer estos delitos cuando los ocupantes están en casa o cuando llegan/salen porque pueden identificar dónde se guardan los objetos de valor y la alarma residencial está desactivada. Los delitos financieros y de robo de identidad, incluidas las estafas con tarjetas de débito/crédito y pagos por adelantado, también son comunes (por ejemplo, clonación de tarjetas, fraude en cajeros automáticos) (Consejo Asesor de Seguridad en el Extranjero 2018, 1). Además, la prevalencia de la agresión y la violencia sexuales ha llevado a que Sudáfrica sea calificada de "la capital mundial de las violaciones". Esto se atribuye principalmente a la cultura de violación generalizada que impregna el país. Existe la creencia generalizada de que muchas víctimas tienen la culpa de ser violadas por el hecho de que visten de manera provocativa, están intoxicadas o incluso por su orientación sexual. Por supuesto, esta creencia no tiene ningún fundamento porque la víctima nunca tiene la culpa (Nagtegaal 2018).

Todas las definiciones de violación, agresión sexual y términos relacionados incorporan la idea de comportamiento no consensuado. Muchos archivos de datos y algunos investigadores se rigen por la definición legal de violación, que sin embargo cambia según el país y, a veces, cambia con el tiempo (ONU Mujeres 2012, 24–25). En Sudáfrica, la Ley de Enmienda N° 32 de 2007 del Código Penal

(Delitos Sexuales y Asuntos Conexos) reformó y codificó la ley relativa a los delitos sexuales. Amplió la definición de violación, antes limitada al sexo vaginal, para incluir toda penetración no consentida. Además, igualó la edad de consentimiento para el sexo heterosexual y homosexual a 16 años. La violación se incluye en la amplia categoría de delitos sexuales, que incluyen agresión sexual, incesto, bestialidad y flasheo, entre otros delitos. En particular, hace una distinción significativa entre violación y violación sexual. La violación es cuando un individuo masculino o femenino penetra coercitivamente o con fuerza la vagina o el ano de otro individuo masculino o femenino. De esta definición puedo inferir que, por primera vez, la ley reconoce la violación masculina, que anteriormente se clasificaba como una mera agresión indecente. En cambio, la definición legal de violación sexual es cuando un individuo penetra violentamente un órgano genital o ano con un objeto. Esta penetración es oral-genital cuando el violador introduce su pene con fuerza en la boca de la víctima (Vetten 2007; Machisa et al. 2017, 11-12). Antes del 16 de diciembre de 2017, la definición de violación era mucho más limitada; es decir, la violación se definió como una relación sexual intencional e ilegal con una mujer sin su consentimiento. Esto significa que las estadísticas de violaciones anteriores a esta fecha solo se referían a la violación vaginal de mujeres por parte de un hombre. Además, debido a este cambio, las estadísticas de violaciones anteriores a 2008/2009 no deben compararse directamente con las estadísticas publicadas después de esta fecha (Wilkinson 2016).

Figura 4.1: Tendencia en violaciones, 2008/2009 - 2017/2018

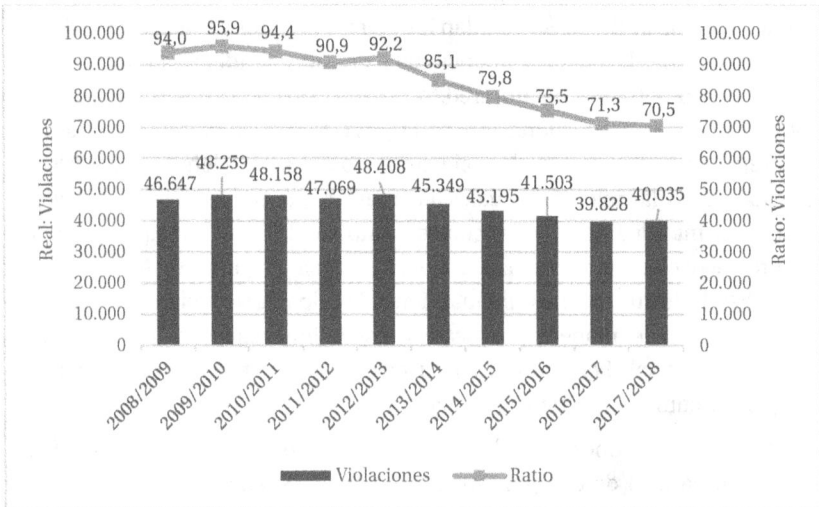

Fuente: SAPS 2018, 81

Las estadísticas que se presentan aquí se basan en las cifras oficiales de violaciones registradas por la policía en Sudáfrica entre 2008/2009 y 2017/2018 y se incluyen en el amplio grupo de delitos sexuales. Aunque la violación constituye la mayoría de los casos, esta categoría no puede utilizarse en lugar de las estadísticas de violación desagregadas. El histograma muestra que las violaciones parecen haber disminuido progresivamente entre 2012/2013 y 2016/2017 y aumentaron ligeramente en 2017/2018. Las tasas de violación ofrecen más información sobre el nivel de violencia sexual en Sudáfrica. La tasa de violación define el número de incidentes de violación por cada 100.000 ciudadanos. Las cifras no tienen en cuenta los incidentes de violación que no se denuncian a la policía (SAPS 2018).

El informe anual Victims of Crime Survey (VOCS) publicado por Statistics South Africa se centra en once tipos de delitos domésticos y siete tipos de delitos contra las personas, incluidos los delitos sexuales y las agresiones en ambas dimensiones. La sección de delitos domésticos se ocupa de los incidentes delictivos denunciados por los jefes de hogar, mientras que la sección de delitos individuales se centra en los delitos experimentados por una persona seleccionada al azar en el hogar de 16 años o más (Estadísticas de Sudáfrica 2018, 15). En particular, las estimaciones proporcionadas por la sección que trata sobre delitos sexuales y agresiones a nivel familiar son diferentes a las que surgen de las entrevistas individuales reportadas en la sección que trata sobre delitos sexuales y agresiones a nivel individual. Se espera que los números proporcionados para los hogares sean más pequeños que los proporcionados para los individuos porque los jefes de hogar pueden no estar al tanto de todas las experiencias delictivas de los miembros de sus hogares. VOCS utiliza una definición más estrecha de violencia sexual, que se limita a la violación sexual intencional de personas a través de agarrar, tocar o violar, debido a la limitación de la metodología de la encuesta. La definición de delito sexual del SAPS es más amplia e incluye la bestialidad, un acto sexual con un cadáver y otros actos sexuales ilegales. Por lo tanto, los datos cuantitativos recolectados por estas dos instituciones no miden lo mismo, sino que producen estadísticas de criminalidad que se complementan entre sí (Ibid., 46).

Las estadísticas actualmente disponibles muestran que la violencia contra las mujeres ha alcanzado proporciones epidémicas en Sudáfrica (Sibanda-Moyo, Khonje y Brobbey 2017). En 2017/2018, más hogares encabezados por mujeres (19.116 65,9%) experimentaron delitos sexuales que hogares encabezados por hombres (9.870 34,1%), mientras que más hogares encabezados por hombres (72.528 53,1%) sufrieron agresiones que los hogares encabezados por mujeres (64.079 46,9%). En concreto, se estima que el número de personas que sufrieron delitos sexuales en 2017/2018 fue de 36.451, es decir, 32.881 mujeres (91,2%) y 3.570 hombres (9,8%). El delito sexual es un delito que afecta principalmente a mujeres y niñas. Por el contrario, más hombres que mujeres tuvieron experiencias de agresión en el hogar en 2017/2018. Se estima que el número de personas que sufrieron agresiones fue de 172.270, es decir, 104.399 hombres (60,6%) y 67.872 mujeres (39,4%). La agresión es un delito que afecta en mayor medida a hombres y niños (Estadísticas de Sudáfrica 2018, 46–47). Se estima que 22.694 personas experimentaron 28.596 incidentes (en su mayoría mujeres de 16 años o más) como víctimas de delitos sexuales en 2017/2018. VOCS también estima 277,397 víctimas de asalto en 2017/2018 que experimentaron 377,739 incidentes. El asalto se define como un ataque, una paliza física o una amenaza de ataque sin quitarle nada a la víctima e incluye la violencia doméstica. La definición de asalto de VOCS excluye el asalto sexual y combina el asalto común y el asalto de SAPS con la intención de infligir daños corporales graves (Ibíd., 56–58).

Figura 4.2: Número de incidentes de delitos sexuales y delitos sexuales denunciados a la policía, 2013/2014 - 2017/2018

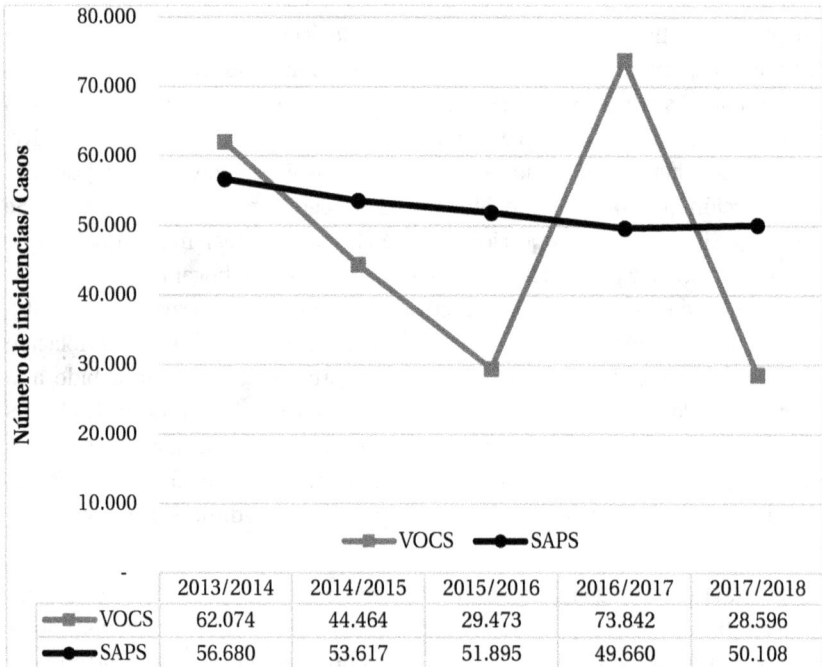

	2013/2014	2014/2015	2015/2016	2016/2017	2017/2018
VOCS	62.074	44.464	29.473	73.842	28.596
SAPS	56.680	53.617	51.895	49.660	50.108

Fuente: Statistics South Africa 2018, 57

Como he ilustrado anteriormente, la violación, dirigida a mujeres y niñas, se ha convertido en un problema grave en Sudáfrica (Harrisberg 2019). La publicación estadística de Víctimas del Crimen de 2016/2017 informó que 250 de cada 100.000 mujeres fueron víctimas de delitos sexuales en comparación con 120 de cada 100.000 hombres. Utilizando las estadísticas del Servicio de Policía de Sudáfrica de 2016/2017, en las que el 80% de los delitos sexuales denunciados fueron violaciones, junto con la estimación de Estadísticas de Sudáfrica de que el 68,5% de las víctimas de delitos sexuales eran mujeres, obtenemos una estimación cruda del número de mujeres violadas por cada 100.000 como 138. Esta cifra se encuentra entre las más altas del mundo. Por esta razón, algunos han calificado a Sudáfrica como la "capital mundial de las violaciones" (Estadísticas de Sudáfrica 2018, 8).

La crisis de las violaciones en Sudáfrica

Nicholson (2016, 121) considera que el volumen *Rape: A South African Nightmare* de Pumla Dineo Gqola es una obra brillante en la que el autor se pregunta cómo el lenguaje y las prácticas culturales de la Sudáfrica pasada y contemporánea han producido un contexto social en el que la violencia de género es endémica y habitualmente excusada. Gqola (2015) remonta los orígenes del violento machismo sudafricano a los sistemas blancos de opresión colonial durante los cuales las esclavas corrían el riesgo de ser violadas por sus amos y otros esclavos varones. Ella destaca cómo la violación fue una característica central del gobierno colonial en la sociedad del Cabo, donde se registró que los soldados británicos en guerra con los Xhosa habían cometido una violación. La violación fue utilizada como arma de guerra contra las conquistadas (esclavas negras). La obsesión colonial por la sexualidad africana llevó a la creación de un estereotipo de mujeres negras como hipersexuales, perpetuamente insatisfechas y, por lo tanto, consideradas imposibles de violar. Este estereotipo todavía está en juego hoy en día, pero no hace que las mujeres negras sean inmunes al riesgo de abuso. Vernal (2011, 11) agrega que las esclavas aprovecharon la oportunidad de mejorar su estatus social cuando se casaron con hombres blancos. Los costos de oportunidad de este tipo de supuesta ventaja fueron altos: vulnerabilidad a la violación y la explotación sexual. Los dueños de esclavos promovieron enérgicamente este discurso al entablar relaciones sexuales con mujeres subordinadas sobre las que ejercían un poder casi absoluto. La Decana de Investigación de la Universidad de Fort Hare y destacada teórica feminista, Pumla Dineo Gqola, sostiene que "tenemos que aceptar que algo en nuestro país permite que suceda. Algo hace que sea aceptable que millones de personas sean violadas de forma regular. Ese algo es el patriarcado" (Gqola 2015, 6). Pero la directora del Instituto de Estudios de Género de la Universidad de Sudáfrica, la profesora Deirdre Byrne, critica esta idea de considerar al patriarcado como la única causa de la prevalencia inaceptablemente alta de violaciones en Sudáfrica, ya que no es capaz de explicar por qué en todas las demás sociedades patriarcales, es decir, casi todas las sociedades humanas, esto no sucede. Ella especifica que cuando el patriarcado es coextensivo con un fuerte impulso hacia la masculinidad hegemónica, así como con impresionantes disparidades económicas, entonces surge una situación tóxica y explosiva en la que la desesperación socioeconómica se predispone a la violencia contra blancos fáciles. Ella concluye que el problema multidimensional de la violación requiere una solución de múltiples frentes que debería abordar a todas las partes interesadas (Byrne 2018).

La falta de denuncia de violaciones representa uno de los patrones más persistentes en la aplicación de la ley (Allen 2007). Por lo tanto, no es sorprendente que la organización de verificación de hechos más conocida del continente africano, Africa Check, especifique que es muy difícil estimar el número real de violaciones cometidas cada año en Sudáfrica (Africa Check 2017). Los datos policiales no solo subestiman el alcance de la violencia sexual, sino que tampoco brindan información sobre el contexto en el que los violadores atacan a las víctimas o la relación entre los perpetradores y las víctimas. Además, hay algunas categorías particulares de violaciones que han atraído mucha atención pública, pero poca investigación o no han sido bien documentadas (por ejemplo, la violación de niños muy pequeños o mujeres mayores, la violación deliberada y selectiva de lesbianas y otras mujeres disconformes con su género, la victimización sexual contra personas con discapacidad intelectual y la violencia sexual contra hombres y trabajadoras sexuales). En consecuencia, los datos oficiales deben emplearse con cuidado porque las estadísticas de violaciones registradas por la policía representan solo una pequeña parte del fenómeno. Además, estos datos deben cotejarse con otros tipos de fuentes, como encuestas comunitarias y estudios cualitativos a pequeña escala (Vetten 2014). Las encuestas de victimización, por ejemplo, pueden ser una gran herramienta para recopilar información detallada sobre ciertos delitos, incluida la violación. Por lo general, los principales objetivos de estas encuestas son estimar la prevalencia (es decir, cuántas personas fueron víctimas de un delito) y la incidencia (es decir, cuántas veces el mismo delito le sucedió a la misma persona) de varios tipos de delitos violentos y contra la propiedad (Vriniotis 2015, 2). Esto ocurre al entrevistar a una muestra representativa de una población en particular y hacerles una serie de preguntas sobre sus experiencias como víctimas (Koon-Magnin 2014, 457-458), aunque la formulación debe considerar el hecho de que la mayoría de ellos prefieren no describir sus experiencias incidentes como violación a pesar de que lo que han experimentado se ajusta a su definición legal. Este método se utiliza generalmente para estimar la brecha entre delitos denunciados y no denunciados (Vetten 2014, 4-5). Estas encuestas son herramientas fundamentalmente críticas para estimar las dimensiones de la figura oscura del delito no denunciado, pero también pueden proporcionar información sobre las experiencias de las víctimas, la naturaleza de los delitos, el miedo al delito y otras respuestas al delito y la victimización y también pueden utilizarse para evaluar los efectos de prevención del delito de iniciativas particulares, incluida la respuesta del sistema de justicia penal si se denuncia el delito (Newburn 2017, 56). Varias investigaciones victimológicas llevadas a cabo en muchas ciudades sudafricanas demostraron que más del 50% de las violaciones no fueron denunciadas (Masuku 2002, 7-8). Además, en su libro Rape Unresolved: Policing Sexual Offenses in South Africa, la profesora Dee Smythe, directora de la Unidad de Derecho, Raza y Género de la Facultad de Derecho de la Universidad de Ciudad del Cabo, Sudáfrica, señala que aproximadamente sólo un séptimo de las violaciones de mujeres, se denuncian a la policía en Sudáfrica a diario (150 de cada 1.000), y menos de 30 de los casos se procesan y no más de diez resultan en una condena. Esto se traduce en una tasa general de condenas del 4 al 8% de los casos denunciados (Smythe 2015).

Hay poca información sobre el porcentaje de hombres que cometen violaciones o sobre el porcentaje de mujeres que han sido violadas en Sudáfrica. Los datos de dos estudios regionales han intentado llenar este vacío (Wilkinson 2016). El primero fue *The War at Home: Gender Based Violence Indicators Project. Gauteng Research Report*, Sudáfrica. Este estudio fue el primer estudio de investigación integral basado en la comunidad sobre la prevalencia de la violencia de género en la provincia más pequeña, poblada y rica de Sudáfrica, concretamente, Gauteng. Cubrió el período de abril de 2009 a marzo de 2010. A diferencia de los datos policiales que se basan en casos denunciados, el estudio incluyó comportamientos autoinformados y experiencias obtenidas a través de entrevistas en profundidad con una muestra representativa de 511 mujeres y 487 hombres (90% negros y 10% blancos) que refleja la demografía de la provincia. El 8% de las mujeres y el 5% de los hombres entrevistados eran extranjeros. Los investigadores encontraron que el 51,3% (263) de todas las mujeres reclutadas en el estudio habían experimentado alguna forma de violencia (emocional, económica, física o sexual) al menos una vez en su vida y el 75,5% (370) de los hombres de la provincia admitieron haber perpetrado alguna forma de violencia contra mujeres al menos una vez en su vida. El 13,8% de las mujeres experimentaron y el 13,3% de los hombres perpetraron las cuatro formas de violencia de género, a saber, violencia económica, emocional, física y sexual. Aproximadamente una de cada cinco (18,13%) mujeres experimentaron y más de una cuarta parte (29,0%) de los hombres dijeron haber perpetrado violencia de género en los 12 meses anteriores al estudio. Más de uno de cada tres hombres confesó haber cometido una violación (37,4%) en su vida, mientras que una de cada cuatro mujeres (25,3%) dijo haber sido violada en su vida por un hombre, ya sea esposo o novio, miembro de la familia, extraño o conocido. En general, el 18,8% de las mujeres sufrieron violación por parte de su pareja en una o más ocasiones. En total, el 12,2% de las mujeres fueron víctimas de una persona que no era su pareja, mientras que el 31,0% de los hombres admitió haber violado a una mujer que no era su esposa o novia. La prevalencia de revelación por parte de las mujeres de la violación en el año anterior al estudio fue del 7.8%, es decir, casi una de cada 12 mujeres dijo haber sido violada en ese tiempo. La proporción de hombres que revelaron la perpetración en el año anterior al estudio fue menor

(4,7%). Este estudio confirmó la aterradora prevalencia de la violencia contra las mujeres en Gauteng, pero también la insuficiencia de las estadísticas oficiales porque muchos delitos no se denuncian a la policía y, por lo tanto, nunca terminan en las estadísticas (Machisa et al. 2011).

El segundo fue *The Gender Based Violence Indicators Study: Western Cape Province of South Africa,* que proporcionó los primeros datos de referencia completos sobre la violencia contra la mujer en la provincia. Se inspiró en el Protocolo de la Comunidad de Desarrollo de África Meridional sobre Género y Desarrollo, que tenía como objetivo reducir a la mitad la violencia de género para 2015. Los investigadores utilizaron un enfoque de método mixto que combinaba enfoques cualitativos y cuantitativos. Llevaron a cabo una encuesta de hogares transversal de mujeres y hombres mediante la selección de una muestra-objetivo representativa de 1.500 miembros del hogar. Los investigadores recopilaron datos del 14 de julio al 6 de septiembre de 2011. De cada hogar, los investigadores reclutaron solo una persona elegible seleccionada al azar (750 mujeres y 742 hombres de diferentes orígenes demográficos y socioeconómicos de toda la provincia). Este estudio mostró que el 39% de las mujeres había experimentado alguna forma de violencia en su vida y que la misma proporción de hombres admitió haber cometido violencia. La mayor proporción de violencia es aquella para la que no existe una categoría en los registros policiales, a saber, abuso emocional, verbal y económico. La mayor parte de esta violencia tuvo lugar donde los ciudadanos se sentirían más seguros, es decir, en el hogar y en las comunidades, lo que socavó la capacidad de las mujeres para participar plena y significativamente en la vida social. La violencia contra la mujer tiene efectos negativos sobre la salud y el bienestar de la mujer. Estos efectos incluyen lesiones físicas, mala salud mental, embarazos no planeados, estigmatización y ostracismo, ausencia del trabajo, infecciones de transmisión sexual y mayor riesgo de contraer el VIH. En particular, el 13% de las mujeres experimentaron y el 5% de los hombres perpetraron violencia sexual de pareja. El 13% de las mujeres que habían estado embarazadas reportaron abuso durante al menos uno de sus embarazos. En la mayoría de los casos, las mujeres y los hombres informaron de múltiples incidentes de violencia física o sexual de la pareja. Aunque los datos mostraron que la violencia contra las mujeres es endémica en Western Cape, solo el 1% de las mujeres maltratadas denunciaron el delito a la policía y el 2% de las víctimas denunciaron esta violencia a los sanitarios. A partir de esto, se puede concluir que existe una necesidad urgente de explorar los factores que impiden que las mujeres denuncien (Musariri-Chipatiso et al. 2014).

La relación entre violencia sexual y VIH entre mujeres jóvenes

En 2011, los Estados Miembros de las Naciones Unidas reconocieron oficialmente el vínculo entre la violencia contra la mujer y el VIH.

Específicamente, se comprometieron a reducir la vulnerabilidad de las mujeres al VIH mediante la eliminación de todas las formas de violencia contra las mujeres y las niñas, incluidas las prácticas tradicionales nocivas, el abuso, la violación y otras formas de violencia sexual, el maltrato y la trata de mujeres y niñas (Asamblea General de las Naciones Unidas 2011, 12).

La violencia contra la mujer es tanto una causa como una consecuencia del VIH y, como tal, es una fuerza impulsora de la epidemia que tiene un impacto negativo en la salud y el bienestar de la mujer (UNESCO 2013, 4-5). Hay cuatro formas posibles de aclarar los vínculos entre la violencia contra la mujer y el VIH. En primer lugar, la desigualdad de género es un factor de riesgo común tanto para la violencia contra la mujer como para el VIH (por ejemplo, las sociedades donde las leyes y políticas perpetúan la sumisión de las mujeres a los hombres tienen un mayor riesgo de que las mujeres experimenten violencia de pareja e infección por el VIH). En segundo lugar, la violencia contra la mujer es un factor indirecto para un mayor riesgo de contraer el VIH (por ejemplo, las mujeres que fueron abusadas sexual o físicamente durante su infancia o adolescencia tienen más probabilidades de tener comportamientos que pueden ponerlas en mayor riesgo de exposición al VIH, como participar en relaciones sexuales comerciales o tener relaciones sexuales sin protección con múltiples parejas sexuales, especialmente cuando esas parejas sexuales son concurrentes). En tercer lugar, la violencia sexual es un factor de riesgo directo de transmisión del VIH (por ejemplo, las mujeres a menudo resultan heridas durante una violación, con laceraciones o desgarros en la vagina. Estos traumas genitales aumentan el riesgo de infección por el VIH). Por último, la violencia contra la mujer es un resultado del estado del VIH y la revelación (Amin 2013, 4-14).

En casi todos los casos, la causa de la transmisión del VIH son las relaciones sexuales sin protección, ya sean consensuales o no. En una situación de sexo no consentido, las mujeres desempeñan un papel subordinado a los hombres. Esto significa que las habilidades de negociación sexual de las mujeres están muy limitadas en una situación de abuso, una situación en la que se espera que los hombres ejerzan un papel sexual dominante en las relaciones íntimas. Sin embargo, la falta de empoderamiento compromete la eficacia y efectividad de las intervenciones de prevención del VIH, lo que fomenta la propagación del virus (Samson 2008, 17-18; Dunkle et al. 2004).

Las circunstancias que subyacen a la correlación entre la violencia sexual y el riesgo de infección son un conjunto complejo de factores biológicos, sociales, culturales y económicos (Erb-Leoncavallo et al. 2004, 45–46; Outwater, Abrahams y Campbell 2005; Krishnan et al. 2008; Samuelsen, Norgaard y Ostergaard 2012). Las relaciones sexuales forzadas o coercitivas con una pareja VIH positiva es una de las principales vías de transmisión del VIH y las infecciones de transmisión sexual (ITS) a las mujeres. El riesgo de exposición al VIH también aumenta tanto por la presencia de otras ITS como por el contacto con secreciones sexuales y / o sangre. Este riesgo biológico de exposición también se ve amplificado por el hecho de que la mayoría de estas víctimas sufren hemorragias vaginales graves causadas por lesiones genitales traumáticas resultantes de un encuentro sexual violento (Departamento de Género, Mujer y Salud de la OMS y Coalición Mundial sobre la Mujer y el SIDA, 2004), 2). Además, todo esto facilitará la entrada del VIH al torrente sanguíneo (Stockman, Campbell y Celentano 2010; Burgueño et al. 2017). En particular, las niñas y adolescentes tienen un mayor riesgo de infectarse con el VIH debido a la fragilidad de sus tejidos vaginales que aún están en desarrollo y, por lo tanto, se desgarran fácilmente durante las relaciones sexuales (Aranda 2008, 28; Birungi et al. 2011). Las normas culturales y sociales tienen una gran influencia en la configuración del comportamiento individual, incluido el uso de la violencia. Las reglas pueden proteger contra la violencia, pero también pueden apoyar, alentar o tolerar su uso. En los últimos casos, a menudo son normas que legitiman la autoridad masculina sobre las mujeres, incluidas las normas de género que promueven la subordinación de la mujer hacia sus compañeros masculinos en las relaciones íntimas (Departamento de Prevención de la Violencia y Lesiones y Discapacidad de la OMS y Centro de Salud Pública, Centro Colaborador de la OMS para la Violencia). Prevención, Liverpool John Moores University 2010, 98–99). En este contexto, las mujeres no pueden adoptar conductas seguras y protectoras en la esfera sexual como negociar el uso del condón (Madiba y Ngwenya 2017; Shannon et al.2009; Choi y Holroyd 2007) o negarse a participar en conductas sexuales de riesgo (p. Ej. debut sexual temprano, tener relaciones sexuales concurrentes, sexo anal sin protección, participar en sexo comercial, tener una pareja que adopta conductas que pueden ponerlo en mayor riesgo de exposición al VIH y uso nocivo de drogas o alcohol) y, como resultado, el riesgo de transmisión del VIH de un compañero masculino es significativamente mayor (Shrestha, Karki y Copenhaver 2016; Stöckl et al. 2013; Do y Meekers 2009; Kalichman et al. 2007; Jenness et al. 2011; Kalichman et al. 2011; Shannon et al. 2014; Chemaitelly et al.2019; Chen et al.2010; Azim, Bontell y Strathdee 2015; Mburu, Limmer y Holland 2019; Schneider et al. 2014).

La idea masculina de masculinidad dominante a menudo se identifica en el entorno familiar como la capacidad del hombre para convertirse o seguir siendo el único proveedor económico de la familia. Frente a las amenazas de inestabilidad laboral o desempleo, los sentimientos de frustración, rabia e impotencia se utilizan a veces como buenas razones para la violencia contra las mujeres (Kabeer 2014, 17), incluidas las formas de coerción sexual y los riesgos relacionados con el VIH (Zablotska et al. 2009; Lichtenstein 2005). En esta situación, la inseguridad económica obliga a un cierto número de mujeres a relacionarse con hombres que se involucran en comportamientos sexuales disolutos, incluidos los trabajadores sexuales frecuentes, que aumentan la vulnerabilidad de las mujeres a la infección por el VIH (Dunkle et al. 2004; Gomes do Espirito Santo y Etheredge 2005; Macia, Maharaj y Gresh 2011; Chapman, do Nascimento y Mandal 2019). Pero, esta fragilidad económica también puede empujar a algunas mujeres a convertirse ellas mismas en trabajadoras sexuales para sobrevivir a pesar de los graves riesgos que esta actividad implica para su salud (Onyeneho 2009; Reed et al.2010; Jadhav et al. 2013; Namey et al.2018; Steen et al.2019). El desequilibrio de poder entre hombres y mujeres dentro de las parejas puede verse aún más distorsionado por una disparidad de edad significativa entre las parejas, una disparidad que a menudo se considera como un factor de riesgo potencial para el VIH entre las parejas femeninas jóvenes en África subsahariana. Los hombres mayores tienen más experiencia sexual y, por lo tanto, es más probable que transmitan el VIH a sus parejas jóvenes, especialmente si estas mujeres jóvenes o adolescentes no pueden negociar relaciones sexuales más seguras con sus parejas debido a las dinámicas de poder desiguales con los hombres (Fustos 2011).

La 'relación de edad diferente' es un tipo particular de relación en la que la diferencia de edad entre las parejas sexuales es generalmente de cinco años o más, pero para una relación sexual no conyugal entre parejas con al menos una diferencia de edad de 10 años, la literatura utiliza expresiones como 'relación intergeneracional' y 'relación intergeneracional' (ONUSIDA 2011, 6). Diferentes estudios describen el sexo intergeneracional como un tema de principal preocupación porque las parejas sexuales intergeneracionales pueden aumentar el riesgo de contraer el VIH entre las adolescentes y las mujeres jóvenes, en su mayoría veinteañeros, que tienen relaciones sexuales con hombres mayores (Luke 2005; Hope 2007; Drakes et al. 2013; Dana, Adinew y Sisay 2019; Stoner et al. 2019). Esta preocupación se ha etiquetado con frecuencia como el "síndrome *sugar daddy*", la "trampa del *sugar daddy*" o el "fenómeno del *sugar daddy*". Específicamente, en la literatura, un *sugar daddy* es el nombre que se le da a un hombre mayor que ofrece apoyo financiero y material (por ejemplo, comida, vivienda y ropa) a mujeres más jóvenes de entornos pobres a cambio de compañía y sexo (Maphagela 2016).

En 2015, las niñas sudafricanas comenzaron a publicar fotos de zapatos lujosos, ropa y montones de dinero mientras etiquetaban las imágenes como #blessed. Lo que mostraban estas imágenes era un hombre mayor rico (un bendito o "blesser") gastando dinero generosamente en una mujer más joven (una bendecida o "blessee") a cambio de amistad y favores sexuales (Garsd y Crossan 2017). La relación *blesser-blessee* es otra marca de la relación *sugar daddy* en Sudáfrica en la que los benditos son hombres casados que se involucran en secreto en relaciones extramatrimoniales con mujeres jóvenes que generalmente tienen entre 15 y 24 años (Mampane 2018). Los benditos a menudo usan Blesser-finder, un sitio web de citas en las redes sociales en el que describen qué aspecto quieren que tengan sus bendecidas. Se comercializa a través de lemas como #UPGRADEYOURWORTH y #YOURPUSSYISNOTCHARITY en un esfuerzo por mostrarse así misma como una fuente de empoderamiento femenino a través de las partes íntimas (Thobejane, Mulaudzi y Zitha 2017). Por tanto, las relaciones de benditos y bendecidas pueden describirse como una forma de sexo transaccional que une la tecnología (por ejemplo, Instagram, Facebook y Twitter), la sexualidad y la economía dentro de un entorno consumista. Se originaron en el entorno en línea, lo que facilita que los viejos ricos (benditos) conozcan a mujeres jóvenes (bendecidas), pero su función ha sido más que meramente instrumental (Moodley y Ebrahim 2019).

Aparte de las razones fisiológicas que hacen que las mujeres sean más vulnerables al VIH, los académicos suelen culpar a los *sugar daddys* (o blesser) de las muchas infecciones por el VIH entre mujeres jóvenes (Leclerc-Madlala 2008, 11). Se cree que las relaciones de *sugar daddy* (o relaciones de blesser-blesee) son un factor importante que contribuye a la propagación del VIH porque las normas sociales permiten (e incluso alientan) a los hombres casados a participar en relaciones sexuales sin condón fuera del matrimonio con múltiples parejas femeninas más jóvenes en el África Subsahariana (Population Services International 2005; Fallon 2018). Los hombres con frecuencia se niegan a usar condón porque se cree que previenen el placer sexual, y las jóvenes a veces corren el riesgo de sufrir acciones violentas por parte de sus parejas, que se creen con derecho a tener sexo a cambio de beneficios materiales y económicos. Ambas circustancias pueden provocar que las mujeres y las niñas contraigan el VIH (Madiba y Ngwenya 2017).

Entonces, para recapitular, la exposición a la violencia de pareja puede aumentar el riesgo de infección por el VIH de las mujeres a través de las siguientes tres formas principales: relaciones sexuales forzadas o coercitivas con una pareja infectada por el VIH, negociación limitada o comprometida de prácticas sexuales más seguras y tendencia a participar en Comportamientos sexuales que crean, aumentan o perpetúan el riesgo (Maman et al. 2000).

Según ONUSIDA, en entornos de alta prevalencia del VIH, las mujeres que sufren violencia de pareja tienen un 50% más de probabilidades de infectarse con el VIH que las que no lo sufren (ONUSIDA 2018c, 4). Sudáfrica tiene uno de los niveles más altos de VIH y violencia de género en el mundo. El análisis realizado hasta ahora sobre el vínculo entre estas dos epidemias ha destacado la importancia de abordar la violencia de género en la lucha contra el VIH (Ghanotakis, Mayhew y Watts 2009; Hassen y Deyassa 2013). Sudáfrica sigue siendo el principal epicentro de la epidemia mundial de VIH, ya que alberga la mayor epidemia de VIH del mundo. Específicamente, el 20% de todas las personas seropositivas son ciudadanas sudafricanas, y casi el 60% son mujeres mayores de 15 años (Allinder y Fleischman 2019).

Jewkes et al. (2010a) evaluaron si la violencia de pareja y la desigualdad de poder en las relaciones aumentaban el riesgo de incidencia de infección por VIH en mujeres jóvenes de Sudáfrica. Para ello, completaron un análisis longitudinal de los datos de un ensayo controlado aleatorizado por grupos publicado anteriormente, llevado a cabo en la provincia de Eastern Cape en Sudáfrica en 2002-2006. Se incluyeron en el análisis 1099 mujeres de entre 15 y 26 años que eran VIH negativas al inicio del estudio y tenían al menos una prueba adicional del VIH durante dos años de seguimiento. Los resultados mostraron que 51 de 325 mujeres con baja equidad de poder en la relación al inicio del estudio adquirieron el VIH en comparación con 73 de 704 mujeres con equidad de poder en la relación media o alta. 45 de 253 mujeres que informaron más de un episodio de violencia de pareja al inicio del estudio adquirieron el VIH en comparación con 83 de 846 que informaron uno o ningún episodio. Estos datos sugirieron que la violencia de la pareja y la baja equidad de poder en las relaciones aumentaron la incidencia del VIH en mujeres jóvenes en áreas rurales de Sudáfrica, por un lado, y el riesgo de la incidencia de la infección por VIH no se asoció con la violación por parte de una persona que no es su pareja, por otro lado. Además, la investigación estableció que los hombres que violaron tenían más probabilidades de infectarse con el VIH.

Claudia García-Moreno, especialista principal en género, derechos reproductivos, salud sexual y adolescencia de la OMS y una de las autoras del informe *Global and Regional Estimates of Violence Against Women: Prevalence and Health Effects of Intimate Partner Violence and Non-Partner Sexual Violence* (García-Moreno et al. 2013), ha sugerido que la violencia física y sexual contra las mujeres tiene un impacto tremendo en la salud de las mujeres. Específicamente, agregó que, en algunas regiones, las mujeres que experimentan violencia de pareja tienen 1,5 veces más probabilidades de infectarse con el VIH en comparación con las mujeres que nunca han experimentado tal violencia (Schlein 2013). Esta afirmación encuentra apoyo en el estudio transversal de 1366 mujeres que se presentaron para recibir atención prenatal en cuatro centros de salud en Soweto, Sudáfrica, que aceptaron la prueba prenatal del VIH de rutina. Las mujeres con parejas masculinas violentas o controladoras tenían 1,5 veces más probabilidades de contraer el VIH en comparación con las mujeres que nunca habían sufrido violencia por parte de sus parejas. Los investigadores postularon que los hombres abusivos tenían más probabilidades de ser VIH positivos e imponer prácticas sexuales de riesgo a sus parejas (Dunkle et al. 2004). Una revisión sistemática proporcionó más evidencia que incluyó 28 estudios en los que participaron 331.468 personas de 16 países, incluidos ocho estudios de EE. UU., Cuatro de Sudáfrica, diez de África Oriental, tres de India, uno de Brasil y dos de múltiples países países de ingresos. Este estudio mostró que la violencia infligida por la pareja se asoció con un riesgo 1,2 veces mayor de infección por el VIH entre las mujeres de 15 años o más (Li et al. 2014).

El informe de Médicos Sin Fronteras, titulado Untreated Violence: The Need for Patient-Centred Care for Survivors of Sexual Violence in the Platinum Mining Belt, ilustró los hallazgos de una encuesta en profundidad realizada en noviembre-diciembre de 2015 entre aproximadamente 900 mujeres de entre 18 y 49 años viven en el municipio local de Rustenburg, Sudáfrica. El municipio de Rustenburg es la capital minera del platino y una de las ciudades de más rápido crecimiento de África, con una población de 301.795 hombres y 247.780 mujeres que viven en asentamientos informales cerca de las minas, donde las consecuencias para la salud de la violencia sexual siguen sin abordarse y requieren intervenciones inmediatas. La encuesta encontró que una de cada cuatro mujeres que viven en el área de Rustenburg ha sido violada en su vida, y aproximadamente la mitad ha sido objeto de alguna forma de violencia sexual o violencia de pareja, estadísticas horribles, pero no inusuales en Sudáfrica (Médicos Sin Fronteras 2016). Un análisis más detallado de los datos mostró que la violencia sexual y física de la pareja y el sexo forzado o los actos sexuales (violación) por parte de personas que no son parejas contribuyen a una gran carga de enfermedad, específicamente una quinta parte de la prevalencia del VIH (6.765 casos) y más de una tercera parte de la casos de depresión clínica (7.034 casos). Pero, pocas sobrevivientes de violencia sexual buscaron servicios de atención médica después del incidente, es decir, el 5% se lo dijo a un profesional de la salud, el 4% a un consejero y el 3% a un trabajador social. Estos impactantes hallazgos se presentaron en Seattle en la Conferencia anual sobre retrovirus e infecciones oportunistas (13 al 16 de febrero de 2017) (Zhang et al. 2017).

La violación en grupo, también conocida como "*jackrolling*", se ha convertido en una práctica de culto juvenil alarmante en Sudáfrica (Stuijt 2009). Originalmente, la palabra 'jackroll' se acuñó para indicar el secuestro forzoso de mujeres jóvenes menores de 26 años en municipios negros por una pandilla específica de alrededor de diez miembros llamada 'Jackrollers' que operaba a fines de la década de 1980 en el área de Diepkloof de Soweto (Mokwena 1991). El jackrolling casi siempre se comete abiertamente y los violadores no tienen ninguna intención de ocultar su identidad porque quieren ganarse el respeto y la estima de otros miembros de la pandilla. La mayoría de los incidentes de jackrolling ocurren en espacios públicos como shebeens (bares informales del municipio), tabernas, lugares de picnic, escuelas, clubes nocturnos y en las calles, a veces en presencia de novios y maridos que se ven obligados a ver a los jackrollers violar a sus parejas (Vogelman y Lewis 1993).

La participación en juegos violentos como el jackrolling se utiliza como una forma de reafirmar el dominio masculino sobre las mujeres (McGhee 2012), especialmente en la esfera sexual (Bloom 2013). El propósito último de esta horrible forma de entretenimiento no es tanto satisfacer los apetitos sexuales de los jackrollers, sino más bien cimentar un vínculo entre ellos dentro de un entorno social impregnado de camaradería y machismo (Anderson 2000, 811-813). Estas violaciones colectivas ocurren sin ningún tipo de lubricación y sin condones, por lo que las brutales abrasiones causan desgarro y sangrado de las mucosas, lo que hace que la transmisión del virus del VIH a través de las paredes vaginales sea una certeza (Stuijt 2009). Tales condiciones de sexo sin protección y sin lubricación con múltiples parejas han alimentado la rápida propagación del VIH en Sudáfrica (Armstrong 1993). Específicamente, las relaciones sexuales sin protección y las parejas sexuales múltiples se han identificado como factores de comportamiento que contribuyen significativamente a la propagación del VIH, en países con una epidemia generalizada porque, conectan a las personas con una red sexual en la que el VIH se propaga más rápidamente y toda la comunidad puede verse afectada negativamente (Shayo y Kalomo 2019; Mutinta 2014).

Violación infantil y riesgo de infección por VIH

Algunas de las formas de violencia contra los menores se encuadran en la violencia de género y no pueden separarse de ella analíticamente, políticamente o desde el punto de vista de las intervenciones de prevención y defensa. A nivel macro, cuanto más discriminadas social y económicamente están las mujeres en una sociedad, más difusas y graves son las situaciones de violencia que viven los niños. A un nivel micro, la violencia en las relaciones entre padres e hijos es principalmente una interrelación funcional o sustitución de la violencia entre parejas; y, si bien es realizado por mujeres, tiende a reafirmar la jerarquía de género hombre-mujer. Además, existe una continuidad entre la negación de la sexualidad infantil y la negación a las mujeres del control de su cuerpo, lo que genera la cosificación y materialización de los deseos y voluntades de ambos. La permisividad social relativa al uso del cuerpo de una mujer o un niño como prótesis del autoerotismo masculino se deriva de esto (Bimbi 2000, 53–54).

En Sudáfrica, millones de ciudadanos viven en asentamientos informales hacinados, y esas condiciones de vida obligan a numerosos niños nacidos fuera del matrimonio a compartir habitaciones y camas con adultos que no son sus padres biológicos, lo que aumenta la probabilidad de que se produzcan abusos sexuales (Luthy-Kaplan 2015). La creciente incidencia de la violación infantil a menudo se ha relacionado directamente con una profunda falta de supervisión de los padres y programas extracurriculares y la falta de protección y apoyo emocional, social y financiero necesarios. Para muchos hombres adultos, el sexo es un derecho absoluto que responde exclusivamente a una lógica de placer personal sin ninguna connotación afectiva, incluido el sexo con menores (Meinck et al. 2015; Shields 2010; Jewkes et al. 2009, 1).

En junio de 2018, el ministro de Policía, Bheki Cele, reveló cifras específicas de asesinatos y violaciones de niños durante un debate parlamentario. Del total de 124.526 casos de violación denunciados en los tres ejercicios económicos mencionados a continuación, los niños fueron víctimas de un impactante 41% de estos casos. En 2014/2015, se denunciaron 15,520 violaciones de niños, pero solo 1,799 terminaron en condenas exitosas. En 2015/2016, se reportaron 16,389 y solo 2,488 fueron condenados. En 2016/2017, hubo un aumento tanto en el número de violaciones de niños como en el número de violadores condenados (19.071 y 6.366, respectivamente). En el mismo período, también fueron asesinados 2.600 niños. Para Cele, esto significa que al menos 46 niños son violados todos los días, y al menos dos de ellos son asesinados en Sudáfrica. Sin embargo, agregó que solo uno de cada cinco casos de violación infantil y solo uno de cada tres casos de asesinato resultó en condenas exitosas (Andersen 2018).

Como se indicó anteriormente, las estadísticas de protección infantil en Sudáfrica dibujan un panorama desconcertante: el 41% de todos los casos de violación denunciados en los ejercicios 2014/2015, 2015/2016 y 2016/2017 afectan a niños. Los datos ponen de manifiesto que el problema de la protección de la infancia es una emergencia nacional para la sociedad sudafricana. Como resultado, cada año el gobierno y las organizaciones de todo el país organizan una semana de iniciativas diseñadas para crear conciencia sobre los derechos del niño, en particular sobre su seguridad y protección. La Semana Nacional de Protección Infantil tiene como objetivo sensibilizar a todos los sectores de la sociedad sudafricana sobre el cuidado y la protección de los niños, los miembros más vulnerables y valiosos de nuestra sociedad (Nwaneri 2019). A pesar de las buenas intenciones políticas y la mejora de la prestación de servicios en áreas específicas del país, numerosos niños sudafricanos siguen en riesgo de abuso sexual (Jamieson, Berry y Lake 2017, 91). En 2016, se designó un estudio de prevalencia nacional para estimar la incidencia anual y la prevalencia de por vida del abuso y el maltrato sexual infantil en Sudáfrica. El estudio se basa en dos fuentes de datos: primero, una encuesta de población que se había realizado con una muestra de adolescentes de entre 15 y 17 años que fueron reclutados en escuelas (4.086 participantes) y hogares (5.631 participantes) y en segundo lugar una serie de discusiones de grupos focales con trabajadores sociales, por un lado, y entrevistas en profundidad con trabajadores sociales, supervisores de trabajo social y otro personal de nivel gerencial que brinda servicios de investigación, protección y colocación, por otro lado, atendiendo a las comunidades o áreas geográficas espacios identificados a través del proceso de muestreo. Juntas, estas dos tipologías de entrevistas diferentes, pero complementarias, proporcionaron una amplia gama de información cualitativa sobre el sistema de protección infantil en Sudáfrica. Los resultados del estudio revelaron que el 35,4% de los adolescentes entrevistados en las escuelas habían experimentado alguna forma de abuso sexual en algún momento de sus vidas, mientras que el porcentaje obtenido de la porción de hogares de la muestra fue ligeramente menor, pero confirmó una tasa del 26,3% que es todavía preocupantemente alto. Esto significó un total estimado de al menos 784,967 jóvenes en Sudáfrica que habían sido abusados sexualmente a la edad de 17 años (Artz et al. 2016).

Del relato anterior, se puede deducir que el abuso sexual entre niños y adolescentes en Sudáfrica está bastante extendido. Los violadores buscan víctimas cada vez más jóvenes, por lo que las niñas en particular corren el riesgo de contraer el VIH a causa de agresores sexuales violentos (Stuijt 2009). La creencia errónea de que tener sexo con una virgen curará a una persona infectada por el VIH, a un enfermo de SIDA u otras enfermedades de transmisión sexual ofrece una explicación de por qué se producen las violaciones de niños (Groce y Trasi 2004; Meel 2003). Esta falsa creencia, que todavía hoy es muy popular entre la comunidad africana residente en los distritos negros sudafricanos, se originó históricamente a partir de un antiguo mito según el cual una persona que padecía enfermedades venéreas (por ejemplo, sífilis y gonorrea) podía curarse manteniendo relaciones sexuales con una virgen. Este mito estaba especialmente extendido en Escocia a finales del siglo XIX y principios del XX y en varias partes de Europa del Este a finales del siglo XVIII, y actualmente sigue siendo importante en el África subsahariana devastada por el VIH (Blank 2007, 62). Sin embargo, Epstein y Jewkes (2009) cuestionan la idea de que el 'mito de la violación virgen' impulsa la infección por VIH o el abuso sexual infantil en la Sudáfrica actual porque afirman que esta afirmación se basa en suposiciones racistas con respecto a la presunta amoralidad de los hombres africanos y es extremadamente estigmatizante para las personas seropositivas.

Como complemento a lo que ya mencioné anteriormente, existen pocas evidencias para defender que el mito de la violación a una virgen es una de las fuentes más importantes de abuso sexual infantil (Heiberg 2005, 128). En cambio, a menudo se citan como causas principales las adversidades de la infancia y los factores socioculturales, como las concepciones patriarcales de la dominación masculina y la virilidad, y especialmente las creencias de los agresores sobre los derechos sexuales. La demanda de satisfacción sexual inmediata es el factor desencadenante de muchos casos de violación infantil. Los violadores están motivados, en su mayoría, por la necesidad de afirmar su poder sexual sobre objetos vulnerables como son sus jóvenes víctimas. (Fraser 2015).

Una cuarta parte de las nuevas infecciones en Sudáfrica son causadas por la violencia sexual (Hlatshaneni 2019) y el número estimado de nuevas infecciones entre los niños de entre 0 y 14 años sigue siendo significativamente alto (UNICEF 2019). Existen numerosas formas en las que la epidemia del VIH y el abuso sexual interactúan: primero, el acceso a la seguridad social es casi imposible para los niños huérfanos por el SIDA porque carecen de un cuidador adulto, y esta situación los hace aún más vulnerables a la explotación sexual a cambio para la satisfacción de necesidades básicas. En segundo lugar, la violación y el abuso sexual aumentan el riesgo de que los niños contraigan la infección por el VIH, dado el uso poco frecuente de condones durante los incidentes de agresión sexual. Específicamente, la naturaleza violenta de la violación causa abrasiones genitales y sangrado que aumentan el riesgo de transmisión del VIH. En tercer lugar, las adolescentes de entre 15 y 19 años son particularmente vulnerables a la infección por el VIH, como lo demuestran las altas tasas de prevalencia entre ellas. Las diferencias en las tasas de VIH entre niñas y niños indican que es más probable que los primeros sean infectados por hombres mayores que por sus pares masculinos, y estas diferencias de edad también aumentan la probabilidad de violencia sexual. En cuarto lugar, las niñas y los niños adolescentes tienen una capacidad limitada para negociar relaciones sexuales más seguras cuando están en una relación abusiva, lo que aumenta el riesgo de ser infectados por un abusador VIH positivo. En quinto lugar, en un contexto social donde ha habido un resurgimiento de prácticas tradicionales como las pruebas de virginidad (por ejemplo, en KwaZulu-Natal, una provincia costera de Sudáfrica), las niñas que se consideran vírgenes pueden convertirse en objetivos principales de violencia sexual o abuso debido a los celos. o un presunto estado VIH negativo (Heiberg 2005, 128-129). Por último, la práctica de secuestrar a una niña para obligar a su familia a dar permiso para contraer matrimonio se conoce como ukuthwala (matrimonio forzado) en Sudáfrica. Ocurre principalmente en las zonas rurales de Sudáfrica, especialmente en Eastern Cape y KwaZulu-Natal. Esta práctica tradicional, que está permitida por el derecho consuetudinario pero contraria a la constitución sudafricana, coloca a las novias sudafricanas inmaduras en un riesgo mucho mayor de infección por el VIH que sus compañeras que se casan más tarde porque un buen número de ellas tiene relaciones sexuales con maridos que trabajan lejos de sus casas y, a veces, mantienen relaciones sexuales ocasionales sin preservativo, incluidas las relaciones sexuales con profesionales del sexo (Banwari 2011, S119). Además, estas niñas secuestradas a menudo son casadas con hombres mayores y con más experiencia sexual con quienes es difícil negociar relaciones sexuales más seguras, negarse a tener relaciones sexuales o evitar abusos sexuales, lo que las hace vulnerables a las infecciones de transmisión sexual, incluido el VIH. Estas niñas se casan antes de los 18 años (matrimonio precoz) sin tener el nivel mínimo de información sobre salud sexual porque, una vez casadas, a menudo las sacan de la escuela donde habrían asistido a programas de educación sexual, lo que aumenta aún más su riesgo de contraer VIH (Bailey-King 2018). En consecuencia, la prevención del abuso infantil debe incluirse como parte de la agenda de prevención del VIH en Sudáfrica (Jewkes et al. 2010b).

Como se vio anteriormente, la víctima de agresión sexual puede contraer el VIH como consecuencia de la violencia sufrida. El riesgo de exposición al virus antes mencionado aumenta aún más cuando la violencia sexual la lleva a cabo un grupo de agresores (por ejemplo, violación en grupo) (Schleifer 2004, 11). Por consiguiente, es conveniente tanto impartir una educación destinada a proteger a las víctimas de violaciones del VIH (Basile et al. 2016) como investigar la eficacia de la profilaxis posterior a la exposición en caso de violación. Esta última estrategia vuelve a llamar la atención sobre el tema de la delincuencia como problema de salud pública (Green, Gilbertson y Grimsley 2002).

Existe una estricta conexión entre la epidemia de violaciones y la epidemia del VIH en Sudáfrica; por lo tanto, si las autoridades gubernamentales no abordan este odioso delito con eneria, el VIH continuará proliferando en todo el país (Barday 2017). La Ley de Enmienda de la Ley Penal (Delitos Sexuales y Asuntos Relacionados) No. 32 de 2007 tiene como objetivo prevenir la victimización secundaria de una víctima (adulta o menor) de un delito sexual a través del sistema de justicia penal (Bougard, Booyens y Ehlers 2015). La ley ofrece pocas medidas de apoyo social y asistencia médica. Una de las principales es la provisión gratuita de profilaxis postexposición (PEP) en casos de violencia sexual. PEP es un tratamiento de 28 días de medicamentos antirretrovirales destinado a proteger la salud de las víctimas de agresiónes sexuaesl poco después de la posible exposición al VIH. Puede reducir el riesgo de infección por VIH en aproximadamente un 80% siempre que los medicamentos se tomen dentro de las 72 horas posteriores de la violación (WHO 2014e; Nare 2013). Por ley, la víctima o el funcionario encargado de la investigación tienen derecho a una sentencia judicial que obligue al presunto culpable a someterse a la prueba del VIH en un plazo de 90 días desde que se produjo la agresión. Sin embargo, estas disposiciones sobre las pruebas relativas a la revelación forzosa del estado serológico del acusado han alimentado un animado debate entre la comunidad de juristas sudafricanos sobre la constitucionalidad de esta medida (Naidoo y Govender 2011).

Conclusión

Como se ha descito anteriormente, la violencia contra las mujeres y los niños es una epidemia que está infectando a Sudáfrica. La violencia de género es omnipresente en Sudáfrica porque la violencia se ha arraigado en los cimientos de la sociedad sudafricana. Cada año, las estadísticas oficiales revelan verdades inquietantes que conmocionan y consternan cada vez más a la sociedad civil sudafricana. Sudáfrica tiene una de las tasas más altas de violencia contra las mujeres en todo el mundo (Smith 2019).

El sistema de justicia penal sudafricano debe esforzarse más en su lucha contra la lacra de las violaciónes en el país para que la mayoría de los agresores puedan ser arrestados y condenados con dureza. Sin embargo, las estadísticas revelan que más del 90% de las violaciones siguen impunes debido a un sistema de investigación ineficaz. En consecuencia, la mayoría de las víctimas de violación deciden no denunciar a sus agresores porque no confían en el sistema de justicia penal y quieren evitar ser victimizadas nuevamente por sus vengativos violadores (Qukula 2019).

Muchos estudios victimológicos se han centrado no solo en la violencia sexual en sí misma, sino también en el riesgo inherente de infección por el VIH. Es una realidad que la transmisión heterosexual está, epidemiológicamente, en el corazón de la epidemia del VIH, y las mujeres africanas parecen ser desproporcionadamente vulnerables a la infección. No hay duda de que entre la violencia de género y el VIH existe un vínculo casi simbiótico en gran parte del África subsahariana, es decir, los dos hilos de la relación tienden a reforzarse mutuamente en esta área en desarrollo (Flint 2011, 53).

Otra forma de violencia causada por relaciones de poder desiguales y arraigadas entre mujeres y hombres está representada por prácticas consuetudinarias dañinas que a menudo se aplican como una forma de fortalecer la dominación masculina y tienen un impacto negativo en la salud y seguridad de niñas y mujeres (ACNUDH 1995). El próximo capítulo investiga la posible asociación entre los aspectos nocivos de la herencia de la viuda, las pruebas de virginidad, la mutilación genital femenina y la transmisión del VIH en mujeres adolescentes y adultas en África subsahariana.

Capítulo 5

Un análisis victimológico del vínculo entre las prácticas tradicionales nocivas y el VIH[1]

Poligamia, novias viudas y rituales de limpieza

La investigación ha identificado la concurrencia sexual como una de las principales causas de las altas tasas de prevalencia en el África subsahariana, pero pocos estudios han examinado abiertamente la contribución de la concurrencia matrimonial. Utilizando un modelo multinivel de encuestas demográficas y de salud (DHS) con biomarcadores del VIH para 16 países africanos, Fox (2014) evaluó la relación entre el estado serológico del VIH de un individuo y las tasas de concurrencia matrimonial formal (uniones polígamas) y concurrencia matrimonial informal (relaciones sexuales extramatrimoniales) entre hombres y mujeres casados. En comparación con las uniones monógamas, la concurrencia matrimonial formal e informal se asoció positivamente con la infección por VIH a nivel individual. Sin embargo, las probabilidades de tener el VIH eran más altas entre las personas que vivían en regiones con una concurrencia matrimonial más informal, pero más bajas en las regiones con más poligamia (efecto protector), incluso teniendo en cuenta el comportamiento sexual a nivel individual. Gran parte de la comprensión del efecto de las parejas sexuales concurrentes en la propagación del VIH se deriva de modelos matemáticos, pero la evidencia empírica es limitada. En "Polygyny and the Spread of HIV in Sub-Saharan Africa: A Case of Benign Concurrency", los autores se centran en la poligamia, la forma más común de poligamia que designa una práctica marital en la que un hombre tiene más de una esposa simultáneamente, y estudiar su relación con la prevalencia del VIH a nivel ecológico. Específicamente, probaron la relación entre el VIH y la poligamia en el país, así como a nivel subnacional, utilizando datos de 19 encuestas de

---

[1] El contenido de este capítulo se publicó originalmente en Meini, Bruno y Mara Tognetti Bordogna. 2019. "La Contribución de las Prácticas Tradicionales Nocivas a la Transmisión del VIH entre Mujeres Adolescentes y Adultas en el África Subsahariana: Un Enfoque Victimológico". *International Journal of Gender Studies in Developing Societies* 3 (1): 37–59. Reutilizado con permiso de Inderscience Publishers, Ginebra, Suiza.

indicadores de SIDA y DHS africanas (AIDS Indicator Surveys o AIS, en inglés) con encuestas vinculadas individualmente y datos del estado serológico del VIH. La combinacion ecológica entre la poligamia y la prevalencia del VIH fue negativa en ambos niveles, y la poligamia se etiquetó como un caso de concurrencia benigna de parejas. La prevalencia del VIH fue menor en los países en los que la practica de la poligamia estaban muy extendida y también fue menor en las zonas dentro de los países con niveles más altos de poligamia. Los investigadores enfatizaron el hecho de que la relación estadística negativa entre la poligamia y el VIH observada en este estudio no podría explicarse únicamente por la estructura de la red sexual; se encontraron otras dos características de la poligamia que influyeron en la propagación del VIH más allá del efecto de red estructural. La primera característica es el reclutamiento desproporcionado de mujeres seropositivas para casarse con un marido poligínico. Específicamente, la incorporación de nuevas esposas (principalmente divorciadas y viudas) probablemente introduciría el virus en lo que podría haber sido un matrimonio monógamo libre de VIH. La segunda característica es la frecuencia coital media más baja en las díadas conyugales de matrimonios poliginosos. Un hombre poligínico divide su tiempo entre dos o más esposas, lo que inevitablemente conduce a una reducción en la frecuencia del coito con cada una de ellas (Reniers y Watkins 2010). Cuanto menor es la frecuencia promedio del coito, más lenta es la propagación sexual del VIH, ya que hay menos actos sexuales mediante los cuales la infección puede propagarse al sistema polígamo (efecto de dilución del coito) (Sawers, Isaac y Stillwaggon 2011). Este segundo efecto pudo contrarrestar el primer efecto, reduciendo la incidencia del VIH en parejas serodiscordantes dentro de una unión poligínica. La reducción en la frecuencia del coito puede deberse a tres razones principales: las limitaciones de recursos en el presupuesto coital de un marido poligínico, la vejez relativa de los maridos en uniones poligínicas y la conciencia de reducir el riesgo de infección por el VIH (por ejemplo, el nuevo marido de un cónyuge heredado podría ser consciente de la causa de la muerte del anterior marido de su esposa). Los dos mecanismos mencionados anteriormente producen conjuntamente un patrón de mezcla por el cual las mujeres VIH positivas son reclutadas de manera desproporcionada en matrimonios poligínicos donde la frecuencia del coito es menor. En consecuencia, las personas seronegativas en matrimonios poligínicos tienen mayor riesgo de contraer el VIH que aquellas en un matrimonio monógamo, pero los efectos de la poligamia a nivel poblacional sobre la transmisión del virus son beneficiosos en promedio (Reniers y Watkins 2010, 5-6). Dos años más tarde, Reniers y Tfaily (2012) reafirmaron la relación entre la poligamia y el VIH mediante un análisis multinivel. A nivel individual, encontraron que la poligamia se correlacionaba positivamente con el estado del VIH, particularmente para las esposas jóvenes de hombres poligínicos. Sin embargo, a nivel global, la correlación era negativa, lo que sugería que la poligamia inhibía la propagación del VIH. Los investigadores investigaron cuatro explicaciones para las asociaciones divergentes a nivel individual y ecológico. Estos estaban conectados con:

1   la seleccion adversa de mujeres seropositivas en sistemas matrimoniales poligínico

2   la estructura de la red sexual producida por la poligamia (concurrencia de parejas asimétricas por género)

3   la dilución coital

4   el acceso restringido a parejas sexuales para hombres más jóvenes en poblaciones donde los hombres poligínicos presuntamente monopolizaban a las mujeres de su comunidad (poliginistas monopolizadores)

La investigación de Reniers y Tfaily encontró evidencia de algunos de estos mecanismos, por lo que apoyaron la propuesta de que la poligamia impedía la propagación del VIH. Del mismo modo, Mtenga et al. (2015) descubrieron que estar en un matrimonio polígamo no aumenta la vulnerabilidad de las mujeres al VIH ya que la estructura característica de las redes sexuales en los matrimonios polígamos y el efecto de dilución coital pueden ayudar a prevenir o retrasar la transmisión del VIH entre los cónyuges. Analizaron una muestra de 3.988 personas casadas o convivientes, de 15 años o más de la ciudad de Ifakara en el distrito de Kilombero de la región de Morogoro en el sur de Tanzania. Los datos sobre la relación entre el matrimonio polígamo y la condición de VIH resultaron cuestionables porque el número de participantes del estudio que vivían en matrimonios polígamos oficiales era solo de 104 (2,61%). En consecuencia, es necesario desarrollar más investigaciones basadas en muestras más grandes de individuos en relaciones polígamas en Tanzania con el fin de proporcionar información más precisa sobre la asociación entre la poligamia y el VIH. Se ha sugerido que las alianzas concurrentes son un factor de riesgo para la transmisión del VIH, pero su impacto en la epidemia depende de su prevalencia en las poblaciones, el número promedio de alianzas concurrentes que tiene un individuo y el tiempo que se superponen (Beauclair, Hens, y Delva 2015). Como he visto anteriormente, la poliginia es el ejemplo clásico de concurrencia a largo plazo, y los estudios de Reniers sugieren que impide, en lugar de acelerar, la propagación de la epidemia. Esta conclusión, sin embargo, no se ve confirmada por el estudio realizado por Eaton et al. (2014), que exploró los cambios en las parejas multiples declaradas, la concurrencia no marital y la poligamia en el este de Zimbabwe durante un período de disminución de la prevalencia del VIH entre 1998 a 2011. Se notificaron las tendencias de los hombres adultos (de 17 a 54 años) y las mujeres (de edad 15-49 años) de cinco rondas de encuestas del proyecto de prevención del VIH/ETS de Manicaland, un estudio de cohortes abierto de población general. La población de estudio consistió en 12 comunidades geográficamente distintas en la provincia de Manicaland (cuatro áreas de agricultura de subsistencia, dos asentamientos comerciales al borde de la carretera, cuatro propiedades agrícolas a gran escala y dos centros comerciales rurales) con una población actual total de alrededor de 57,000. La cohorte se estableció de 1998 a 2000 y completó cinco rondas de encuestas, cada una de ellas a lo largo de dos o tres años. En la línea de base, el 34,2% de los hombres declaró tener múltiples parejas, el 11,9% concurrencia no matrimonial y el 4,6% poligamia. Entre las mujeres, el 4,6% y el 1,8% informaron de múltiples asociaciones y simultaneidad, respectivamente. Los tres indicadores de asociación disminuyeron en cantidades relativas similares (alrededor del 60% al 70%) durante el período. La poligamia representó alrededor del 25% de la concurrencia masculina. Tras ajustar por grupo de edad, ronda de encuesta, estrato socioeconómico y religión, los hombres poligínicos tenían 2,92 veces más probabilidades de divorciarse y 1,63 veces más probabilidades de tener parejas casuales que los hombres casados monógamos. Se observaron 12 casos de infección por VIH incidentes entre hombres poligínicos, con una tasa de incidencia de 2,2 casos por 100 personas-año, en comparación con 1,3 casos por 100 personas-año (106 infecciones/8.165 personas-año) para hombres casados monógamos y 1,1 (86 infecciones/7.548 personas-año) para hombres solteros. Después del ajuste por grupo de edad, ronda de la encuesta, nivel socioeconómico y religión, los hombres poligínicos tenían un riesgo de infección por VIH 1,46 veces mayor que el de los hombres casados. A partir de este análisis, queda claro que la poligamia era sorprendentemente inestable y no debería considerarse una forma segura de concurrencia separada de la concurrencia no matrimonial en el este de Zimbabwe; más bien, es recomendable incluir a los hombres poligínicos como población para una mayor prevención del VIH. La herencia de la viuda (también conocida como herencia de la esposa) es una práctica cultural por la cual una viuda tiene el deber de casarse con un pariente de su difunto esposo, a menudo su hermano (heredero). El hijo de esta unión se considera el hijo del primer marido que continúa la genealogía del difunto, no el padre genético, y hereda lo que legalmente era propiedad de su difunto padre. Esta costumbre tiene como objetivo preservar la relación entre las familias de los dos cónyuges que se inició previamente en el matrimonio original, ya que a la muerte del esposo el matrimonio no se disuelve pero la viuda sigue siendo, legalmente, la propietaria de la casa y un miembro de la familia de su esposo fallecido a menos que su familia pague el precio de la novia o lobolo (Ogolla 2014). Tradicionalmente, a un heredero se le prohibía tener relaciones sexuales con una viuda heredada, pero, gradualmente, este tabú fue reemplazado por una expectativa de sexo en una relación de herencia. Desafortunadamente, como señala Buckley (1997), la sexualización del sistema de herencia de las viudas ocurrió sustancialmente cuando las tasas de infección por VIH en África central y oriental comenzaron a aumentar. A medida que se heredaban más y más viudas con SIDA, esta sexualización expuso a los herederos y a sus propias esposas a la enfermedad, lo que ayudó a que las tasas de infección por VIH aumentaran muy rápidamente (Conroy 2011). La herencia de las viudas es común en ciertas comunidades patriarcales de Kenia (Agot et al. 2010; Gunga 2009), Nigeria (Dirección de Investigación de la Junta de Inmigración y Refugiados de Canadá 2006a), Malawi (Muula y Mfusto-Bengo 2004), Sudán del Sur (Beswick 2001), Zimbabwe (Dirección de Investigación de la Junta de Inmigración y Refugiados de Canadá 2006b) y Uganda (Mujuzi 2012). Además de la herencia de la viuda, las viudas pueden estar sujetas a la limpieza de viudas. Ésta es una práctica tradicional en la que una viuda debe tener relaciones sexuales sin protección con un hermano de su esposo u otro pariente, o con un limpiador designado de la aldea, a fin de exorcizar el espíritu de su esposo. Si bien teóricamente las mujeres pueden negarse a participar en estas actividades, en la práctica existe una gran presión para cumplir. Las mujeres que se niegan corren el riesgo de perder sus tierras y propiedades, el destierro de sus comunidades y otras formas de ostracismo social (Gable et al. 2007, 146). Por lo tanto, se observa un rito de limpieza sexual antes de que la viuda pueda reintegrarse a la sociedad (Ayikukwei et al. 2008). Las reglas consuetudinarias exigen que el sexo ritual sea con penetración, es decir, que el esperma del limpiador se deposite en la vagina de la viuda para que la limpieza tenga exito (Loftspring 2007, 255-256). Una vez que una viuda ha sido limpiada, se espera que sea heredada por un hombre, tradicionalmente un cuñado o un primo (Abong'o 2014). Dado que el número de personas seropositivas sigue aumentando en la comunidad de Luo, es habitual la práctica de contratar a un limpiador profesional para que realice el rutual de limpieza sexual. Se sabe que los hombres especializados en esta práctica se mueven de una viuda a otra, poniendo tanto a ellos mismos como a las viudas con las que mantienen relaciones sexuales sin protección en un gran riesgo de contraer el VIH (Abubakar y Kitsao-Wekulo 2015, 398).

Prueba de virginidad

La prueba de virginidad es una práctica que implica una inspección física de los genitales de niñas y mujeres para verificar que su himen aún esté intacto, lo que proporciona evidencia de que aún no han tenido relaciones sexuales con un hombre (Maleche y Day 2011, 12). En la mayoría de los casos, esta práctica suele ser ineficaz porque el himen no es un indicador confiable de la virginidad, ya que difiere de una mujer a otra y, a veces, no está presente. El himen también puede permanecer intacto después del sexo con penetración o romperse con el tiempo a través del ejercicio, la inserción de tampones o incluso los dedos. Otros signos que muestran que una mujer joven aún es virgen, según los inspectores, son el tono muscular tenso, glúteos y senos firmes y abdomen plano (Mojapelo 2016). Sin embargo, las pruebas a menudo no son confiables porque las realizan personas que no están capacitadas médicamente (Barrett-Grant et al. 2001, 202).

La costumbre de las pruebas de virginidad puede considerarse injusta e insalubre porque constituye una grave violación de los derechos humanos fundamentales de la mujer, como la privacidad, la dignidad y la salud (Diamini 2016). En Sudáfrica y Uganda, las pruebas de virginidad se han justificado en términos de prevención del VIH porque asegura la abstinencia en las niñas y le demuestra al nuevo esposo que ella todavía es virgen. Esta práctica también se ha documentado en Libia, Egipto, Indonesia, Macedonia, Afganistán e Irak, aunque no con fines de prevención del VIH (Maleche y Day 2011, 12–13).

A pesar de que la prueba de virginidad está legalmente prohibida en Sudáfrica para niñas menores de 16 años (Behrens 2014), todavía se practica en gran medida en KwaZulu-Natal, una provincia costera de Sudáfrica, donde grupos de zulúes han llevado a cabo campañas de prueba de virginidad desde la década de 1990, tanto en forma de grandes movimientos que incluyen celebraciones de varios días con el Rey Zulú en el centro, como en forma de iniciativas locales de menor escala, donde las niñas son puestas a prueba en circunstancias sencillas y cotidianas. El iniciador suele ser el jefe de una comunidad o una isangoma (curandera tradicional) que trabaja en diferentes partes de la provincia. Algunas mujeres que practican el examen del himen de las niñas han sido contratadas como examinadoras, mientras que mujeres y hombres locales han organizado los eventos (Wickström 2010, 532–533). La restauración de la práctica de las pruebas de virginidad se ha explicado por el proceso de revitalización de los sistemas de conocimientos tradicionales indígenas suprimidos durante la era del apartheid (Vincent 2006, 27).

En 1991, el rey Goodwill Zwelethini reintrodujo el Royal Reed Dance Festival, o como aún se le conoce mejor en el dialecto zulú, *Umkhosi woMhlanga*. Esta ceremonia tiene lugar anualmente durante el mes de septiembre en la residencia real del rey, el Palacio Real de Kwa-Nyokeni en Nongoma, KwaZulu-Natal, y asisten miles de personas de todo el mundo. El festival toma su nombre de los juncos del lecho del río y del papel simbólico que desempeñan en el evento de cuatro días. Las cañas son transportadas por más de 25.000 doncellas que han sido invitadas al palacio del rey para participar en la tradicional ceremonia, que celebra su virginidad y su preparación para la feminidad. En algunos casos, a las niñas se les enseñan habilidades artesanales tradicionales, representaciones culturales, prácticas agrícolas y la preparación de platos tradicionales. La mayoría de ellas agradecen la oportunidad de aprender nuevas habilidades, conocer a otras niñas y formar parte de una red de apoyo de mujeres que se animan unas a otras a evitar embarazos e infecciones por el VIH. Las vírgenes provienen de todas partes de Zululand y en los últimos años también hay pequeños grupos de Swazilandia, Botswana y Pondoland (Zululand District Municipality 2015, 186).

El festival de danza de la caña real se ha reintroducido principalmente como un medio para prevenir la propagación del VIH al alentar a las jóvenes zulúes a retrasar la actividad sexual hasta el matrimonio. Por lo tanto, la reaparición de la práctica de la prueba de virginidad prematrimonial de las doncellas en KwaZulu-Natal está explícitamente justificada por los expertos en rituales en términos de la epidemia (McNeill 2011, 27). Las pruebas de virginidad se representan como un ritual preventivo más que como una medida de diagnóstico, un esfuerzo por celebrar, defender y promover la virginidad para evitar que las niñas contraigan el VIH (Wickström 2010, 536). Otra preocupación más es que los examinadores de la virginidad pueden fomentar la propagación del VIH y otras enfermedades de transmisión sexual al tocar e inspeccionar a varias niñas durante estas ceremonias masivas (Hugo 2012). En consecuencia, en respuesta a esta preocupación, el Departamento de Salud de KwaZulu-Natal ha comenzado a proporcionar guantes de goma a quienes prueban la virginidad y los ha capacitado sobre cómo usarlos adecuadamente (Leclerc-Madlala 2001, 538–539).

Los evaluadores de la virginidad son conscientes de que "el cuerpo humano es más que un organismo físico que fluctúa entre la salud y la enfermedad. También es el foco de un conjunto de creencias sobre su significado social y psicológico, su estructura y función" (Helman 2007, 19). Los evaluadores utilizan estándares que derivan del conocimiento indígena en lugar de la ciencia biomédica en sus evaluaciones de castidad (Leclerc-Madlala 2001, 539–540) y si una niña pasa la prueba de virginidad, entonces honra a su familia (Amy 2008). Este certificado de pureza es también un documento económico que puede utilizarse en negociaciones sobre "lobola" o dote (Wickström 2010, 546). Sin embargo, no hay que olvidar que hay chicas que optan por tener sexo anal en lugar de sexo vaginal con sus parejas porque temen fallar en una prueba de virginidad. Esta elección conlleva un mayor riesgo de transmisión del VIH que las relaciones sexuales vaginales sin protección (Leclerc-Madlala 2003).

La prueba de virginidad ha sido declarada un acto de violencia sexual contra las mujeres por la Organización Mundial de la Salud y ha sido criticada como una creencia patriarcal que nutre la desigualdad de género (Robatjazi et al.2016), incluso si a menudo se la ha descrito como una respuesta indígena al VIH libre de riesgos (Jewkes 2004, 138). La mayoría de las niñas son enviadas a ser examinadas por sus madres. La cuestión de si estas niñas son o no coaccionadas contra su voluntad es una de las principales preocupaciones de los miembros de la Comisión de Derechos Humanos de Sudáfrica que condenan la práctica. Además, en algunas comunidades, el padre de la niña es multado por el jefe por desacreditar a la comunidad si se descubre que su hija ha perdido la virginidad (Leclerc-Madlala 2010, 415).

A menudo se asume que las niñas que rechazan la prueba de virginidad no son vírgenes, y es probable que una niña prefiera someterse a una prueba de virginidad antes que arriesgar su reputación (Lasco 2002, 10). En 2000, durante las audiencias de la comisión para la igualdad de género, se planteó una seria preocupación acerca de las pruebas de virginidad, dado que la certificación de virginidad también puede exponer a las niñas a violaciones y abusos sexuales, es decir, la posibilidad de que los hombres que querían ser limpiados del VIH pudieran ser víctimas de violaciones y abusos sexuales. violar a muchachas vírgenes. Este mito de la limpieza virgen es una creencia errónea que está muy extendida en Sudáfrica, pero también en algunas comunidades de Zambia, Zimbabwe y Nigeria. En estos países, se culpa a este mito (también conocido como el mito de la cura virgen, el mito de la violación virgen o simplemente el mito virgen) de ser la causa principal de las altas tasas de violación infantil (Flanagan 2001; Govender 1999; Meel 2003). En Zimbabwe, por ejemplo, algunas personas creen que la sangre producida al violar a una virgen limpiará el virus de la sangre de la persona infectada (Vickers 2006). En consecuencia, los evaluadores de la virginidad presumiblemente se han vuelto más reacios a identificar públicamente a las vírgenes (Jewkes 2004, 138).

Thobejane y Mdhluli (2015) exploraron las percepciones de las pruebas de virginidad entre un grupo de seis niñas seleccionadas mediante muestreo de bola de nieve en una zona rural de KwaZulu-Natal y cómo esta práctica podría ayudar a reducir la propagación del VIH. El estudio se basa en datos cualitativos, utilizando métodos mixtos de recopilación de datos, como entrevistas en profundidad y discusiones de grupos focales con niñas de 12 a 21 años. En total, se llevaron a cabo tres discusiones de grupos focales y se utilizaron entrevistas en profundidad para integrar la información recopilada durante estas discusiones. Los hallazgos de este estudio en KwaZulu-Natal fueron consistentes con la práctica asociada con la intención original de demostrar la pureza de la novia antes del matrimonio. Sin embargo, desde la llegada del VIH, el estudio reveló que las niñas que eran vírgenes estaban en una posición mucho mejor para recibir un mayor respeto y llevar una vida libre de este grave virus. Win (2004, 14) agregó que la relación entre el VIH y la virginidad es un mito falso. Si bien la virginidad es una estrategia de protección eficaz para el VIH hasta el momento del matrimonio, no te salva de ningún daño una vez que estás casado. Las investigaciones han demostrado que la mayoría de las mujeres contraen el VIH de sus maridos a pesar de ser fieles. En realidad, las mujeres casadas tienen un mayor riesgo de infección por el VIH que las mujeres solteras. Estos últimos tienen una capacidad mucho mayor para negociar relaciones sexuales más seguras con sus parejas, mientras que los primeros tienen una autonomía de elección muy limitada.

Los curanderos tradicionales piensan que la prueba de virginidad es una práctica cultural valiosa que debe preservarse (Van Dyk 2008, 456) y sostienen que, con su énfasis en la abstinencia total de las relaciones sexuales por parte de las niñas, la práctica se está reviviendo para prevenir la infección por VIH, para detectar el incesto y abuso y para volver a inculcar y promover valores culturales perdidos. Los tradicionalistas ven el resurgimiento de las pruebas de virginidad como una señal de volver a lo básico y cuentan con mucho apoyo de las comunidades que las practican (Thobejane y Mdhluli 2015). Por el contrario, la mayoría de los activistas de género argumentan que las pruebas de virginidad no ayudan a detener la propagación del VIH, pero, en algunas áreas, están provocando un aumento de la infección por el VIH porque las niñas y mujeres jóvenes tienen sexo anal (que tiene un mayor riesgo) de evite la penetración vaginal (Barrett-Grant et al. 2001, 202). Añaden que la prueba de virginidad es una violación de los derechos de la mujer a la privacidad y la dignidad porque a menudo es involuntaria, muy discriminatoria e invasiva. Las niñas no tienen la libertad de rechazar el procedimiento sin una sanción social en las comunidades tradicionales donde la persuasión de los padres equivale a coerción (George 2008, 1461). Esta diferencia de opinión representa un ejemplo instructivo del conflicto que a menudo estalla entre el paradigma occidental de la prevención del VIH y los valores y costumbres africanos (Green y Ruark 2011).

Mutilación genital femenina

La mutilación genital femenina, también conocida como ablación genital femenina y circuncisión femenina, es definida por la Organización Mundial de la Salud (OMS) y los organismos de las Naciones Unidas como "la extirpación parcial o total de los genitales externos femeninos u otra lesión de los órganos genitales femeninos por no razones no médicas" (OMS 2011, 1). La OMS ha subdividido la mutilación genital femenina en cuatro tipos según la extensión del tejido extraído (OMS 2008a, 4). En el primer tipo, una clitoridectomía, se amputa parte o todo el clítoris (Rodríguez 2014), mientras que, en el segundo, la escisión, tanto el clítoris como los labios internos (labios que rodean la vagina) se extirpan total o parcialmente, con o sin extirpación de los labios mayores (labios externos más grandes) (Ahmadu 2000; Thomas 2000). La infibulación, el tercer tipo, es la forma más extrema de mutilación genital femenina que implica coser completamente la vulva de una niña, dejando un pequeño orificio del tamaño de un guisante para la menstruación y la micción (Hicks 1996; Grassivaro Gallo, Livio y Viviani 2004). La última categoría incluye todos los demás procedimientos dañinos para los genitales femeninos con fines no médicos, por ejemplo, pinchar el clítoris con agujas, perforar, cortar, raspar y quemar el área genital (UNICEF 2013, 7).

En 2016, el Fondo de las Naciones Unidas para la Infancia (UNICEF) estimó que al menos 200 millones de niñas y mujeres habían sufrido la mutilación genital femenina en 27 países africanos, así como en áreas de Oriente Medio como Irak y Yemen, en algunos países asiáticos como Indonesia, India, Malasia, Omán, Arabia Saudí y los Emiratos Árabes Unidos y en algunos lugares de América del Sur como Colombia. La práctica también se encontró en comunidades de inmigrantes en Europa y en América del Norte y Australia (UNICEF 2016c).

Durante las décadas de 1990 y 2000, los gobiernos de África y Oriente Medio aprobaron leyes nacionales que prohibían la mutilación genital femenina. Con la excepción de Egipto y Eritrea, 25 países de África donde se concentra la mutilación genital femenina han ratificado el Protocolo de Maputo, que prohíbe y condena todas las formas de esta práctica. A pesar de esto, la mutilación genital femenina sigue siendo un fenómeno generalizado en numerosos países que han ratificado el Protocolo de Maputo, lo que sugiere que no se han cumplido las normas del Protocolo (Muthumbi et al. 2015). También se ha adoptado legislación que prohíbe la mutilación genital femenina en 33 países fuera de África y Oriente Medio, principalmente para proteger a los niños con orígenes en países practicantes. Sin embargo, esta legislación debe ir acompañada de medidas capaces de influir en las tradiciones y expectativas culturales para abordar eficazmente la práctica dentro de su entorno social más amplio (UNICEF 2013, 8–9).

Las prácticas de mutilación genital femenina se practican principalmente en niñas desde el nacimiento hasta los 15 años. Sin embargo, ocasionalmente, las mujeres adultas y casadas también son sometidas a este procedimiento. La edad a la que se lleva a cabo la amputación varía según las tradiciones y circunstancias locales (OMS 2008a, 4). A menudo se observan similitudes dentro de ciertos grupos étnicos más que dentro de los países. Por ejemplo, las personas originarias de Somalia, en su mayoría refugiados de las zonas de guerra del Cuerno de África, viven en muchos países y suelen llevar a cabo la misma práctica (Solnes Miltenburg 2010, 6).

A pesar de que la mutilación genital femenina causa daño a las niñas, se realiza con el fin de preparar a las niñas para la edad adulta y el matrimonio, asegurar la virginidad hasta el matrimonio, prevenir la promiscuidad y promover la fidelidad conyugal, mantener la limpieza y pureza genital, preservar la cultura y el matrimonio. identidad religiosa y para mantener el honor familiar. Específicamente, en ciertas comunidades, se considera un rito de iniciación o una iniciación en una sociedad secreta de mujeres; en otros, se cree que aumenta la fertilidad y mejora el placer sexual masculino (Perron et al. 2013).

La mutilación genital femenina se puede encontrar en todos los grupos religiosos, a pesar de la falta de un texto sagrado que prescriba esta práctica (Solnes Miltenburg 2010, 9). Como lo confirman los estudios etnográficos, en ciertas comunidades musulmanas, la circuncisión femenina se considera una obligación religiosa, un rito de limpieza que permite a las mujeres orar de manera adecuada. Sin embargo, la práctica también se encuentra en las sociedades cristianas. En algunos países donde una religión en particular es casi universal, como es el caso del islam en Sudán, la medida en que las personas de otras religiones practican la mutilación genital femenina tiene poca influencia en la prevalencia general. Claramente, las variaciones en la prevalencia entre personas de diferentes religiones revelan que la circuncisión femenina es un desafío para todos los grupos religiosos en los países afectados (UNICEF 2013, 69–72).

En 2010, la OMS publicó un documento titulado *Global Strategy to Stop Health-Care Providers from Performing Female Genital Mutilation* en el que la mutilación genital femenina se describe como una práctica tradicional que funciona como una norma social autoaplicable. Las familias y los individuos continúan practicándolo porque creen que su comunidad espera que lo hagan. Además, esperan que, si no respetan la norma social, sufrirán consecuencias sociales como la burla, la exclusión social, la estigmatización y la pérdida de estatus. Los profesionales sanitarios, que suelen tener un estatus en las comunidades, pueden promover el abandono de la mutilación genital femenina proporcionando información correcta sobre las consecuencias negativas para la salud de esta práctica nociva (UNFPA et al. 2010, 2).

Además de las normas sociales, existen normas legales que los estados pueden promulgar para desalentar la práctica y las normas morales evocadas por los valores internalizados del bien y el mal que sugieren hacer lo mejor para la hija. Estas normas pueden actuar en armonía, reforzándose unas a otras, o pueden estar en conflicto. Sin embargo, debe reconocerse que donde existe la norma social de mutilación genital femenina, el miedo a la exclusión social por no conformarse puede ser más fuerte que el miedo a las sanciones legales como citaciones, multas y encarcelamiento. Si las familias continúan permitiendo que sus hijas sean mutiladas y creen que su comunidad lo espera, es posible que la ley no sirva como un disuasivo lo suficientemente eficaz como para detener la práctica. Por el contrario, entre los grupos que han abandonado la mutilación genital femenina, la legislación puede servir como una herramienta para fortalecer la legitimidad de sus acciones y como un argumento para convencer a otros de que hagan lo mismo (UNICEF 2013, 14-17).

La mutilación genital femenina es una práctica milenaria que tiene consecuencias para la salud inmediatas y a largo plazo. Las complicaciones inmediatas incluyen sangrado excesivo, shock, dolor intenso, hinchazón del tejido genital, fiebre, infecciones (incluida la sepsis), dificultad para orinar y retención de orina, problemas con la cicatrización de heridas y, a veces, la muerte (Berg y Underland 2014). Las consecuencias a largo plazo incluyen dolor crónico, formación excesiva de tejido cicatricial, desarrollo de quistes, abscesos y úlceras genitales, dismenorrea, infección recurrente del tracto urinario, vaginosis bacteriana, dispareunia (relaciones sexuales dolorosas), disfunción sexual y complicaciones obstétricas (Berg et al. 2014; Kaplan et al. 2013; Reisel y Creighton 2015), así como traumas psicológicos (Behrendt y Moritz 2005; Knipscheer et al.2015). Los datos de investigaciones esporádicas de los últimos diez años han correlacionado el equipo de corte sucio y sin esterilizar, las hemorragias que requieren transfusiones de sangre y las relaciones sexuales perjudiciales, que causan desgarros y lesiones vaginales, con el aumento de tasas de transmisión del VIH entre mujeres y niñas de los países en los que la mutilación genital femenina todavía se sigue practicando ampliamente. Algunos informes han descrito el riesgo potencialmente alto de transmisión del VIH entre niñas y niños mutilados desde el comienzo de la epidemia del VIH (Keown 2007; Diouf y Nour 2013).

La ex senadora nigeriana Iyabo Obasanjo-Bello, que presidió la comisión de salud del Senado, atribuyó la propagación parcial del VIH a la mutilación genital femenina, especialmente cuando se realiza a un grupo de niñas a la vez. Explicó que cuando el mismo instrumento quirúrgico (a menudo una navaja de afeitar o un cuchillo muy afilado) es utilizado por profesionales sin formación médica (parteras tradicionales, curanderos tradicionales o ancianas del pueblo) para cortar a varias niñas el mismo día durante un rito de iniciación, esto puede aumentar el riesgo de transmisión del VIH (Karanja 2003, 64–65; Monjok, Essien y Holmes 2007; Ogbebo 2010). Esta hipótesis fue confirmada principalmente por tres estudios. El primero reportó un mecanismo plausible de transmisión del VIH durante el *fanado*, un ritual de iniciación por el cual a decenas de niñas (generalmente de 8 a 12 años) les fue extirpado el clítoris el mismo día por una anciana (*ngamanos*) usando un cuchillo ceremonial no esterilizado en un órgano altamente vascular. El VIH podría haberse introducido en estos grupos de niñas infectadas a través de mecanismos no sexuales como la transmisión ocupacional, parental o vertical antes de sufrir la mutilación (Pépin et al. 2006).

El segundo lo llevó a cabo un equipo de investigadores liderado por Devon D. Brewer, director de la empresa de investigación estadounidense Interdisciplinary Scientific Research. Los investigadores analizaron datos de las encuestas demográficas y de salud de Kenia, Lesoto y Tanzania, que se basaron en muestras representativas a nivel nacional de adolescentes y adultos de entre 15 y 49 años de edad, y evaluaron la relación entre la circuncisión masculina y femenina y la infección por VIH prevalente en Kenia, Lesoto y vírgenes y adolescentes de Tanzania. En estos países, la circuncisión se realiza típicamente en la adolescencia o en la adultez temprana y, a menudo, en circunstancias antihigiénicas en las que muchas personas se circuncidan con instrumentos de corte compartidos y sin esterilizar. Descubrieron que los varones y mujeres vírgenes circuncidados en una muestra representativa a nivel nacional de kenianos, lesotanos y tanzanos tenían muchas más probabilidades de infectarse con el VIH que sus homólogos no circuncidados. Entre los adolescentes, independientemente de su experiencia sexual, la circuncisión se asoció con la misma fuerza con la prevalencia de la infección por el VIH. Sin embargo, la relación entre la circuncisión y la infección por VIH cambió de dirección en los adultos, es decir, las personas no circuncisas tenían más probabilidades de ser VIH-positivas. La experiencia sexual autoinformada se relacionó de forma independiente con la infección por VIH en mujeres adolescentes de Kenia, pero no estaba relacionada con la infección por VIH en hombres adolescentes de Kenia, Lesoto y Tanzania. Esta investigación concluyó que las prácticas antihigiénicas de circuncisión masculina y femenina en África oriental y meridional podrían transmitir el VIH (Brewer et al. 2007).

Maslovskaya, Brown y Padmadas (2009) investigaron la posible asociación entre la mutilación genital femenina y el VIH utilizando los datos de 2003 de la Encuesta Demográfica y de Salud de Kenia (KDHS). El KDHS de 2003 brindó una oportunidad única para vincular los resultados de la prueba del VIH con las muchas características demográficas, sociales, económicas y de comportamiento de las mujeres en el grupo de edad reproductiva (15 a 49 años), incluido el estado de mutilación genital femenina. Plantearon la hipótesis de que la mutilación genital femenina aumentaba el riesgo de infección por VIH si éste estaba ya presente en la comunidad. Los resultados mostraron que las niñas que se habían sometido a la mutilación genital femenina con una pareja de primera unión más joven o de la misma edad tenían mayores probabilidades de ser seropositivas que las mujeres con una pareja de primera unión más joven o de la misma edad que no habían sufrido la mutilación genital femenina; en contraste, las niñas que se habían sometido a la mutilación genital femenina con una pareja de primera unión de mayor edad tenían menos probabilidades de ser seropositivas que aquellas mujeres que no se habían sometido a la mutilación genital femenina con una pareja de primera unión de mayor edad.

Para algunos estudiosos, la correlación entre el VIH y la mutilación genital femenina no es tan directa como algunos estudios han demostrado anteriormente (Klouman, Manongi y Klepp 2005; Morison et al. 2001). Yount y Abraham (2007) utilizaron datos de 3.167 mujeres de 15 a 49 años que participaron en el KDHS de 2003 para probar las asociaciones directas e indirectas de la mutilación genital femenina con el VIH. Sus modelos ajustados sugirían que la mutilación genital femenina no estaba asociada directamente con el VIH, pero si indirectamente a través de varias vias. Estas vías incluían el inicio de las relaciones sexuales antes de los 20 años, estar en una relación con una pareja mayor, tener al menos una pareja extramatrimonial, divorciarse y enviudar, así como participar en conductas sexuales de riesgo (por ejemplo, relaciones sexuales anales frecuentes sin preservativo).

Aunque tanto la investigación como las especulaciones teóricas revelan la existencia de una asociación plausible entre la mutilación genital femenina y el VIH, la evaluación epidemiológica de esta asociación se ve dificultada por muchos desafíos en el diseño, la recopilación de datos y el análisis, especialmente dada la heterogeneidad en la práctica que se está estudiando. Es evidente que una mejor comprensión de la cuestión requerirá grandes estudios de cohortes en áreas con una alta prevalencia de mutilación genital femenina y VIH y con herramientas rigurosas de recopilación de datos (Diouf y Nour 2013, 49).

Comentarios victimológicos

El concepto de víctima y el alcance de la victimología no deben limitarse al estudio científico de las víctimas de delitos únicamente (Doerner y Lab 2015; Fattah 1991; Mendelsohn 1976), sino que deben abarcar a todas las víctimas de violaciones de derechos humanos, incluidas las víctimas de delitos convencionales y las víctimas de prácticas tradicionales nocivas, porque los seres humanos sufren una variedad de factores casuales (Elias 1986; Garkawe 2004).

Este capítulo propone un marco teórico que integra dos ideas interrelacionadas sobre los procesos de victimización en varios contextos africanos. La primera idea representa las prácticas tradicionales nocivas como la principal fuente de victimización porque constituyen violencia contra las mujeres y las niñas y violan su dignidad personal y sus derechos humanos. Este concepto se deriva de la comprensión de la victimización reflejada en los instrumentos internacionales pertinentes (victimología de los derechos humanos) (Ndahinda 2007). La segunda idea considera las formas habituales a través de las cuales se llevan a cabo estas prácticas consuetudinarias nocivas como posibles causas de victimización secundaria porque pueden exponer a las mujeres víctimas al VIH. Esta reflexión se origina en una comprensión de la victimización como se describe en numerosos libros de medicina (victimología de la salud) (Battin et al. 2009).

El marco teórico antes mencionado también se puede utilizar para explicar los procesos de victimización experimentados por ciertos grupos de inmigrantes y minorías étnicas en algunas áreas de Europa Occidental. La migración transnacional durante las últimas décadas ha contribuido a la "importación" de formas de vida, tradiciones culturales y religiosas y valores de los estados-nación anteriormente colonizados, incluidas ciertas prácticas tradicionales nocivas como los matrimonios precoces, la mutilación genital femenina o los asesinatos por honor. Al abordar las prácticas consuetudinarias nocivas en entornos multiculturales, las peculiaridades de los procesos migratorios y el impacto de las diferentes formas de opresión, abuso y violencia que enfrentan las mujeres y las niñas en su vida cotidiana no deben subestimarse o simplemente descuidarse (Longman y Coene 2015).

En África subsahariana, los gobiernos estatales y locales deberían promulgar leyes que ayuden a desalentar las prácticas culturales nocivas (Oriji y Ekechukwu 2015, 59). Las leyes son necesarias, pero no suficientes para detener estas prácticas o mejorar los derechos de la mujer. El uso de la ley debe ser un componente de un enfoque multidisciplinario destinado a empoderar a las mujeres y las niñas contra las prácticas tradicionales nocivas y reducir su vulnerabilidad a la infección por el VIH. Es obvio que las niñas necesitan empoderarse, sobre todo a través de la educación, porque serán las mujeres y madres del mañana. Los profesionales que diseñan programas deben emplear las siguientes estrategias clave en un enfoque de derechos humanos: primero, promover una cultura de oposición a todas las prácticas tradicionales nocivas contra las mujeres mediante el uso de los medios de comunicación y la participación de los hombres en el tratamiento de los estereotipos de género y los valores y normas discriminatorios que aumentan los riesgos que enfrentan por mujeres; en segundo lugar, organizar campañas de educación pública sobre los derechos de las mujeres y las niñas y alentar al público a denunciar los casos de prácticas tradicionales nocivas y violencia de género a los organismos encargados de hacer cumplir la ley; tercero, promulgar leyes y políticas que hagan ilegales las prácticas tradicionales nocivas y promuevan los derechos de las mujeres a la propiedad, la herencia y una edad mínima para contraer matrimonio (Gbadamosi 2008, 3); cuarto, eliminar las normas y prácticas de género nocivas mediante la participación de hombres y niños en la construcción de masculinidades alternativas no violentas orientadas hacia la igualdad y el respeto, trabajando con modelos masculinos y líderes locales que promuevan la sexualidad masculina saludable y aborden los derechos sexuales masculinos, y desarrollar programas de apoyo y asesoramiento psicosocial para los niños pequeños que muestran signos tempranos de comportamiento sexualmente dañino (Fulu et al. 2013); quinto, involucrar a los guardianes de la tradición (es decir, curanderos tradicionales, líderes comunitarios y políticos, líderes religiosos y ancianos de la familia) en la implementación de programas efectivos de prevención del VIH que ayuden a aprovechar las prácticas culturales locales negativas en prácticas de salud positivas que promuevan los derechos humanos y reduzcan la riesgo de contraer el VIH (Loosli 2004, 3-4). Por lo tanto, la comunidad internacional debe adoptar estas estrategias para desafiar efectivamente las siniestras implicaciones de tales prácticas que violan los derechos a la salud, la vida, la dignidad y la integridad personal de muchas mujeres y niñas africanas (OHCHR 1995). Sin embargo, si se hace poco al respecto, la desigualdad generalizada de género, el patriarcado y la discriminación socavarán el progreso en la respuesta al VIH durante al menos una generación (Cabal y Eba 2017).

Conclusión

Este capítulo ha destacado la creciente preocupación dentro de la comunidad internacional con respecto a las prácticas consuetudinarias nocivas ya que violan los derechos humanos de los niños y las mujeres jóvenes (Winter, Thompson y Jeffreys 2002). Estos derechos incluyen el derecho a la vida y la salud y el derecho a la libertad y la seguridad (Representante Especial del Secretario General sobre la Violencia contra los Niños y Plan International 2012; Wadesango, Rembe y Chabaya 2011). El derecho a la seguridad de la persona comprende el derecho a no sufrir ninguna forma de violencia y, en particular, reconoce la necesidad de que los niños reciban medidas de protección adecuadas (ACNUDH 1995), pero también pone de manifiesto la necesidad de garantizar la seguridad sanitaria (OMS 2007). El Informe sobre la salud en el mundo 2008 aborda, por ejemplo, la dimensión individual de la seguridad sanitaria, concentrándose en el papel de la atención primaria de salud en la prestación de servicios que se centran en las necesidades y expectativas de las personas (OMS 2008b). Por otro lado, el Informe Mundial 2007 se dedica a promover la seguridad de la salud pública a nivel mundial reduciendo el peligro y el impacto de los sucesos agudos de salud pública que ponen en riesgo la salud de las personas en todo el mundo (OMS 2007).

En la sociedad global actual, los expertos profesionales y los responsables políticos en los campos de la salud pública, los estudios de seguridad, la política exterior y las relaciones internacionales, los estudios de desarrollo de las agencias de las Naciones Unidas y otros, deberían trabajar juntos porque las enfermedades infecciosas se están propagando más rápido que nunca, impulsadas por la rapidez con la que la gente viaja a través de las fronteras y los continentes. Por ello, las medidas internacionales para prevenir la propagación de posibles enfermedades infecciosas pandémicas siguen siendo una prioridad en el siglo XXI (Aldis 2008; Quinn y Kumar 2014; OMS 2007). El VIH está incluido en esta prioridad, ya que no es solo un problema de salud, un problema social, un problema de desarrollo, un problema económico, sino también un problema de seguridad porque socava la estabilidad social, política y económica de países enteros y áreas regionales. Estos efectos desestabilizadores se han observado con especial intensidad en los países en desarrollo, especialmente en el África subsahariana (Elbe 2006).

En el siguiente capítulo, se presta una atención crucial a comprender mejor el nexo entre enfermedad y seguridad y, en particular, el autor aborda los desafíos que plantea el VIH para la seguridad y la estabilidad de la región del África subsahariana.

Capítulo 6
El nexo riesgo-seguridad

VIH, riesgo y cohesión social

Las cuestiones de salud global son a menudo se olvidadas como áreas de interés en las relaciones internacionales en torno a las cuales los lenguajes del riesgo y la seguridad han convergido últimamente, particularmente en el caso de la epidemia del VIH (Elbe 2008, 177). Según Ulrich Beck, el riesgo puede predecir una catástrofe futura, una percepción que a menudo ignora las mismas condiciones que la causan; El VIH es una de esas catástrofes modernas. Define el riesgo como "una forma sistemática de hacer frente con los peligros y las inseguridades inducidos e introducidos por la propia modernización" (Beck 1992, 21). Esta definición considera la noción de riesgo como sinónimo de peligro, de amenaza o de inseguridad y luego la relaciona con un conjunto específico de peligros históricamente novedosos, los asociados con la modernización. El concepto de riesgo se vuelve así analíticamente útil para Beck como un medio para enfatizar la existencia de nuevos peligros globales, como la degradación ambiental o la tecnología nuclear, que no son causados por actos aleatorios de la naturaleza, sino que son el fruto de la propia modernización humana (Elbe 2008, 181). Beck señala que la sociedad moderna es una sociedad de riesgo, es decir, una sociedad que se ha vuelto consciente y aprensiva acerca de la existencia de estos peligros, no solo una sociedad en la que estos peligros están presentes (Beck 1992, 21).

Dentro de los debates sobre salud pública y políticas, la noción de riesgo ha llegado a dominar la forma en que se interpreta la epidemia del VIH como una crisis de salud pública de tres maneras importantes: como un peligro para las vidas de las personas, como una fuerza con impactos potencialmente negativos o incluso devastadores en el ámbito económico nacional y la gestión de la población en sus propiedades demográficas, y como una amenaza para las instituciones y organizaciones. Desde la perspectiva de la gestión de riesgos, uno de los principales objetivos es mantener bajo control la asignación de recursos para hacer más efectivas las estrategias de prevención (Burchardt 2007, 7). Una de las observaciones más frecuentes en este contexto es que la epidemia afecta a las generaciones jóvenes y económicamente más productivas (Heuveline 2004).

El VIH socava la cohesión del tejido social que debería captar el valor de la dinámica intracomunitaria. Debilita los lazos sociales que unen a las personas (es decir, organizaciones, instituciones, individuos clave, eventos, costumbres y rituales) en una comunidad, y la calidad y la fuerza de estos lazos determinan la cohesión de la comunidad (David y Li 2010). La epidemia del VIH se ha desarrollado en fases, cada una con su propio impacto peculiar en los medios de vida, y cada una requiere diversas estrategias de prevención y mitigación del impacto. En las fases iniciales, el impacto se siente principalmente a nivel familiar y dentro de poblaciones específicas. En una fase posterior (prevalencia> 5% en clínicas prenatales), el sistema de salud se ve abrumado y la cohesión social de la comunidad se ve afectada. Cuando los niveles de las clínicas prenatales superan el 20%, el afrontamiento de los problemas a nivel comunitario se vuelve grave, los efectos sociales y económicos se perciben en todas las áreas de la sociedad y la estabilidad nacional puede verse comprometida (Farrington 2003).

El VIH como problema de seguridad

El 10 de enero de 2000, el Consejo de Seguridad de las Naciones Unidas celebró su primer debate sobre una cuestión de salud pública como una amenaza potencial para la paz y la seguridad internacionales. Esta reunión histórica se tituló: *La situación en África: el impacto del SIDA en la paz y la seguridad en África* (Consejo de Seguridad de las Naciones Unidas 2000a). Posteriormente, entre los especialistas en seguridad, especialmente en los Estados Unidos, surgió la convicción de que la estabilidad de sociedades enteras estaba amenazada por el rápido crecimiento de la epidemia del VIH. Un informe influyente compilado por los expertos del Consejo Nacional de Inteligencia de los Estados Unidos y titulado *La amenaza mundial de enfermedades infecciosas y sus implicaciones para los Estados Unidos* predijo un futuro oscuro para los países afectados debido a los siguientes problemas: el impacto del VIH probablemente agravará e incluso provocar la fragmentación social y la polarización política en los países más afectados del mundo en desarrollo; la relación entre las enfermedades infecciosas y la dimensión política es indirecta pero real. La mortalidad infantil está fuertemente correlacionada con la inestabilidad política, especialmente en países que han logrado cierto grado de democratización. El severo impacto social y económico del VIH y la infiltración de la epidemia en las élites políticas y militares gobernantes y las clases medias de los países emergentes probablemente intensificarán la lucha por el poder político por el control de los escasos recursos estatales. El impacto podría obstaculizar el desarrollo de una sociedad civil y aumentar la presión sobre las transiciones democráticas en África subsahariana. Este escenario anticipado, considerado inminente en el sur y partes del este de África, fue visto como un serio peligro para la seguridad nacional estadounidense (Gordon 2000).

Un segundo escenario expandió el miedo a un segundo grupo de países: China, India, Federación de Rusia, Etiopía y Nigeria. Predijo una cadena de sucesos similares al primer escenario, como epidemias generalizadas y posibles crisis sociopolíticas que, a su vez, amenazarían la seguridad de los Estados Unidos (Gordon 2002). Ambos escenarios no se desarrollaron como se predijo. El VIH ha amenazado la estabilidad social solo en la región del sur de África, donde la epidemia está más avanzada, y la caída de la esperanza de vida es, en sí misma, una tragedia demográfica (de Waal, Klot y Manjari 2009, 27). De hecho, la seguridad del estado, en la mayor parte del sur de África, no solo se ve amenazada por peligros externos, sino también por amenazas internas más insidiosas, incluidas enfermedades, muchas de las cuales se derivan de la debilidad misma del Estado y su falta de control sobre los suyos. territorio (Cilliers 2004). Sin embargo, desde el final de la Guerra Fría, los políticos y los académicos han comenzado a pensar cada vez más en la seguridad como algo más que una defensa militar exclusiva de los intereses estatales (Pharoah y Schönteich 2003).

Teniendo en cuenta el debate internacional sobre los efectos del VIH en la paz y la seguridad internacionales y los informes del Consejo Nacional de Inteligencia antes mencionados, la administración Clinton en 2000 declaró que el VIH era una amenaza para la seguridad nacional. Este pronunciamiento crucial impulsó al Consejo de Seguridad de las Naciones Unidas a adoptar por unanimidad, el 17 de julio de 2000, la histórica resolución 1308: *The Responsibility of the Security Council in the Maintenance of International Peace and Security: HIV/AIDS and International Peacekeeping Operations*. Reconociendo por primera vez las implicaciones de seguridad del VIH, la resolución destacó la amenaza potencial que representa la epidemia para la seguridad internacional, particularmente en situaciones de conflicto y mantenimiento de la paz (Consejo de Seguridad de las Naciones Unidas 2000b).

El proceso de titulización

Los hechos mencionados contribuyeron de manera decisiva a iniciar el proceso de titulización del VIH. La titulización puede entenderse como una concepción de la seguridad orientada al proceso que examina cómo un actor transforma un determinado tema en un asunto de seguridad. El término fue acuñado en 1995 por Ole Wæver, quien afirmó que "el uso de la etiqueta de seguridad no solo refleja si un problema es un problema de seguridad, también es una elección política, es decir, una decisión para la conceptualización de una manera especial". (Wæver 1995, 55). En el caso del VIH, los políticos pueden decidir si describir la epidemia como un problema de salud (como prefieren los teóricos de la seguridad humana), un problema de desarrollo o un problema de seguridad internacional (como prefieren los expertos en seguridad nacional). Si el VIH se titulariza con éxito, entonces es posible legitimar medios extraordinarios para proporcionar respuestas urgentes y sin precedentes. Seguramente, el clima de miedo y ansiedad del período posterior al 11-S contribuyó a la titulización de innumerables discursos. El VIH no eludió esta tendencia y, como resultado, recibió una mayor atención y más recursos internacionales (Gündüz 2006, 56–57).

El proceso de titulización se promueve principalmente mediante el lenguaje del riesgo al que recurre de al menos tres formas. En primer lugar, el riesgo juega un papel fundamental en hacer del VIH un problema de seguridad. La epidemia se articula como un riesgo de seguridad a largo plazo, más que como una amenaza de seguridad inmediata. Por lo tanto, es necesaria una acción inmediata para evitar que la epidemia desarrolle graves implicaciones para la seguridad nacional e internacional en el futuro (Elbe 2008, 180). El VIH sigue siendo una amenaza real para las oportunidades de vida de millones de ciudadanos. Los escenarios futuros, africanos y mundiales, deben considerar riesgos prolongados, como cepas nuevas, adaptables y más peligrosas del VIH. La capacidad del VIH para asumir nuevas formas y desarrollar resistencia a las terapias actuales debería ser motivo de vigilancia duradera. Esto también se debe a las características peculiares a largo plazo del virus de la inmunodeficiencia humana que producirán importantes efectos sanitarios, sociales, políticos y económicos para las generaciones venideras (de Waal, Klot y Manjari 2009, 28).

En segundo lugar, el lenguaje del riesgo y la seguridad se utiliza para identificar a una población con especial riesgo de exposición a las ITS, incluido el VIH. En la mayoría de las regiones, el personal de mantenimiento de la paz internacional es reconocido como una población clave con mayor riesgo de exposición al VIH. Este personal también es visto como un socio importante para responder al VIH y abordar la violencia sexual en los conflictos armados. Sin embargo, la tasa de infección por el VIH entre el personal de mantenimiento de la paz tiende a reflejar la que existe entre los hombres jóvenes de grupos de edad análogos en sus países de origen. La prevalencia del VIH entre los servicios uniformados (incluida la policía) no difiere significativamente de la del resto de la población, con la excepción de algunos países del África subsahariana, pero no, como se afirmó en 2000, de dos a cinco veces mayor que en poblaciones civiles comparables. La incidencia de la infección por el VIH tiende a aumentar en relación con la duración del despliegue en el área de la misión. Esta relación hace necesario el fortalecimiento de las estrategias de prevención del VIH cuando se despliegan tropas. El éxito de algunos planes de prevención del VIH en el ejército se debe a las estrategias que asignan la responsabilidad de aplicar la política sobre el VIH al mando militar, así como a los servicios sanitarios y sociales. Ambos llevan a cabo sus tareas bajo la supervisión del Departamento de Operaciones de Mantenimiento de la Paz de las Naciones Unidas (DOMP), que se encarga de la planificación, preparación, gestión y dirección de las operaciones de mantenimiento de la paz de las Naciones Unidas (ONUSIDA y DOMP 2011a, 59–60). La capacitación inicial de personal de mantenimiento de la paz sobre concienciación sobre el VIH se multiplicó por siete entre 2005 y finales de 2010. En el mismo período, el número de miembros del personal de mantenimiento de la paz en misiones sobre el terreno aumentó de 69.838 a casi 100.000. Las intervenciones se han centrado en reducir los riesgos para las misiones de mantenimiento de la paz, pero también para las comunidades de acogida. Se han proporcionado módulos especiales de capacitación sobre género y violencia sexual, explotación y abuso sexuales, y protección y apoyo a niños y mujeres. Estos módulos también se incorporan en los Módulos de capacitación genéricos estandarizados obligatorios de las Naciones Unidas para el mantenimiento de la paz de las Naciones Unidas para las naciones que aportan tropas y policías. Más de 1.500 agentes de mantenimiento de la paz recibieron formación como educadores inter pares sobre el VIH en 2010 (Ibíd., 25–27).

Por último, el personal militar, y el personal de mantenimiento de la paz en particular, podrían convertirse ellos mismos en vectores de transmisión tanto a las poblaciones de acogida como de las poblaciones de acogida a las naciones que aportan tropas (de Waal, Klot y Manjari 2009, 28). Hay una serie de factores exclusivos del entorno militar que podrían aumentar el riesgo de infección por el VIH entre las tropas, especialmente durante la guerra: ser extremadamente móvil, ser joven y sexualmente activo, estar lejos de casa y tener parejas durante largos períodos de tiempo, ser adoctrinado en una cultura militar que fomenta la agresividad y los comportamientos de riesgo (es decir, sexo sin condón, sexo con múltiples parejas, sexo coercitivo) como características significativas de los soldados de combate efectivos, siendo actores violentos debido al consumo de altos niveles de alcohol y drogas, y ser más rico que la población local como condición estructural que permite a los soldados comprar sexo de forma continua (Fourie y Schönteich 2001, 36–37). Además, las fuerzas militares a veces también utilizan la violación como arma de guerra. En tiempos de conflicto, la violencia sexual es instigada por altos niveles de consumo de alcohol y drogas por parte de soldados muy alejados, tanto física como psicológicamente, de las normas sociales comúnmente aceptadas. Las violaciones masivas pueden facilitar el estallido de epidemias de VIH (Chowdhury y Lanier 2012).

En esta situación, es lógico que los responsables de la formulación de políticas de los países de menor incidencia (países occidentales) se muestren reacios a desplegar sus tropas en las zonas de alta incidencia, por temor a que estas fuerzas militares no solo corran el riesgo de infectarse, sino que también puedan propagar el VIH una vez regresan a casa. Además, existe el riesgo de que las tropas de mantenimiento de la paz que sean infectadas (principalmente africanas) no sean aceptadas por agencias internacionales como las Naciones Unidas y la Unión Africana o que el país que las necesita se niegue a recibirlas. Estas decisiones pueden comprometer el establecimiento de cualquier proceso de estabilización en un área de conflicto (Instituto de Control de Armas Químicas y Biológicas y Centro de Estudios Estratégicos e Internacionales 2000).

Como se mencionó, la contribución de las guerras a la propagación de las ITS está bien documentada. Los conflictos militares dan lugar a patrones de comportamiento riesgosos que pueden favorecer la propagación de epidemias, incluido el VIH. Sin embargo, lo que se analiza menos es al revés, la posible contribución del VIH a la propagación de las guerras. El VIH puede considerarse un factor acelerador de las tensiones sociales, étnicas y políticas que, a su vez, históricamente han conducido a conflictos intraestatales e interestatales en el África subsahariana. En teoría, el VIH puede facilitar la guerra de tres formas diferentes. En primer lugar, el VIH erosiona el tejido social, económico y político de los países en transición, aumentando así la inestabilidad y el malestar en todos los niveles de la sociedad. En segundo lugar, el VIH genera distritos políticos cuyas demandas no pueden ser satisfechas por los líderes, lo que alimenta los desórdenes políticos. Por último, la epidemia del VIH ha dado lugar al desarrollo de una nueva ayuda médica escasa de vital importancia (es decir, la terapia antirretroviral) cuya distribución desigual puede exacerbar las tensiones sociales y/o étnicas existentes. En consecuencia, la superposición de estas tres situaciones es una carga abrumadora que puede alimentar resentimientos y odios y empujar a sociedades frágiles a conflictos y disputas a largo plazo (Cheek 2001).

Enfoque de seguridad humana

Las reuniones sin precedentes del Consejo de Seguridad de las Naciones Unidas han demostrado ser cruciales para colocar la epidemia mundial del VIH en la agenda de seguridad internacional. Esta tendencia fue confirmada por la Resolución 1983 (2011) en la que el Consejo de Seguridad reafirmó su compromiso anterior de abordar la epidemia del VIH como una amenaza para la paz y la seguridad internacionales. En particular, a través de la resolución, el Consejo subrayó varios aspectos. Primero, la necesidad de una acción internacional urgente y concertada para frenar el impacto de la epidemia del VIH en situaciones de guerra y posconflicto. En segundo lugar, la necesidad de un programa coordinado a nivel local, nacional, regional e internacional para reducir el impacto del VIH y la necesidad de la intervención de la ONU para ayudar a los Estados miembros a abordar este problema. En tercer lugar, el estímulo para incorporar la concienciación, la prevención, el tratamiento, la atención y el apoyo relacionados con el VIH; incluidos los planes y políticas de pruebas y asesoramiento confidenciales voluntarios en la ejecución de los mandatos de mantenimiento de la paz. Estas políticas se brindan en el contexto de la asistencia a las instituciones nacionales, la reforma del sector de la seguridad y los procesos de desarme, desmovilización y reintegración, con especial atención a las personas vulnerables, incluidas las mujeres y las niñas. En cuarto lugar, el Consejo también subrayó la necesidad de fortalecer las estrategias de prevención del VIH dentro de las misiones de las Naciones Unidas y alentó la ayuda mutua constante entre los

Estados Miembros a través de sus importantes organismos nacionales y el personal civil y uniformado que participa en las operaciones de mantenimiento de la paz de las Naciones Unidas. Por último, el Consejo destacó la implementación de una política de tolerancia cero hacia la explotación y el abuso sexuales en las misiones (Consejo de Seguridad de Naciones Unidas 2011).

Esta última resolución reafirma las interconexiones tangibles entre las cuestiones de salud, conflictos y seguridad. El VIH representa una seria amenaza para las capacidades operativas de los ejércitos y de todos los servicios uniformados en emergencias humanitarias, situaciones de conflicto y posconflicto (Heinecken 2001; Ostergard Jr. 2002). Sin embargo, la epidemia del VIH no puede tratarse como una amenaza tradicional a la seguridad, que es parte integral de un dominio estratégico y militar, sino que debe interpretarse como una amenaza que va más allá de las dimensiones tradicionales, incluidas las económicas, ambientales, sanitarias y políticas. Esta tendencia surgió como consecuencia del informe del Programa de las Naciones Unidas para el Desarrollo (PNUD), que avanzó el nuevo concepto de seguridad humana (de Waal, Klot y Manjari 2009, 29). El informe definía la seguridad humana como "la seguridad frente a amenazas crónicas como el hambre, las enfermedades y la represión", así como "la protección frente a interrupciones repentinas y dolorosas en los patrones de la vida diaria, ya sea en los hogares, en los trabajos o en las comunidades" (PNUD 1994, 23). Este concepto incluye un alejamiento de una noción tradicional de seguridad en las relaciones internacionales, donde el Estado es el principal objeto de referencia de una visión holística, donde las personas y su medio social y económico interrelacionado obtienen preeminencia sobre los Estados (Thomas 2001, 161). Como resultado, en la noción de seguridad humana, la atención se centra en la seguridad de las personas y las comunidades, y el Estado tiene el deber de defender a las personas y sus derechos. Jennifer Hadingham, experta en pedagogía sudafricana de la Universidad de Witwatersrand (Johannesburgo), confirma esta interpretación afirmando que el VIH representa una "amenaza generalizada y no violenta para la existencia de las personas, ya que el virus acorta significativamente la esperanza de vida y socava la calidad de vida y limita la participación en actividades generadoras de ingresos. Las consecuencias políticas, sociales y económicas son igualmente perjudiciales para la comunidad y, a su vez, socavan su seguridad" (Hadingham 2000, 120). El concepto innovador de seguridad humana centrado en las personas cambió la idea básica de seguridad, conectando la seguridad misma con los ciudadanos en lugar de los territorios y con el desarrollo humano sostenible en lugar de las armas (Tadjbakhsh y Chenoy 2007). Los dos componentes principales de la seguridad humana eran "no tener miedo" y "no tener necesidad" (PNUD 1994, 24). Estos dos extremos de protección y empoderamiento simbolizan los principios básicos de garantizar la supervivencia, las necesidades humanas básicas y la dignidad humana (Gündüz 2006, 53).

La intención de la seguridad humana es capturar el dividendo de la paz posterior a la Guerra Fría y reorientar esos recursos en la dirección de una agenda de desarrollo (Departamento de Relaciones Exteriores y Comercio Internacional 1999). Hubert amplía esta conceptualización, afirmando que, al igual que otras ideas de seguridad (seguridad doméstica, económica y alimentaria), la seguridad humana se refiere a la protección. Esto implica la adopción de medidas cautelares para reducir la vulnerabilidad y contener el riesgo, pero también la implementación de acciones correctivas donde la prevención falla. En su conceptualización, Hubert cita dos de las siete amenazas a la seguridad humana: seguridad económica (pobreza, desempleo, falta de vivienda), seguridad alimentaria (desnutrición, hambruna, hambre), seguridad sanitaria (enfermedad, infecciones, asistencia sanitaria ineficaz), seguridad medioambiental (degradación), contaminación, desastres naturales), seguridad personal (tortura física, guerra, crimen, agresión, violencia), seguridad comunitaria (tensiones étnicas y raciales, opresión, discriminación) y seguridad política (represión, tortura, malos tratos, abusos de derechos humanos) (Hubert 1999, 25–33).

Sin embargo, aunque el enfoque de seguridad humana ha contribuido a colocar el VIH en la agenda mundial, el tema tradicional de seguridad nacional todavía parece ser más importante en los planes y fondos de seguridad mundial. Existen fuertes y persistentes dudas sobre el VIH como un peligro real para la seguridad nacional (excepto en los países del sur de África), por lo que la atención se centra siempre en la estabilidad del Estado y la gobernanza democrática (Bedeski 1999). Varios académicos han examinado el impacto potencial del VIH en la seguridad y la democracia, afirmando que la epidemia del VIH puede considerarse un factor desestabilizador en regiones muy afectadas, así como el impacto de la inseguridad y las fuerzas antidemocráticas en la aceleración de la propagación del VIH o de la democracia y la gobernanza en la ralentización de dicha propagación. Muy poca literatura contiene pruebas sustantivas de estas predicciones, mientras que la gran mayoría de las fuentes son especulaciones teóricas o conceptuales. Estas últimas se basan en los datos epidemiológicos disponibles y el conocimiento de los regímenes políticos, la teoría democrática, las relaciones internacionales y otras cuestiones relacionadas (Manning 2002, 1).

El impacto del SIDA en los procesos democráticos

Alan Whiteside (1998) enumera una serie de formas en que el SIDA podría afectar la democracia. Enfatizó cómo la enfermedad y muerte de los adultos jóvenes impactarán negativamente en la sociedad porque estos hechos, generan una pérdida de capital humano, o un desperdicio de recursos invertidos en educación, capacitación y experiencia. El creciente número de niños huérfanos por el SIDA, argumenta, será una amenaza potencial a largo plazo para la estabilidad y el desarrollo, mientras que la enfermedad y la muerte dentro de las filas militares y policiales pueden poner en peligro el orden y la seguridad. Sin un liderazgo político claro y eficaz, y ante una crisis económica, la epidemia, con el estigma asociado, podría provocar inestabilidad social, generar culpa y anomia en la sociedad e infringir los derechos humanos. También agrega que resultará en ineficiencia del gobierno y estancamiento económico.

Samantha Willan (2000) proporciona otro análisis detallado del impacto del SIDA en la democracia y la gobernabilidad, quien intenta abordar el impacto potencial del SIDA en la gobernabilidad democrática. Ella enfatiza cinco áreas que juntas podrían conducir al colapso de la democracia. La primera de las cinco categorías es el aumento de las demandas presupuestarias, derivadas de las crecientes demandas en los sistemas de salud y bienestar y relacionadas con un desplazamiento del gasto no relacionado con la salud. El segundo es una disminución simultánea de la base impositiva, ya que el SIDA diezma los sectores económicamente productivos de la sociedad. El tercero es la inminente crisis de liderazgo porque el SIDA está acabando con los jóvenes líderes políticos y económicos. La cuarta categoría es la disminución significativa del apoyo ciudadano y la participación en la gobernabilidad democrática debido al hecho de que más personas desarrollan enfermedades terminales y son sacadas de la esfera pública. La última categoría se refiere a una disminución progresiva del cumplimiento ciudadano (es decir, el pago de impuestos) como consecuencia de la disminución de los incentivos para la observancia de las reglas y la expansión de las condiciones de pobreza y desesperación.

Jeremy Youde (2007) subraya un vínculo teórico entre la enfermedad y la estabilidad y legitimidad democráticas en los estados subsaharianos. El sida, argumenta, puede agravar las divisiones sociales y las tensiones grupales, y también socavar la capacidad del Estado para administrar eficientemente el poder y contribuir a la fragilidad institucional. El tema principal del documento se centra en tres formas en las que el SIDA podría socavar la democracia: obstaculizando la organización y administración de las elecciones y socavando su legitimidad, retrasando el desarrollo económico y debilitando a la sociedad civil.

Kondwani Chirambo (2004) señala que la enfermedad puede reducir la capacidad de los gobiernos africanos para fortalecer sus sistemas democráticos, a menudo frágiles, atacando el crecimiento económico y reduciendo la capacidad de respuesta de las instituciones de gobernanza. Robert Mattes (2003) profundiza en este segundo aspecto enfatizando que es probable que la epidemia devaste a gran parte de los responsables políticos, legisladores nacionales, concejales locales, funcionarios electorales, soldados y funcionarios públicos, incluidos médicos, enfermeras, maestros, conductores de ambulancias, bomberos y policía. Continúa señalando que además de matar a un número cada vez mayor de servidores públicos y funcionarios electos, la epidemia podría impactar severamente el proceso de institucionalidad política. Una proporción cada vez menor de funcionarios públicos, formuladores de políticas y legisladores habrán estado en sus puestos el tiempo suficiente para adquirir las habilidades, la experiencia y el profesionalismo necesarios. Será aún más complicado para los parlamentos, ministerios y agencias gubernamentales realizar eficazmente sus tareas. Solo habrá menos burócratas calificados disponibles para instruir al personal más joven en habilidades formales clave (como planificación, presupuestación, análisis de costo-beneficio, monitoreo y evaluación y gestión del personal) o transmitir procedimientos o normas operacionales estándar más informales como la responsabilidad administrativa, neutralidad e imparcialidad burocráticas y conducta ética. Además, Mattes llama la atención sobre el hecho de que la epidemia también podría tener un efecto perjudicial en los procedimientos legislativos nacionales, regionales y locales, dado que el SIDA provoca una rápida rotación tanto entre los miembros electos como entre los investigadores parlamentarios, asistentes administrativos y secretarios.

Prevalencia del VIH y debilidad estatal

Estudios anteriores destacaron la existencia de una relación estricta entre las altas tasas de infección por VIH y la fragilidad del Estado. La fragilidad es una condición producida por ciertos factores casuales que pueden verse como causas y características de la misma. En la literatura, los siguientes cuatro grupos de factores son los más extendidos: factores estructurales y económicos, factores políticos e institucionales, factores sociales y factores internacionales. Los factores estructurales y económicos incluyen pobreza, bajos ingresos y crisis económicas, conflictos violentos, la existencia de rebeldes armados, riqueza o falta de recursos naturales, tensiones interestatales y presión demográfica. Los factores políticos e institucionales abarcan crisis de legitimidad y autoridad, mal gobierno, supresión de la libertad política, instituciones débiles, transiciones políticas y políticas neopatrimoniales. Los factores sociales comprenden desigualdades horizontales y de género, procesos de fragmentación individual y exclusión social, cohesión social deficiente (incluida la falta de capital social) y sociedad civil débil. Los factores internacionales tienen en cuenta el legado del colonialismo, las estrategias internacionales de economía política, el cambio climático y las crisis económicas mundiales (Mcloughlin 2010, 16).

La experiencia acumulada y los datos recientes refutan cualquier correlación positiva entre la prevalencia del VIH y la fragilidad del Estado. Por el contrario, un aumento en la prevalencia del VIH se asocia (insignificantemente) con una menor fragilidad. La Iniciativa sobre el SIDA, Seguridad y Conflicto deja en claro este hallazgo, tanto metodológica como sustantivamente, con tres explicaciones principales. La primera es que las medidas actuales de fragilidad estatal tienden a concentrarse en indicadores macroeconómicos de la capacidad estatal para administrar fondos de desarrollo, mientras que los impactos más severos del VIH se sentirán en los hogares y la comunidad. La segunda motivación se refiere a los costos aún no medidos y los efectos de los servicios no remunerados que las mujeres y las niñas ofrecen de manera desproporcionada para atender a las personas que viven con el VIH. La tercera explicación subraya cómo los indicadores actuales de fragilidad del Estado tienden a medir la capacidad del Estado para responder a las calamidades humanas, incluidas las enfermedades epidémicas, a corto o mediano plazo, mientras que el VIH es más visible a largo plazo (de Waal, Klot y Manjari 2009, 35–36).

El concepto de Estado frágil se utiliza ampliamente en la consolidación y la construcción de la paz y del Estado. Hasta ahora, la noción, así como su uso, ha sido objeto de un animado debate. No existe una definición acordada internacionalmente de lo que se entiende por "Estado frágil" (Faria 2011, 1). La mayoría de las agencias de desarrollo lo definen como un colapso crucial del estado en el desempeño de sus funciones clave: garantizar la seguridad básica, mantener el Estado de derecho y de justicia, y proporcionar servicios básicos y oportunidades económicas para los ciudadanos (Departamento de Desarrollo Internacional 2005, 9). En esencia, han adoptado en gran medida un enfoque funcional que asocia la fragilidad del Estado a una mala gobernanza y una voluntad o capacidad estatal débil (Mcloughlin 2010, 16). Frances Stewart y Graham Brown (2010) proponen una definición de fragilidad en tres frentes que apunta a incluir todas las demás definiciones aproximadamente. La fragilidad se define entonces como la representación de un Estado que está fallando o con un alto riesgo de fallar en tres dimensiones: fallos de autoridad, fallos de servicio y fallos de legitimidad. La primera ocurre cuando el Estado no tiene la autoridad para proteger a sus ciudadanos de diferentes formas de violencia. El segundo ocurre cuando el Estado no puede garantizar que todos los ciudadanos tengan acceso a los servicios básicos. La última tiene lugar cuando el Estado carece de legitimidad, goza de un apoyo popular limitado y, por lo general, no es democrático.

VIH y aplicación de la ley

Entre las instituciones encargadas de hacer cumplir la ley, especialmente la policía, el VIH sigue siendo un tema poco explorado, a pesar de que enfrentan riesgos significativos de exposición al VIH (Crofts y Patterson 2016). El primer taller mundial sobre el VIH y la policía se organizó en 2007. En él se hizo hincapié en las vulnerabilidades específicas de estas fuerzas y el papel potencial de la policía y los organismos encargados de hacer cumplir la ley en las respuestas generales del Estado y se recomendaba que se identificaran y pusieran en práctica estrategias adaptadas. La Oficina de las Naciones Unidas contra la Droga y el Crimen (ONUDC) revisó conjuntamente las prácticas policiales con las poblaciones más vulnerables afectadas por el VIH programando intervenciones para su personal. En América Latina, la ONUDC ha implementado, con el apoyo del Grupo Regional de Copatrocinadores de ONUSIDA, un observatorio regional sobre el VIH y las cárceles. En 2009, los representantes asiáticos de la policía y los miembros de las fuerzas del orden de la zona del Pacífico establecieron la Red Regional de Asia y el Pacífico sobre la policía y el sida. Esta red organizó una estrategia regional sobre cómo la policía puede intervenir para crear un entorno propicio para los programas de VIH entre las poblaciones clave con mayor riesgo de exposición al VIH (ONUSIDA y DOMP 2011a, 45). Además, durante el mismo año, el profesor Nick Crofts, director del Centre for Law Enforcement and Public Health de Melbourne, y experto reconocido internacionalmente en el campo, fundó la Red de Aplicación de la Ley y VIH (Law Enforcement and HIV Network, LEAHN, en inglés). Específicamente, LEAHN es una red global de policías y profesionales de la salud con un enfoque en la prevención del VIH (Crofts y Jardine 2016, 9-11).

Los problemas relacionados con la policía y el virus de la inmunodeficiencia humana se dividen en dos áreas principales. El primero analiza cómo las instituciones policiales reaccionan al VIH dentro de sus filas y el segundo describe cómo los métodos policiales influyen en las epidemias y las respuestas nacionales al VIH (de Waal, Klot y Manjari 2009, 77). Con referencia al primer ámbito, el carácter técnico del trabajo policial genera ciertas debilidades. Se podría perder una gran cantidad de experiencia, habilidades e información personal debido a que el personal con VIH se retira del servicio o muere, y estas habilidades tardarían años en reemplazarse. La policía depende de personal con habilidades especializadas, como detectives, personal involucrado en procesos judiciales y enlace, expertos en caligrafía y otro personal técnico, que requieren capacitación especializada (a menudo extranjera) y son difíciles de reemplazar. Varios factores organizativos podrían verse afectados negativamente por la epidemia. Estos incluyen una tendencia hacia la jerarquía que impide el intercambio de información y el trabajo en equipo, la provisión de generosos beneficios funerarios y políticas indulgentes de licencia por enfermedad y compasión que son económicamente costosas y dificultan la sustitución del personal (Institute for Security Studies and Malawi Institute for Management 2003, 11).

Con respecto a la segunda área, la atención se centra en la expresión "vigilar la epidemia", es decir, la forma en que las prácticas de aplicación de la ley configuran el entorno de riesgo y, a su vez, influyen en el curso de la epidemia (de Waal, Klot y Manjari 2009, 77). Las fuerzas de policía civil que participan en las operaciones internacionales de mantenimiento de la paz se enfrentan a los mismos problemas y limitaciones que sus homólogos militares en esas misiones; de hecho, incluso pueden estar menos preparados y más expuestos al riesgo de contraer el VIH debido a su relación directa y, a veces, violenta con la población local. Los agentes del orden tienen un contacto directo e incesante de vanguardia con una variedad de poblaciones clave con mayor riesgo de exposición al VIH, incluidas las personas que se inyectan drogas, los trabajadores sexuales, los niños de la calle, las mujeres víctimas de trata, los migrantes ilegales, las sobrevivientes de abuso sexual y violación, y otros. como detenidos y presos. Cuando la prevalencia del VIH es mayor entre esas poblaciones, las prácticas policiales pueden tener una función decisiva para prevenir o acelerar el VIH. Además, en situaciones afectadas por conflictos, la policía puede brindar protección contra la violencia sexual relacionada con el conflicto y desarrollar normas de conducta adecuadas. Sus respuestas pueden aumentar o minimizar el riesgo de exposición al VIH (ONUSIDA y DOMP 2011b, 17).

Aunque la investigación muestra una mayor incidencia de infección entre los miembros de la policía africana que entre los ciudadanos africanos en algunos países africanos (Kershaw 2008, 21), este hallazgo no puede generalizarse debido a la falta de datos confiables. En Sudáfrica, por ejemplo, los agentes de policía pueden correr un mayor riesgo de exposición al VIH que sus colegas internacionales debido a dos causas principales: la primera, la presencia de uno de los niveles de violencia más elevados del planeta (Abrahams 2010) y, la segunda, la epidemia de VIH más grande y notoria del mundo, con aproximadamente 7,7 millones de personas que vivían con el VIH en 2018 (ONUSIDA 2020).

En Sudáfrica, como en muchos países con epidemias generalizadas, las altas tasas de prevalencia del VIH se deben en parte a que las personas, incluida la policía, mantienen relaciones sexuales sin protección con múltiples parejas (Kirby et al. 2012). Específicamente, en la policía sudafricana existe una cultura de aceptación y práctica de tener múltiples parejas sexuales, lo que se cree que es indicativo de virilidad y masculinidad. Dado que muchos miembros de la policía están desplegados en áreas alejadas de sus hogares, a menudo residen en albergues comunales. Estos a menudo carecen de instalaciones recreativas y otras estructuras que alivien el estrés, lo que hace que los miembros de la policía opten por entablar relaciones sexuales fuera de sus matrimonios o relaciones estables (Masuku 2007, 2).

El Servicio de Policía de Sudáfrica (SAPS) celebró 20 años de actuación policial bajo un régimen democrático en 2015. En 1995, el SAPS recibió un mandato constitucional para proteger a los ciudadanos de Sudáfrica, defender y hacer cumplir la ley y mantener el orden público (SAPS Strategy, Research, Monitoring and Evaluation 2015, VI). Sin embargo, el SAPS corre el riesgo de convertirse en una institución ineficaz que no puede cumplir plenamente sus funciones. El trabajo de vigilancia e investigación exige práctica y experiencia, que son necesarias para recopilar diferentes formas de prueba para que un caso convincente pueda ser procesado ante un tribunal. El VIH ejerce una presión adicional sobre el número cada vez menor de agentes y detectives experimentados. Una rápida pérdida de habilidades significa menos profesores para los nuevos reclutas y un aumento concomitante de la carga que pesa sobre los agentes de policía experimentados (Schönteich 2003, 4).

La epidemia del VIH ha provocado una reducción significativa del número de agentes de policía contratados para realizar tareas de patrullaje bien definidas en la calle. Esta problemática, junto con un complejo proceso de reorganización del sector policial, puede producir un efecto negativo en las estrategias de investigación, los enfoques de prevención del delito y las políticas de orden público, todos ellos basados en un modelo de policía comunitaria eficiente. Como consecuencia, podría haber un aumento de los delitos callejeros y las actividades de las pandillas en todo el país durante los próximos años, lo que podría poner en peligro la seguridad de todos los ciudadanos sudafricanos (Leggett 2002, 23).

Conclusión

Este capítulo ha identificado una serie de temas de particular relevancia, incluido el miedo y el riesgo de los agentes de policía de transmitir el VIH en el trabajo (Flavin 1998). Además, no se debe olvidar el papel clave que desempeña cada departamento de policía en la implementación de estrategias educativas dirigidas a los agentes del orden, específicamente sobre cómo prevenir la transmisión casual del VIH durante las actividades policiales (National AIDS Trust 2014). Para demostrar esto, es instructivo ilustrar las diversas intervenciones que el Servicio de Policía de Sudáfrica (SAPS) ha decidido promover en apoyo de todos sus empleados, incluidas las categorías de empleados identificados como de alto riesgo de contraer el VIH y enfermedades relacionadas (por ejemplo, detectives, miembros de la policía funcional, científicos forenses y expertos en huellas dactilares) (SAPS Strategic Management 2018, 286). Estas intervenciones están guiadas por los siguientes objetivos estratégicos clave: primero, enfoques sociales y estructurales para la prevención, atención e impacto del VIH, las ITS y la tuberculosis (por ejemplo, empoderar a los agentes de policía que operan en varios asentamientos informales, zonas rurales y de difícil acceso, como fincas y puertos de entrada con conocimientos sobre el VIH). En segundo lugar, prevenir nuevas infecciones por el VIH, las ITS y la tuberculosis (por ejemplo, establecer grupos de apoyo para el VIH y la tuberculosis, programas de educación entre pares y actividades de sensibilización sobre el VIH, las ITS y la tuberculosis). En tercer lugar, proporcionar exámenes de salud y bienestar, incluidos asesoramiento y pruebas de VIH (por ejemplo, sesiones de evaluación / exámenes de salud y bienestar en el lugar de trabajo en asociación con planes de asistencia médica reconocidos y profesionales de la salud acreditados y registro en los diversos programas de manejo de riesgo de enfermedades). En cuarto lugar, la protección de los derechos humanos y la promoción del acceso a la justicia (por ejemplo, programas para reducir el estigma y la discriminación relacionados con el VIH entre los empleados del SAPS). En quinto lugar, la prestación de servicios de atención y apoyo (evaluaciones de salud y bienestar) (por ejemplo, el fomento de sesiones rigurosas de asesoramiento, detección y pruebas del VIH en colaboración con expertos externos aprobados, facilitar el VIH, la tuberculosis y otros grupos de apoyo relacionados, y promover el uso seguro y sistemático del preservativo, así como la distribución de preservativos masculinos y femeninos en todas las comisarías de policía para prevenir nuevas infecciones y reinfecciones). En sexto lugar, los programas de educación entre pares (p. ej., reclutar y capacitar a nuevos educadores entre pares para producir un cambio en el conocimiento, las actitudes, las creencias y los comportamientos asociados con el VIH, el apoyo entre pares, el intercambio de información y referencias, y el sostenimiento del uso de coaching, tutoría y mecanismos de redes de pares. apoyo). Séptimo, información, educación y comunicación (p. ej., organización de talleres y sesiones de sensibilización sobre el VIH en las comisarías, celebración del Día Mundial del SIDA y del Día Conmemorativo del SIDA para debatir sobre la prevención, la educación y el tratamiento del VIH en la comunidad policial y la comercialización y exhibición mediante el uso de medios de comunicación interna como la red de televisión satelital de la SAPS, conocida como POL TV, la revista Police, la Intranet y consejos salariales, carteles, folletos, volantes). Por último, la gobernanza (p. ej., organizar estrategias y políticas relacionadas, desarrollar directrices eficaces y procedimientos operativos estándar, y crear asociaciones constructivas y relaciones con las partes interesadas, como el Plan Médico del servicio de policía de Sudáfrica, el Plan Médico para empleados gubernamentales, el Departamento de Administración y servicios públicos, Seguridad y la Autoridad de Educación y Capacitación del Sector de la Seguridad) (SAPS Strategic Management 2016, 286). El fundamento de todas estas medidas es garantizar que el lugar de trabajo sea seguro y que los agentes de policía no corran el riesgo de infectarse con el VIH en el trabajo (Beletsky et al. 2011).

Consideraciones finales

La creciente eficiencia de los tratamientos farmacéuticos empleados en los últimos años ha producido resultados alentadores en el frente anti-VIH (Iacob, Iacob y Jugulete 2017), aunque existe una creciente preocupación por la situación en muchos países de África, América Latina y la ex Unión Soviética (Kharsany y Karim 2016; Ortblad et al.2019; Luz, Veloso y Grinsztejn 2019; Blue 2018). El desafío sin precedentes que plantea la epidemia para la comunidad internacional exige una cooperación global destinada a evaluar los diversos aspectos de los problemas que muchos actores de este trágico drama deben abordar (Hein, Bartsch y Kohlmorgen 2007). La OMS, ONUSIDA y otras organizaciones internacionales están trabajando para lograr los objetivos correctos, ya que su trabajo sustenta una política aceptada internacionalmente que se refiere a las formas en que las autoridades designadas de los distintos gobiernos deben desarrollar una estrategia de intervención de salud pública (Jönsson 2010). Sin embargo, es evidente que esta estrategia solo será efectiva si se aplica con respeto a los derechos humanos, de los cuales el derecho a la salud es parte integral (Enoch y Piot 2017).

En general, cuando un observador toma en consideración a una persona enferma, se pregunta sobre las causas de la enfermedad, pero las explicaciones que pueda encontrar rara vez implicarán a la persona que padece la enfermedad como responsable (Levy 2018). Los juicios de responsabilidad están vinculados a la degradación del otro; cuanto más se responsabiliza a una persona por un suceso negativo que le ha ocurrido, más se degrada. Si esta responsabilidad no puede invocarse en absoluto, entonces estamos en presencia de una víctima inocente (Furedi 2004, 191). La ausencia total de responsabilidad objetiva puede llevar a la degradación de un individuo VIH positivo (Kontomanolis et al. 2017). En otros casos, la responsabilidad individual es siempre parcialmente inherente a diversos grados. Por ejemplo, en el caso de las personas con cáncer colorrectal, la responsabilidad solo puede invocarse parcialmente sobre la base de una conducta de riesgo, como fumar cigarrillos (Gram et al. 2009; Parajuli et al. 2014). En el caso del VIH, la responsabilidad individual está más implícita que en el cáncer. Sin embargo, cuando la persona infectada no puede ser considerada responsable, se intenta identificar una explicación plausible (Seacat y Hirschman 2011).

A veces ocurre que la sociedad necesita tener una enfermedad a la que culpar para poder acusar a sus víctimas de todo tipo de vilezas. El VIH probablemente juega este papel; un papel que no es tan diferente al de otras enfermedades, como la peste, el tifus, el cólera, la sífilis o, más recientemente, el cáncer. El VIH despierta miedos ancestrales, latentes gracias a los avances de la medicina: el miedo a la infección, la epidemia y la degeneración corporal. La aparición repentina del VIH, la rareza del virus y la designación de poblaciones clave con mayor riesgo de exposición al VIH son otros elementos que han desarmado el cáncer de su aterradora importancia y de alguna manera lo han puesto en su perspectiva correcta (Sontag 2001). Estas poblaciones clave, identificadas por ONUSIDA como hombres homosexuales y otros hombres que tienen relaciones sexuales con hombres, profesionales del sexo, personas transgénero y personas que se inyectan drogas, tienen el mayor riesgo de contraer y transmitir el VIH y, al mismo tiempo, con frecuencia carecen de acceso adecuado a los servicios de prevención, atención y tratamiento porque sus comportamientos a menudo son estigmatizados e incluso criminalizados (Beardsley 2013).

La alerta comprensible de infección asociada al VIH no es suficiente para legitimar la intervención estatal sobre la moral sexual destinada a limitar la libertad sexual de algunas categorías de individuos, como las personas que intercambian sexo por dinero o artículos no monetarios. El autor de las leyes penales debe encontrar un equilibrio entre el alcance de la prevención del delito y la salvaguardia de los derechos y libertades civiles de una persona. Sin embargo, debería haber una negativa intransigente por parte del estado a fomentar los comportamientos de riesgo en la sociedad a través de disposiciones antiliberales que podrían recompensar las reacciones irracionales y emocionales, incluso si estas fueran compartidas por la mayoría de la población. El Estado no puede utilizar el derecho penal como un arma en la ética de iniciativas destinadas a promover estilos de vida específicos y perseguir conductas que discrecionalmente se consideran inmorales o asociales. La elección de una política penal no solo no sería eficaz para abordar el VIH, sino que en realidad sería gravemente contraproducente, ya que generaría la falsa impresión de que las leyes penales podrían resolver los problemas de salud relacionados con el VIH y contrastar también con una estrategia preventiva eficaz basada en un criterio racional. promoción de información política y sanitaria (Wainberg 2009).

En algunos países, el Derecho Penal se aplica a quienes transmiten o exponen a otros al VIH (OMS 2006; Kazatchkine 2010; Chen 2016). Las leyes que penalizan la transmisión del VIH corren el riesgo de incluir dentro del alcance de la sanción legal a las personas VIH positivas que se comportan de manera que no merecen una sanción y que, como resultado del enjuiciamiento, pueden enfrentar consecuencias adversas para los derechos humanos (Brown, Hanefeld y Welsh 2009). El tema que realmente reviste una fundamental importancia es el de adoptar un programa preventivo, no represivo, que dé valor al papel, aunque limitado, de la sanción penal en la defensa de bienes intangibles como la seguridad individual y la salud pública (Cameron 2009). ONUSIDA insta a los gobiernos a limitar la penalización de los casos de transmisión intencional (por ejemplo, cuando una persona conoce su estado serológico y actúa deliberadamente para transmitir el VIH a otra persona). Las dos razones principales que se aducen para tipificar como delito la transmisión del VIH son castigar la conducta dañina imponiendo sanciones penales y prevenir la transmisión del VIH disuadiendo o cambiando cualquier comportamiento que exponga potencialmente a las personas a un riesgo significativo de daño. Sin embargo, la aplicación de la ley penal sobre la transmisión del VIH no alcanza estos objetivos, excepto en los raros casos de transmisión deliberada o intencional del VIH. Debe evitarse extender la responsabilidad penal más allá de los casos antes mencionados, ya que podría exponer a grandes sectores de la población a un posible enjuiciamiento sin que puedan prever su responsabilidad por dicho enjuiciamiento. Es probable que la aplicación demasiado amplia del derecho penal a la transmisión del VIH tenga un impacto desproporcionado en los miembros de grupos marginados, como los trabajadores sexuales, los hombres que tienen relaciones sexuales con hombres y las personas que se inyectan drogas. Estos grupos a menudo son acusados de transmitir el VIH, a pesar del acceso inadecuado a los servicios de prevención, tratamiento, atención y apoyo del VIH y corren el riesgo de ser víctimas de procesos de estigma y discriminación (ONUSIDA 2013).

En conclusión, sostengo que la idea básica que inspira este libro es la necesidad de desarrollar un análisis socio-criminológico de las múltiples dimensiones de la epidemia del VIH para contribuir significativamente al debate internacional actual sobre las enfermedades infecciosas. El concepto de interacción social constituye una lente interpretativa original capaz de resaltar la naturaleza polifacética del virus. Primero, el papel de la interacción social en la curación del VIH y sus implicaciones, tanto biomédicas como sociales, se abordan respectivamente en los capítulos 1, 2 y 3. En segundo lugar, los procesos de interacción también son especialmente importantes para el sistema de género, debido a la frecuencia extremadamente elevada de interacciones entre hombres y mujeres, incluidas las interacciones entre agresor y víctima en relaciones sexualmente abusivas y/o coercitivas y los riesgos de infección relacionados con el VIH, como se examinó en los capítulos 4 y 5 (Qiao et al. 2015; Ridgeway y Smith-Lovin 1996, 173). Por último, el capítulo 6 se centra en la interacción entre seguridad y salud pública en el contexto de la epidemia del VIH según una perspectiva global (Dijkstra y De Ruijter 2017; McInnes 2006).

Bibliografía

Abong'o, Ngore Vitalis. 2014. "The Socio-Cultural Changes in the Kenyan Luo Society since the British Invasion and the Effects on the Levirate Custom: A Critical Survey." *Research on Humanities and Social Sciences* 4 (18): 1–8.

Abrahams, David. 2010. "A Synopsis of Urban Violence in South Africa." *International Review of the Red Cross* 92, no. 878 (June): 495–520.

Abubakar, Amina, y Patricia Kitsao-Wekulo. 2015. "Gender and Health Inequalities in Sub-Saharan Africa: the Case of HIV." En *Psychology of Gender through the Lens of Culture: Theories and Applications*, editado por Saba Safdar y Natasza Kosakowska-Berezecka, 395–408. Nueva York, NY: Springer.

Africa Check. 2017. "Factsheet: South Africa's Crime Statistics for 2016/17." Última modificación: 24 de octubre de 2017. https://africacheck.org/factsheets/south-africas-crime-statistics-201617/.

African Commission on Human and Peoples' Rights. 2018. *HIV, the Law and Human Rights in the African Human Rights System: Key Challenges and Opportunities for Rights-Based Responses*. Ginebra: Joint United Nations Programme on HIV and AIDS. https://www.unaids.org/en/resources/documents/2018/HIV_Law_African HumanRightsSystem.

Aggleton, Peter, Kate Wood, Anne Malcolm, Richard Parker, y Miriam Maluwa. 2005. *HIV-Related Stigma, Discrimination and Human Rights Violations: Case Studies of Successful Programmes*. Ginebra: Joint United Nations Programme on HIV and AIDS. https://www.unaids.org/en/resources/documents/2005/200510 05_jc999-humrightsviol_en.pdf.

Agot, Kawango E., Ann Vander Stoep, Melissa Tracy, Billy A. Obare, Elizabeth A. Bukusi, Jeckoniah O. Ndinya-Achola, Stephen Moses, y Noel S. Weiss. 2010. "Widow Inheritance and HIV Prevalence in Bondo District, Kenya: Baseline Results from a Prospective Cohort Study." *PLOS One* 5 (11): e14028. https://doi.org/10.1371/journal.pone.0014028.

Ahmadu, Fuambai. 2000. "Rites and Wrongs: An Insider/Outsider Reflects on Power and Excision." En *Female 'Circumcision' in Africa: Culture, Controversy, and Change*, editado por Bettina Shell-Duncan y Ylva Hernlund, 283–312. Boulder, CO: Lynne Rienner Publishers.

Ahonsi, Babatunde, Nahla Tawab, Scott Geibel, Sam Kalibala, Jerry Okal, Babacar Mane, Nathi Sohaba, Julialynne Walker, y Eric Green. 2014. *HIV/AIDS Vulnerabilities, Discrimination, and Service Accessibility among Africa's Youth: Insights from a Multi-Country Study*. Abuja, Nigeria: Population Council.

Akers, Timothy, y Mark M. Lanier. 2009. "'Epidemiological Criminology': Coming Full Circle." *American Journal of Public Health* 99, no. 3 (March): 397–402.

Akins, Chana K. 2004. "The Role of Pavlovian Conditioning in Sexual Behavior: A Comparative Analysis of Human and Nonhuman Animals." *International Journal of Comparative Psychology* 17 (2): 241–262.

Albert, Edward. 1986. "Illness and Deviance: The Response of the Press to AIDS." In *The Social Dimensions of AIDS: Method and Theory*, editado por Douglas A. Feldman and Thomas M. Johnson, 163–178. Nueva York, NY: Praeger Publishers.

Aldis, William. 2008. "Health Security as a Public Health Concept: A Critical Analysis." *Health Policy and Planning* 23, no. 6 (November): 369–375.

Aliouat-Denis, Cécile-Marie, Magali Chabé, Christine Demanche, El Moukhtar Aliouat, Eric Viscogliosi, Jacques Guillot, Laurence Delhaes, y Eduardo Dei-Cas. 2008. "Pneumocystis Species, Co-evolution and Pathogenic Power." *Infection, Genetics and Evolution* 8, no. 5 (September): 708–726.

Allen, W. David. 2007. "The Reporting and Underreporting of Rape." *Southern Economic Journal* 73, no. 3 (January): 623–641.

Allinder, Sara M., y Janet Fleischman. 2019. "The World's Largest HIV Epidemic in Crisis: HIV in South Africa." Center for Strategic and International Studies. Última modificación: 2 de abril de 2019. https://www.csis.org/analysis/worlds-largest-hiv-epidemic-crisis-hiv-south-africa.

Altman, Dennis. 1998. "HIV, Homophobia, and Human Rights." *Health Human Rights* 2 (4): 15–22.

Altman, Lawrence K. 1982. "New Homosexual Disorder Worries Health Officials." *The New York Times*, May 11, 1982. http://www.nytimes.com/1982/05/11/science/new-homosexual-disorder-worries-health-officials.html?pagewanted=all.

Amin, Avni. 2013. *16 Ideas for Addressing Violence against Women in the Context of the HIV epidemic: A Programming Tool.* Ginebra: World Health Organization. https://www.who.int/reproductivehealth/publications/violence/vaw_hiv_epidemic/en/.

Amuri, Mbaraka, Steve Mitchell, Anne Cockcroft, y Neil Andersson. 2011. "Socio-Economic Status and HIV/AIDS Stigma in Tanzania." *AIDS Care* 23 (3): 378–382.

Amy, Jean-Jacques. 2008. "Certificates of Virginity and Reconstruction of the Hymen." *European Journal of Contraception & Reproductive Health Care* 13 (2): 111–113.

Andersen, Nic. 2018. "Shocking Stats Reveal 41% of Rapes in SA Are against Children." The South African. Última modificación: 18 de mayo de 2018. https://www.thesouthafrican.com/news/rape-statistics-41-children/.

Anderson, Bebe J. 2009. "HIV Stigma and Discrimination Persist, Even in Health Care." *Virtual Mentor* 11 (12): 998–1001. https://doi.org/10.1001/virtualmentor.2009.11.12.oped1-0912.

Anderson, Michelle J. 2000. "Rape in South Africa." *Georgetown Journal of Gender and the Law* 1, no. 3 (Summer): 789–821.

Aranda, Florencia. 2008. "Intersections between HIV and Violence against Adolescent and Young Women." En *The Multiple Faces of the Intersections between HIV and Violence against Women,* editado por Aracely Barahona-Strittmatter y Dynis Luciano, 28–33. Washington, DC: Development Connections. https://genderandaids.unwomen.org/en/resources/2008/11/the-multiple-faces-of-the-intersections-between-hiv-and-violence-against-women.

Arkell, Camille, y Mallory Harrigan. 2018. *Condoms for the Prevention of HIV Transmission.* Toronto, ON: Canadian AIDS Treatment Information Exchange. https://www.catie.ca/en/fact-sheets/prevention/condoms.

Arluke, Arold. 1988. "The Sick-Role Concept." En *Health Behavior: Emerging Research Perspectives,* editado por David S. Gochman, 169–180. Nueva York, NY: Plenum Press.

Armstrong, Sue. 1993. "South Africa's Rape Epidemic Fuels HIV." *WorldAIDS*, no. 27 (May): 1.

Artz, Lilian, Patrick Burton, Catherine L. Ward, Lezanne Leoschut, Joanne Phyfer, Sam Lloyd, Reshma Kassanjee, y Cara Le Mottee. 2016. *Sexual Victimisation of Children in South Africa. Final Report of the Optimus Foundation Study: South Africa.* Cape Town: UBS Optimus Foundation. http://www.ci.uct.ac.za/overview-violence/reports/sexual-victimisation-of-children-in-SA.

Australasian Society for HIV Medicine and National Centre in HIV Social Research. 2012. *Stigma and Discrimination around HIV and HCV in Healthcare Settings: Research Report.* Sydney: Australasian Society for HIV Medicine. http://www.ashm.org.au/resources/Pages/1976963391.aspx.

Ayala, George, Judy Chang, Rebecca Matheson, Laurel Sprague, y Ruth Morgan Thomas. 2017. *Reconsidering Primary Prevention of HIV: New Steps Forward in the Global Response.* Oakland, CA: MPact Global Action for Gay Men's Health and Rights. https://mpactglobal.org/reconsidering-primary-prevention/.

Ayikukwei, Rose, Ngare Duncan, John Sidle, David Ayuku, Joyce Baliddawa, y James Greene. 2008. "HIV/AIDS and Cultural Practices in Western Kenya: The Impact of Sexual Cleansing Rituals on Sexual Behaviours." *Culture, Health & Sexuality* 10 (6): 587–599.

Azim, Tasnim, Irene Bontell, y Steffanie A. Strathdee. 2015. "Women, Drugs and HIV." *International Journal on Drug Policy* 26, no. Suppl. 1 (February): S16–S21.

Baggaley, Rebecca F., Richard G. White, y Marie-Claude Boily. 2010. "HIV Transmission Risk through Anal Intercourse: Systematic Review, Meta-Analysis and Implications for HIV Prevention." *International Journal of Epidemiology* 39, no. 4 (August): 1048–1063.

Bagheri Amiri, Fahimeh, Amin Doosti-Irani, Abbas Sedaghat, Noushin Fahimfar, y Ehsan Mostafavi. 2018. "Knowledge, Attitude, and Practices Regarding HIV and TB among Homeless People in Tehran, Iran." *International Journal of Health Policy and Management* 7, no. 6 (June): 549–555.

Bailey-King, Ettie. 2018. "Three Things You Need to Know: Child Marriage and HIV." Girls Not Brides. Última modificación: 1 de diciembre de 2018. https://www.girlsnotbrides.org/child-marriage-and-hiv/.

Bajos, Nathalie, y Jerome Marquet. 2000. "Research on HIV Sexual Risk: Social Relations-Based Approach in a Cross-Cultural Perspective." *Social Science & Medicine* 50, no. 11 (June): 1533–1546.

Banwari, Meel. 2011. "Poverty, Child Sexual Abuse and HIV in the Transkei Region, South Africa." *African Health Sciences* 11 (1): S117–S121.

Barberis, Daniela S. 2003. "In Search of an Object: Organicist Sociology and the Reality of Society in Fin-De-Siècle France." *History of the Human Sciences* 16, no. 3 (August): 51–72.

Barday, Naseema. 2017. "SA Rape Crisis: 'We Still Blame the Victims'." Última modificación: 29 de Agosto de 2017. Health24. https://www.health24.com/News/Public-Health/sa-rape-crisis-we-still-blame-the-victims-20170829.

Barnett, Tony. 2006. "A Long-Wave Event. HIV/AIDS, Politics, Governance and 'Security': Sundering the Intergenerational Bond?" *International Affairs* 82, no. 2 (March): 297–313.

Barrett-Grant, Kitty, Derrick Fine, Mark Heywood, y Ann Strode, eds. 2001. *HIV/AIDS and the Law: A Resource Manual.* 2nd ed. Johannesburg: The AIDS Law Project and the AIDS Legal Network.

Basile, Kathleen C., Sarah DeGue, Kathryn Jones, Kimberley Freire, Jenny Dills, Sharon G. Smith, y Jerris L. Raiford. 2016. *STOP SV: A Technical Package to Prevent Sexual Violence.* Atlanta, GA: Division of Violence Prevention, National Center for Injury Prevention and Control, Centers for Disease Control and Prevention. https://www.cdc.gov/features/sexual-violence-prevention/index.html.

Battin, Margaret P., Leslie P. Francis, Jay A. Jacobson, and Charles B. Smith. 2009. *The Patient as Victim and Vector: Ethics and Infectious Disease.* Nueva York, NY: Oxford University Press.

Beardsley, Kip. 2013. *Policy Analysis and Advocacy Decision Model for HIV-Related Services: Males Who Have Sex with Males, Transgender People, and Sex Workers.* Washington, DC: Futures Group, Health Policy Project. https://www.healthpolicyproject.com/index.cfm?id=publications&get=pubID&pubId=7.

Beauclair, Roxanne, Niel Hens, y Wim Delva. 2015. "Concurrent Partnerships in Cape Town, South Africa: Race and Sex Differences in Prevalence and Duration of Overlap." *Journal of the International AIDS Society* 18, no. 1 (January): 19372. https://doi.org/10.7448/IAS.18.1.19372.

Beck, Ulrich. 1992. *Risk Society: Towards a New Modernity.* Londres: Sage.

Bedeski, Robert. 1999. *Defining Human Security.* Victoria: Centre for Global Studies.

Behrendt, Alice, y Steffen Moritz. 2005. "Posttraumatic Stress Disorder and Memory Problems after Female Genital Mutilation." *American Journal of Psychiatry* 162, no. 5 (May): 1000–1002.

Behrens, Kevin G. 2014. "Virginity Testing in South Africa: A Cultural Concession Taken Too Far?" *South African Journal of Philosophy* 33 (2) 177–187.

Beigbeder, Yves. 2004. *International Public Health: Patients' Rights vs. the Protection of Patents.* Aldershot, Reino Unido: Ashgate

Bejide, Folake. 2014. "The Legal Protection of Children Orphaned by HIV/AIDS in Nigeria: An Appraisal." *World Journal of AIDS* 4 (3): 321–331. http://dx.doi.org/10.4236/wja.2014.43038.

Beletsky, Leo, Alpna Agrawal, Bruce Moreau, Pratima Kumar, Nomi Weiss-Laxer, y Robert Heimer. 2011. "Police Training to Align Law Enforcement and HIV Prevention: Preliminary Evidence from the Field." *American Journal of Public Health* 101, no. 11 (November): 2012–2015.

Bennett, John E., Raphael Dolin, y Martin J. Blaser. 2014. *Mandell, Douglas, and Bennett's Principles and Practice of Infectious Diseases.* 8th ed. Filadelfia, PA: Saunders.

Berg, Rigmor C., y Vigdis Underland. 2014. *Immediate Health Consequences of Female Genital Mutilation/Cutting (FGM/C).* Oslo: Norwegian Knowledge Centre for the Health Services. https://www.fhi.no/en/publ/2014/immediate-health-consequences-of-female-genital-mutilationcutting-fgmc-/.

Berg, Rigmor C., Vigdis Underland, Jan Odgaard-Jensen, Atle Fretheim, y Gunn Elisabeth Vist. 2014. "Effects of Female Genital Cutting on Physical Health Outcomes: A Systematic Review and Meta-Analysis." *BMJ Open* 4, no. 11 (November): e006316. http://dx.doi.org/ 10.1136/bmjopen-2014-006316.

Berkley, Seth. 1991. "Parenteral Transmission of HIV in Africa." *AIDS* 5 (Suppl. 1): S87–S92.

Bernard, Claude. 1865. *Introduction à l'Étude de la Médecine Expérimentale*. París: Baillière.

Berten, Hans, y Ronan Van Rossem. 2009. "Doing Worse but Knowing Better: An Exploration of the Relationship between HIV/AIDS Knowledge and Sexual Behavior among Adolescents in Flemish Secondary Schools." *Journal of Adolescence* 32, no. 5 (October): 1303–1319.

Beswick, Stephanie. 2001. "'We Are Bought Like Clothes': The War over Polygyny and Levirate Marriage in South Sudan." *Northeast African Studies* 8 (2): 35–61.

Bimbi, Franca. 2000. "Tipologie di Violenza e Relazioni Sociali." En *Libertà Femminile e Violenza sulle Donne. Strumenti di Lavoro per Interventi con Orientamenti di Genere*, editado por Cristina Adami, Alberta Basaglia, Franca Bimbi y Vittoria Tola, 43–54. Milán: Franco Angeli.

Birungi, Ruth, Dennis Nabembezi, Julius Kiwanuka, Michele Ybarra, y Sheana Bull. 2011. "Adolescents' Perceptions of Sexual Coercion in Uganda." *African Journal of AIDS Research* 10 (4): 487–494.

Blank, Hanne. 2007. *Virgin: The Untouched History*. Nueva York, NY: Bloomsbury USA.

Bloom, Jack. 2013. "Combating South Africa's Rape Culture." Politicsweb. Última modificación: 18 de febrero de 2013. https://www.politicsweb.co.za/news-and-analysis/combating-south-africas-rape-culture.

Blue, Anna. 2018. "The Return of a Grievous Epidemic: Rising HIV/AIDS Infections in the Post-Soviet States." Lossi 36. Última modificación: 19 de diciembre de 2018. https://lossi36.com/2018/12/19/return-epidemic-aids-infections-post-soviet-states/.

Boily, Marie-Claude, Rebecca F. Baggaley, Lei Wang, Benoit Masse, Richard G. White, Richard J. Hayes, y Michel Alary. 2009. "Heterosexual Risk of HIV-1 Infection per Sexual Act: Systematic Review and Meta-Analysis of Observational Studies." *The Lancet Infectious Diseases* 9, no. 2 (February): 118–129.

Bonita, Ruth, Robert Beaglehole, y Tord Kjellström. 2006. *Basic Epidemiology*. 2ª ed. Ginebra: Organización Mundial de la Salud.

Bougard, Nigel Bradley, Karen Booyens, y Rene Ehlers. 2015. "Adult Female Rape Survivors' Views about the Constitutional, Human Rights and Compulsory HIV Testing of Alleged Sex Offenders." *Acta Criminologica: African Journal of Criminology and Victimology* 2015, no. Special Edition 4 (January): 50–72.

Boulton, Kate, Pepis Rodriguez, Mayo Schreiber, y Catherine Hanssens. 2017. *HIV Criminalization in the United States: A Sourcebook on State and Federal HIV Criminal Law and Practice*. 3ª ed. Nueva York, NY: The Center for HIV Law and Policy.

Brewer, Devon D., John J. Potterat, John M. Roberts, y Stuart Brody. 2007. "Male and Female Circumcision Associated with Prevalent HIV Infection in Virgins and Adolescents in Kenya, Lesotho, and Tanzania." *Annals of Epidemiology* 17, no. 3 (March): 217–226.

Brown, Brian, Paul Crawford, y Ronald Carter. 2006. *Evidence-Based Health Communication*. Maidenhead, Reino Unido: Open University Press.

Brown, Darigg C., Rhonda BeLue, y Collins O. Airhihenbuwa. 2010. "HIV and AIDS-Related Stigma in the Context of Family Support and Race in South Africa." *Ethnicity & Health* 15 (5): 441–458.

Brown, Jennifer L., y Ralph J. DiClemente. 2011. "Secondary HIV Prevention: Novel Intervention Approaches to Impact Populations Most at Risk." *Current HIV/AIDS Reports* 8, no. 4 (December): 269–276.

Brown, Tim. 2000. "AIDS, Risk and Social Governance." *Social Science & Medicine* 50, no. 9 (May): 1273–1284.

Brown, Wideney, Johanna Hanefeld, y James Welsh. 2009. "Criminalising HIV Transmission: Punishment without Protection." *Reproductive Health Matters* 17, no. 34 (November): 119–126.

Browne, Ken. 2006. *Introducing Sociology for AS-Level.* 2ª ed. Cambridge, Reino Unido: Polity Press.

Buckley, Stephen. 1997. "Wife Inheritance Spurs AIDS Rise in Kenya." *The Washington Post*, 8 de noviembre de 1997. http://www.washingtonpost.com/wp-srv/inatl/longterm/africanlives/kenya/kenya_aids.htm.

Burchardt, Marian. 2007. "Managing Risks through Solidarity? HIV/AIDS and the Organisation of Support in South Africa." Working Paper 19, School of Social Policy, Sociology and Social Research, Universidad de Kent, Canterbury, Reino Unido. https://www.kent.ac.uk/scarr/publications/Burchardt.pdf.

Burgueño, Eduardo, Silvia Carlos, Cristina Lopez-Del Burgo, Alfonso Osorio, Maria Stozek, Adolphe Ndarabu, Philémon Muamba, Philomene Tshisuaka, y Jokin De Irala. 2017. "Forced Sexual Intercourse and Its Association with HIV Status among People Attending HIV Voluntary Counseling and Testing in a Healthcare Center in Kinshasa (DRC)." *PLOS One* 12 (12): e0189632. https://doi.org/10.1371/journal.pone.0189632.

Burke, Jacquelyn. 2015. "Discretion to Warn: Balancing Privacy Rights with the Need to Warn Unaware Partners of Likely HIV/AIDS Exposure." *Boston College Journal of Law and Social Justice* 35 (1): 89–116. http://lawdigitalcommons.bc.edu/jlsj/vol35/iss1/5.

Burki, Talha Khan. 2011. "Discrimination against People with HIV Persists in China." *The Lancet* 377, no. 9762 (January): 286–287.

Bury, Mike, and Lee F. Monaghan. 2013. "The Sick Role." En *Key Concepts in Medical Sociology*, 2ª ed., editado por Jonathan Gabe y Lee F. Monaghan, 91–95. Londres: Sage.

Byrne, Deirdre. 2018. "Analysing the Nightmare: Reflections on Rape Culture in South Africa." 3 de agosto de 2018. En *Cultures of Sexual Assault: A Symposium*, produced by the Australian National University's Gender Institute, Podcast. MP4 audio, 37:16. http://genderinstitute.anu.edu.au/analysing-nightmare-reflections-rape-culture-south-africa.

Cabal, Luisa, y Patrick Eba. 2017. "Learning from the Past: Confronting Legal, Social, and Structural Barriers to the HIV Response." *Health and Human Rights Journal* 19, no. 2 (December): 113–115. http://www.jstor.org/stable/90016118.

Cabassi, Julia. 2004. *Renewing Our Voice: Code of Good Practice for NGOs Responding to HIV/AIDS.* Ginebra: The NGO HIV/AIDS Code of Practice Project. https://www.who.int/3by5/partners/NGOcode/en.

Cairns, James, ed. 2008. *Combating HIV and AIDS Related Stigma, Denial and Discrimination: A Training Guide for Religious Leaders.* Nueva York, NY: Religions for Peace. http://rfp.org/node/61.

Cameron, Edwin. 2009. "Criminalization of HIV Transmission: Poor Public Health Policy." *HIV/AIDS Policy & Law Review* 14, no. 2 (December): 1, 63–75.

Canguilhem, Georges. 1966. *Le Normal et le Pathologique.* París: Presses Universitaires de France.

Caraël, M., L. Curran, E. Gacad, E. Gnaore, R. Harding, B. M. Mandofia, A. Schauss, M. Stahlhofer, S. Timberlake, y M. Ummel. 2000. *Protocol for the Identification of Discrimination against People Living with HIV.* Ginebra: Joint United Nations Programme on HIV and AIDS.

Carnaghi, Andrea, Rosanna Trentin, Mara Cadinu, y Valentina Piccoli. 2011. "Recasting the HIV-Risk Perception in a Social Context: The Interplay between Group-Based Information and Mood." *International Review of Social Psychology*, 24 (4): 59–71.

Carr, Dara, Traci Eckhaus, Laura Brady, Charlotte Watts, Cathy Zimmerman, y Laura Nyblade. 2010. *Scaling Up the Response to HIV Stigma and Discrimination.* Londres: International Center for Research on Women and London School of Hygiene and Tropical Medicine. https://www.icrw.org/publications/scaling-up-the-response-to-hiv-stigma-and-discrimination/.

CDC (Centers for Disease Control and Prevention). 1982a. "A Cluster of Kaposi's Sarcoma and Pneumocystis Carinii Pneumonia among Homosexual Male Residents of Los Angeles and Orange Counties, California." *Morbidity and Mortality Weekly Report* 31, no. 23 (June): 305–307. https://www.cdc.gov/mmwr/preview/mmwrhtml/00001114.htm.

CDC (Centers for Disease Control and Prevention). 1982b. "Epidemiologic Notes and Reports Possible Transfusion-Associated Acquired Immune Deficiency Syndrome (AIDS) – California." *Morbidity and Mortality Weekly Report* 31, no. 48 (December): 652–654. https://www.cdc.gov/mmwr/preview/mmwrhtml/00001203.htm.

CDC (Centers for Disease Control and Prevention). 1982c. "Opportunistic Infections and Kaposi's Sarcoma among Haitians in the United States." *Morbidity and Mortality Weekly Report* 31, no. 26 (July): 353–354, 360–361. https://www.cdc.gov/mmwr/preview/mmwrhtml/00001123.htm.

CDC (Centers for Disease Control and Prevention). 2019. "Effectiveness of Prevention Strategies to Reduce the Risk of Acquiring or Transmitting HIV." Division of HIV/AIDS Prevention, National Center for HIV/AIDS, Viral Hepatitis, STD, and TB Prevention. Última modificación: 12 de noviembre de 2019. https://www.cdc.gov/hiv/risk/estimates/preventionstrategies.html.

Chapman, Jenifer, Nena do Nascimento, y Mahua Mandal. 2019. "Role of Male Sex Partners in HIV Risk of Adolescent Girls and Young Women in Mozambique." *Global Health: Science and Practice* 7, no. 3 (September): 435–446. https://doi.org/10.9745/GHSP-D-19-00117.

Cheek, Randy B. 2000. *A Generation at Risk: Security Implications of the HIV/AIDS Crisis in Southern Africa.* Washington, DC: Institute for National Strategic Studies, National Defence University.

Cheek, Randy B. 2001. "Playing God with HIV: Rationing HIV Treatment in Southern Africa." *African Security Review* 10 (4): 19–27.

Chemaitelly, Hiam, Helen A. Weiss, Clara Calvert, Manale Harfouche, y Laith J. Abu-Raddad. 2019. "HIV Epidemiology among Female Sex Workers and Their Clients in the Middle East and North Africa: Systematic Review, Meta-Analyses, and Meta-Regressions." *BMC Medicine* 17: 119. https://doi.org/10.1186/s12916-019-1349-y.

Chemical and Biological Arms Control Institute and Center for Strategic and International Studies. 2000. *Contagion and Conflict: Health as a Global Security Challenge.* Washington, DC: Chemical and Biological Arms Control Institute and Center for Strategic and International Studies.

Chen, Amy Jong. 2016. "HIV-Specific Criminal Law: A Global Review." *Intersect: The Stanford Journal of Science, Technology, and Society* 9, no. 3 (Spring). http://ojs.stanford.edu/ojs/index.php/intersect/article/view/829.

Chen, Yea-Hung, H. Fisher Raymond, Willi McFarland, y Hong-Ha M. Truong. 2010. "HIV Risk Behaviors in Heterosexual Partnerships: Female Knowledge and Male Behavior." *AIDS Behavior* 14, no. 1 (February): 87–91.

Chendi, Bih Hycenta, Marie Claire Okomo Assoumou, Graeme Brendon Jacobs, Elsie Laban Yekwa, Emilia Lyonga, Martha Mesembe, Agnes Eyoh, y George Mondinde Ikomey. 2019. "Rate of Viral Load Change and Adherence of HIV Adult Patients Treated with Efavirenz or Nevirapine Antiretroviral Regimens at 24 and 48 Weeks in Yaoundé, Cameroon: A Longitudinal Cohort Study." *BMC Infectious Diseases* 19: 194. https://doi.org/10.1186/s12879-019-3824-7.

Chi, Peilian, and Xiaoming Li. 2013. "Impact of Parental HIV/AIDS on Children's Psychological Well-Being: A Systematic Review of Global Literature." *AIDS and Behavior* 17, no. 7 (September): 2554–2574.

Chikovani, Ivdity, Ketevan Goguadze, Ivana Bozicevic, Natia Rukhadze, y George Gotsadze. 2013. "Determinants of Risky Sexual Behavior among Injecting Drug Users (IDUs) in Georgia." AIDS and Behavior 17, no. 5 (June): 1906–1913.

Chingwaru, Walter, y Jerneja Vidmar. 2018. "Culture, Myths and Panic: Three Decades and Beyond with an HIV/AIDS Epidemic in Zimbabwe." *Global Public Health* 13, no. 2 (February): 249–264. https://doi.org/10.1080/17441692.2016.1215485.

Chirambo, Kondwani. 2004. *AIDS and Electoral Democracy: Applying a New Lens to Election Coverage.* Pretoria: Institute for Democracy in Southern Africa.

Choi, Susanne Y. P., y Eleanor Holroyd. 2007. "The Influence of Power, Poverty and Agency in the Negotiation of Condom Use for Female Sex Workers in Mainland China." *Culture, Health & Sexuality* 9 (5): 489–503.

Chowdhury, Ishita, y Mark M. Lanier. 2012. "Rape and HIV as Methods of Waging War: Epidemiological Criminology's Response." *Advances in Applied Sociology* 2, no. 1 (March): 47–52.

Churcher, Sian. 2013. "Stigma Related to HIV and AIDS as a Barrier to Accessing Health Care in Thailand: A Review of Recent Literature." *WHO South-East Asia Journal of Public Health* 2, no. 1 (January-March): 12–22.

Cilliers, Jakkie. 2004. *Human Security in Africa: A Conceptual Framework for Review.* Pretoria: African Human Security Initiative.

Cipolla, Costantino. 2002a. "Introduzione. Per un Approccio Correzionale alla Qualità Sociale della Salute." En *Valutare la Qualità in Sanità. Approcci,*

Metodologie e Strumenti, editado por Costantino Cipolla, Guido Giarelli y Leonardo Altieri, 12–13. Milán: Franco Angeli.

Cipolla, Costantino. 2002b. "Introduzione." In *Trasformazione dei Sistemi Sanitari e Sapere Sociologico*, editado por Costantino Cipolla, 22. Milán: Franco Angeli.

Clair, Matthew, Caitlin Daniel, y Michèle Lamont. 2016. "Destigmatisation and Health: Cultural Constructions and the Long-Term Reduction of Stigma". *Social Science & Medicine* 165 (September): 223–232.

Cluver, Lucie, y Don Operario. 2008. "Inter-generational Linkages of AIDS: Vulnerability of Orphaned Children for HIV Infection." *Institute of Development Studies Bulletin* 39, no. 5 (November): 27–35.

Coalition to Stop the Use of Child Soldiers. 1999. *The Use of Children as Soldiers, a Growing Phenomenon.* Londres: Coalition to Stop the Use of Child Soldiers.

Cohen, Mary Ann, Michael J. Mugavero, y Elise Hall. 2017. "HIV Psychiatry – A Paradigm for Integrated Care." En *Comprehensive Textbook of AIDS Psychiatry: A Paradigm for Integrated Care*, 2ª ed., editado por Mary Ann Cohen, Jack M. Gorman, Jeffrey M. Jacobson, Paul Volberding y Scott L. Letendre, 3–18. Nueva York, NY: Oxford University Press.

Cohn, Susan E., y Rebecca A. Clark. 2014. "Human Immunodeficiency Virus Infection in Women." En *Mandell, Douglas, and Bennett's Principles and Practice of Infectious Diseases*, 8ª ed., editado por John E. Bennett, Raphael Dolin y Martin J. Blaser, 1590–1615. Filadelfia, PA: Elsevier Saunders.

Conroy, Sarah J. 2011. "Women's Inheritance and Conditionality in the Fight against AIDS." *Wisconsin International Law Journal* 28 (4): 705–741.

Coombs, Alexandra, y Elizabeth Gold. 2019. *Generating Demand for PrEP: A Desk Review.* Arlington, VA: Strengthening High Impact Interventions for an AIDS-free Generation (AIDSFree) Project. https://www.jsi.com/resource/generating-demand-for-prep-a-desk-review/.

Cree, Viviene E., Helen Kay, Kay Tisdall, y Jennifer Wallace. 2004. "Stigma and Parental HIV." *Qualitative Social Work* 3, no. 1 (March): 7–25.

Crofts, Nick, y David Patterson. 2016. "Police Must Join the Fast Track to End AIDS by 2030." *Journal of the International AIDS Society* 19, no. 4 Suppl. 3 (July): 21153. https://doi.org/10.7448/IAS.19.4.21153.

Crofts, Nick, y Melissa Jardine. 2016. "The Role of the Police in the HIV Response: The Law Enforcement and HIV Network (LEAHN)." *HIV Australia* 14, no. 1 (March): 9-11. https://www.afao.org.au/article/role-police-hiv-response-law-enforcement-hiv-network-leahn/.

Crowell, Nancy A., y Ann W. Burgess, eds. 1996. *Understanding Violence against Women.* Washington, DC: National Academic Press.

Curran, James W., y Harold W. Jaffe. 2011. "AIDS: The Early Years and CDC's Response." *Morbidity and Mortality Weekly Report Supplements* 60, no. 4 (October): 64–69. https://www.cdc.gov/mmwr/preview/mmwrhtml/su6004a11.htm.

Dana, Liyuwork Mitiku, Yohannes Mehretie Adinew, y Mitike Molla Sisay. 2019. "Transactional Sex and HIV Risk among Adolescent School Girls in Ethiopia: Mixed Method Study." *BioMed Research International* 2019: 4523475. https://doi.org/10.1155/2019/4523475

Dannreuther, Charlie, y Rohit Lekhi. 2000. "Globalization and the Political Economy of Risk." *Review of International Political Economy* 7, no. 4 (Winter): 574–594.

David, Antonio C., y Carmen A. Li. 2010. "Exploring the Links between HIV/AIDS, Social Capital and Development." *Journal of International Development* 22, no. 7 (October): 941–961.

Davis, Joseph E. 2010. "Medicalization, Social Control, and the Relief of Suffering." En *The New Blackwell Companion to Medical Sociology*, editado por William C. Cockerham, 211–241. Oxford: Wiley-Blackwell.

De Cock, Kevin M., Mary Glenn Fowler, Eric Mercier, Isabelle de Vincenzi, Joseph Saba, Elizabeth Hoff, David J. Alnwick, Martha Rogers, y Nathan Shaffer. 2000. "Prevention of Mother-to-Child HIV Transmission in Resource-Poor Countries: Translating Research into Policy and Practice." *JAMA* 283, no. 9 (March): 1175–1182. https://doi.org/10.1001/jama.283.9.1175.

de Waal, Alex, Jennifer Klot, y Mahajan Manjari. 2009. *HIV/AIDS, Security and Conflict: New Realities, New Responses*. Nueva York, NY: Social Science Research Council.

Deacon, Harriet, Inez Stephney, y Sandra Prosalendis. 2005. *Understanding HIV/AIDS Stigma: A Theoretical and Methodological Analysis*. Ciudad del Cabo: Human Sciences Research Council Press.

Decker, Michele R., Amanda D. Latimore, Suzumi Yasutake, Miriam Haviland, Saifuddin Ahmed, Robert W. Blum, Freya Sonenstein, y Nan Marie Astone. 2015. "Gender-Based Violence against Adolescent and Young Adult Women in Low-and Middle-Income Countries." *Journal of Adolescent Health* 56, n. 2 (February): 188–196.

Decosas, Josef. 2002. "The Social Ecology of AIDS in Africa." Documento preliminar preparado para el UNRISD Project on HIV/AIDS and Development, United Nations Research Institute for Social Development (UNRISD), Ginebra. http://www.unrisd.org/unrisd/website/document.nsf/(httpPublications)/E 60AAD2EFA4882F4C1256BB8004F2F3F?OpenDocument.

Delva, Wim. 2010. "How Supportive Is the Social Network of AIDS Orphans and Other Orphaned Children in Conakry and N'Zérékoré, Guinea?" *SACEMA Quarterly*, November. http://www.sacemaquarterly.com/aids/how-supportive-is-the-social-network-of-aids-orphans-and-other-orphaned-children-in -conakry-and-n'zerekore-guinea.html.

Department for International Development. 2005. *Why We Need to Work Effectively in Fragile States*. Londres: Department for International Development.

Department of Foreign Affairs and International Trade. 1999. *Human Security: Safety for People in a Changing World*. Ottawa, ON: Department of Foreign Affairs and International Trade

Derlega, Valerian J., y Anita P. Barbee, eds. 1998. *HIV and Social Interaction*. Londres: Sage.

Dijkstra, Hylke, y Anniek De Ruijter. 2017. "The Health-Security Nexus and the European Union: Toward a Research Agenda." *European Journal of Risk Regulation* 8, no. 4 (December): 613–625.

Dingake, Oagile Bethuel Key. 2018. "The State of Human Rights in Relation to Key Populations, HIV and Sexual and Reproductive Health." *Reproductive Health Matters* 26 (52): 46–50.

Dingwall, Robert, Lily M. Hoffman, y Karen Staniland. 2013. "Introduction: Why a Sociology of Pandemics?" *Sociology of Health & Illness* 35, no. 2 (February): 167–173.

Diouf, Khady, y Nawal Nour. 2013. "Female Genital Cutting and HIV Transmission: Is There an Association?" *American Journal of Reproductive Immunology* 69, no. Suppl. 1 (February): S45–S50.

Dlamini, Bathabile. 2016. "Forced Virginity-Testing Is Unlawful and Offensive, and Will Not Prevent HIV-AIDS." *Daily Maverick*, 2 de febrero de 2016. https://www.dailymaverick.co.za/opinionista/2016-02-02-forced-virginity-testing-is-unlawful-and-offensive-and-will-not-prevent-hiv-aids/.

Do, Mai, y Dominique Meekers. 2009. "Multiple Sex Partners and Perceived Risk of HIV Infection in Zambia: Attitudinal Determinants and Gender Differences." *AIDS Care* 21 (10): 1211–1221.

Doerner, William G., y Steven P. Lab. 2015. *Victimology*. 7ª ed. Nueva York, NY: Routledge.

Douek, Daniel C., Mario Roederer, y Richard A. Koup. 2009. "Emerging Concepts in the Immunopathogenesis of AIDS." *Annual Review of Medicine* 60: 471–484.

Doyle, Priscilla, Jane Sixsmith, Margaret Mary Barry, Samir Akram Mahmood, Laura MacDonald, Maeve O'Sullivan, C. Oroviogoichoechea, Georgina Anne Cairns, Francisco Guillén-Grima, y Jorge Maria Núñez-Córdoba. 2012. *Public Health Stakeholders' Perceived Status of Health Communication Activities for the Prevention and Control of Communicable Diseases across the EU and EEA/EFTA Countries*. Estocolmo: European Centre for Disease Prevention and Control. https://aran.library.nuigalway.ie/handle/10379/4585.

Drakes, Nicole, Clarissa Perks, Alok Kumar, Kim Quimby, Colin Clarke, Rajul Patel, Ian Hambleton, y Robert Clive Landis. 2013. "Prevalence and Risk Factors for Inter-Generational Sex: A Cross-Sectional Cluster Survey of Barbadian Females Aged 15–19." *BMC Women's Health* 13: 53. https://doi.org /10.1186/1472-6874-13-53.

Duger, Angela, Sarah Dougherty, Till Baeringhausen, y Ralf Jurgens. 2013. "HIV, AIDS, and Human Rights." En *Health and Human Rights Resource Guide*, 5ª ed., editado por Angela Duger, 94-178. Boston, MA: François-Xavier Bagnoud Center for Health and Human Rights, Harvard University. https://www.hhrguide.org.

Duke, Thomas Scott. 2007. "Hidden, Invisible, Marginalized, Ignored: A Critical Review of the Professional and Empirical Literature (or Lack Thereof) on Gay and Lesbian Teachers in the United States." *Journal of Gay and Lesbian Issues in Education* 4 (4): 19–38.

Dunkle, Kristin L., Rachel K. Jewkes, Heather C. Brown, Glenda E. Gray, James A. McIntryre, y Siobán D. Harlow. 2004. "Gender-Based Violence, Relationship Power, and Risk of HIV Infection in Women Attending Antenatal Clinics in South Africa." *The Lancet* 363, no. 9419 (May): 1415–1421.

Durkheim, David Émile. 1895. *Les Règles de la Méthode Sociologique*. París: Alcan.

Earnshaw, Valerie A., y R. Stephenie Chaudoir. 2009. "From Conceptualizing to Measuring HIV Stigma: A Review of HIV Stigma Mechanism Measures." *AIDS and Behavior* 13, no. 6 (December): 1160–1177.

Eaton, Jeffrey W., Felicia R. Takavarasha, Christina Schumacher, Owen Mugurungi, Geoffrey P. Garnett, Constance Nyamukapa, y Simon Gregson. 2014. "Trends in Concurrency, Polygyny, and Multiple Sex Partnerships During a Decade of

Declining HIV Prevalence in Eastern Zimbabwe." *The Journal of Infectious Diseases* 210, Suppl. 2 (December): S562–S568.

Eba, Patrick M. 2015. "HIV-Specific Legislation in Sub-Saharan Africa: A Comprehensive Human Rights Analysis." *African Human Rights Law Journal* 15 (2): 224–262.

Elbe, Stefan. 2006. "Should HIV/AIDS Be Securitized? The Ethical Dilemmas of Linking HIV/AIDS and Security." *International Studies Quarterly* 50, no. 1 (March): 119–144.

Elbe, Stefan. 2008. "Risking Lives: AIDS, Security and Three Concepts of Risk." *Security Dialogue* 39, no. 2-3 (April/June): 177–198.

Elder, Kay, Doris Baker, y Julie A. Ribes. 2004. *Infections, Infertility, and Assisted Reproduction*. Cambridge: Cambridge University Press.

Elias, Robert. 1986. *The Politics of Victimization: Victims, Victimology and Human Rights*. Nueva York, NY: Oxford University Press.

Ellard-Gray, Amy, Nicole K. Jeffrey, Melisa Choubak, y Sara E. Crann. 2015. "Finding the Hidden Participant: Solutions for Recruiting Hidden, Hard-to-Reach, and Vulnerable Populations." *International Journal of Qualitative Methods* 14, no. 5 (December): 1–10.

Ellsberg, Mary, y Lori Heise. 2005. *Researching Violence against Women: A Practical Guide for Researchers and Activists*. Washington, DC: World Health Organization and Program for Appropriate Technology in Health.

EngenderHealth. 2004. *Reducing Stigma and Discrimination Related to HIV and AIDS: Training for Health Care Workers*. Nueva York, NY: EngenderHealth.

Enoch, Jamie, y Peter Piot. 2017. "Human Rights in the Fourth Decade of the HIV/AIDS Response: An Inspiring Legacy and Urgent Imperative." *Health and Human Rights Journal* 19, no. 2 (December): 117–122. https://www.jstor.org/stable/90016119.

Epstein, Helen, y Rackel Jewkes. 2009. "The Myth of the Virgin Rape Myth." *The Lancet* 374, no. 9699 (October): 1419.

Erb-Leoncavallo, Ann, Gill Holmes, Gloria Jacobs, Stephanie Urdang, Joann Vanek, y Micol Zarb. 2004. *Women and HIV/AIDS: Confronting the Crisis*. Ginebra y Nueva York, NY: Joint United Nations Programme on HIV and AIDS, United Nations Development Programme and United Nations Development Fund for Women. https://gcwa.unaids.org/external-resource/unaids-unfpa-unifem-women-and-hivaids-confronting-crisis.

Evatt, Bruce L. 2006. "The Tragic History of AIDS in the Hemophilia Population 1982-1984." *Journal of Thrombosis and Haemostasis* 4, no. 11 (November): 2295–2301.

Fairchild, Amy L., y Eileen A. Tynan. 1994. "Policies of Containment: Immigration in the Era of AIDS." *American Journal of Public Health* 84, no. 12 (December): 2011–2022.

Fallon, Amy. 2018. "South Africa Pushes to Combat HIV among Girls #Blessed by Sugar Daddies." Reuters. Última modificación: 26 de marzo de 2018. https://www.reuters.com/article/us-safrica-women-aids/south-africa-pushes-to-combat-hiv-among-girls-blessed-by-sugar-daddies-idUSKBN1H2031.

Family Health International. 2001. *Care for Orphans, Children Affected by HIV/AIDS and Other Vulnerable Children: A Strategic Framework*. Arlington, VA: Family Health International. http://hivhealthclearinghouse.unesco.org/library/

documents/care-orphans-children-affected-hivaids-and-other-vulnerable-children-strategic.

Faria, Fernanda. 2011. "Fragile States: A Fluid Concept for Peacebuilding and Statebuilding." NOREF Policy Brief 3 (July), Norwegian Peacebuilding Resource Centre (NOREF), Oslo. https://noref.no/Publications/Themes/Peacebuilding-and-mediation/Fragile-states-a-fluid-concept-for-peacebuilding-and-state-building.

Farmer, Paul. 1992. *AIDS and Accusation: Haiti and the Geography of Blame.* Berkeley, CA: University of California Press.

Farrington, David P. 1986. "Age and crime." In *Crime and Justice: An Annual Review of Research,* vol. 7, editado por Michael Tonry y Norval Morris, 189–250. Chicago, IL: University of Chicago Press.

Farrington, John. 2003. "HIV/AIDS and Development." Documento de antecedentes 21, Overseas Development Institute, Londres. https://www.odi.org/publications/2323-hiv-aids-development?reduced=true.

Fattah, Ezzat A. 1991. *Understanding Criminal Victimization: An Introduction to Theoretical Victimology.* Scarborough, ON: Prentice-Hall Canada.

Fauk, Nelsensius Klauk, Anastasia Suci Sukmawati, Pius Almindu Leki Berek, Ernawati, Elisabeth Kristanti, Sri Sunaringsih Ika Wardojo, Isaias Budi Cahaya, y Lillian Mwanri. 2018. "Barriers to HIV Testing among Male Clients of Female Sex Workers in Indonesia." *International Journal for Equity in Health* 17: 68. https://doi.org/10.1186/s12939-018-0782-4.

Ferris, Margaret G., Michael B. Mizwa, y Gordon E. Schutze. 2010. "Prevention of Sexual Transmission of HIV/AIDS." En *HIV Curriculum for the Health Professional,* 4th ed., edited by Gabe Waggoner, 120-127. Houston, TX: Baylor College of Medicine International Pediatric AIDS Initiative, Texas Children's Hospital. https://bipai.org/hiv-curricula.

Finerman, Ruth, y Linda A. Bennett. 1995. "Overview: Guilt, Blame and Shame in Sickness." *Social Science & Medicine* 40, no. 1 (January): 1–3.

Fisher, Jeffrey D., y Laramie Smith. 2009. "Secondary Prevention of HIV Infection: The Current State of Prevention for Positives." *Current Opinion in HIV and AIDS* 4, no. 4 (July): 279–287.

Fishman, Hannah R. 2013. "HIV Confidentiality and Stigma: A Way Forward." *University of Pennsylvania Journal of Constitutional Law* 16 (1): 199–231. https://scholarship.law.upenn.edu/jcl/vol16/iss1/5.

Flanagan, Jane. 2001. "South African Men Rape Babies as 'Cure' for AIDS." *The Telegraph,* November 11, 2001. https://www.telegraph.co.uk/news/world news/africaandindianocean/southafrica/1362134/South-African-men-rape-babies-as-cure-for-Aids.html.

Flavin, Jeanne. 1998. "Police and HIV/AIDS: The Risk, the Reality, the Response." *American Journal of Criminal Justice* 23, no. 1 (September): 33–58.

Fleming, Kathryn E. 2015. "Improving Access to Education for Orphans or Vulnerable Children Affected by HIV/AIDS." Background Paper Prepared for the Education for All Global Monitoring Report 2015, Education for All 2000–2015: Achievements and Challenges, United Nations Educational, Scientific and Cultural Organization, París. https://unesdoc.unesco.org/ark:/48223/pf0000232423.

Flint, Adrian. 2011. *HIV/AIDS in Sub-Saharan Africa: Politics, Aid and Globalization.* Basingstoke, Reino Unido: Palgrave Macmillan.

Florom-Smith, Aubrey L., y Joseph P. De Santis. 2012. "Exploring the Concept of HIV-Related Stigma." *Nursing Forum* 47, no. 3 (July-September): 153–165.

Foucault, Michel. 1999. *Les Anormaux*. París: Éditions du Seuil.

Fourie, Pieter, y Martin Schönteich. 2001. "Africa's New Security Threat: HIV/AIDS and Human Security in Southern Africa." *African Security Review* 10 (4): 29–41.

Fox, Ashley M. 2014. "Marital Concurrency and HIV Risk in 16 African Countries." *AIDS and Behavior* 18, 4 (April): 791–800.

Fox, Vivian C. 2002. "Historical Perspectives on Violence against Women." *Journal of International Women's Studies* 4 (1): 15-34. http://vc.bridgew.edu/jiws/vol4/iss1/2.

Fraser, Sandy. 2015. "Explainer: Behind the Scourge of Child Rape in South Africa." The Conversation. Last modified June 29, 2015. https://theconversation.com/explainer-behind-the-scourge-of-child-rape-in-south-africa-43436.

Fredriksen-Goldsen, Karen I., Jane M. Simoni, Hyun-Jun Kim, Keren Lehavot, Karina L. Walters, Joice Yang, Charles P. Hoy-Ellis, y Anna Muraco. 2014. "The Health Equity Promotion Model: Reconceptualization of Lesbian, Gay, Bisexual, and Transgender (LGBT) Health Disparities." *American Journal of Orthopsychiatry* 84, no. 6 (November): 653–663.

Freidson, Eliot. 1970. *Profession of Medicine: A Study of the Sociology of Applied Knowledge*. Nueva York, NY: Harper and Row.

Fulu, Emma, Xian Warner, Stephanie Miedema, Rachel Jewkes, Tim Roselli, y James Lang. 2013. *Why Do Some Men Use Violence against Women and How Can We Prevent It? Quantitative Findings from the United Nations Multi-Country Study on Men and Violence in Asia and the Pacific*. Bangkok: United Nations Development Programme, United Nations Population Fund, United Nations Entity for Gender Equality and the Empowerment of Women and United Nations Volunteers. http://www.partners4prevention.org/node/515.

Furedi, Frank. 2004. *Therapy Culture: Cultivating Vulnerability in an Uncertain Age*. Londres: Routledge.

Fustos, Kata. 2011. "Gender-Based Violence Increases Risk of HIV/AIDS for Women in Sub-Saharan Africa." Population Reference Bureau. Última modificación: 12 de abril de 2011. https://www.prb.org/gender-based-violence-hiv/.

Gable, Lance, Katharina Gamharter, Lawrence O. Gostin, James G. Hodge Jr., y Rudolf V. Van Puymbroeck. 2007. *Legal Aspects of HIV/AIDS: A Guide for Policy and Law Reform*. Washington, DC: World Bank. https://openknowledge.worldbank.org/handle/10986/6754.

Garcia, Patricia M., Leslie A. Kalish, Jane Pitt, Howard Minkoff, Thomas C. Quinn, Sandra K. Burchett, Janet Kornegay, Brooks Jackson, John Moye, Celine Hanson, Carmen Zorrilla, y Judy F. Lew. 1999. "Maternal Levels of Plasma Human Immunodeficiency Virus Type 1 RNA and the Risk of Perinatal Transmission." *New England Journal of Medicine* 341, no. 6 (August): 394–402.

Garcia-Moreno, Claudia, Christina Pallitto, Karen Devries, Heidi Stöckl, Charlotte Watts, y Naeema Abrahams. 2013. *Global and Regional Estimates of Violence against Women: Prevalence and Health Effects of Intimate Partner Violence and Non-Partner Sexual Violence*. Ginebra: Organización Mundial de la Salud. https://www.who.int/reproductivehealth/publications/violence/9789241564625/en/.

Garkawe, Sam. 2004. "Revising the Scope of Victimology: How Broad a Discipline Should It Be?" *International Review of Victimology* 11, no. 2/3 (November): 275–294.

Garsd, Jasmine, y Andrea Crossan. 2017. "What It Means in South Africa When You Are #Blessed." Public Radio International. Última modificación: 10 de agosto de 2017. https://www.pri.org/stories/2017-08-10/what-it-means-south-africa-when-you-are-blessed.

Gbadamosi, Olaide. 2008. "Female Genital Mutilation: A Life-Threatening Health and Human Rights Issue." *Exchange on HIV/AIDS, Sexuality and Gender*, no. 1: 1–3.

Geary, David C. 2000. "Evolution and Proximate Expression of Human Paternal Investment." *Psychological Bulletin* 126, no. 1 (January): 55–77.

George, Erika R. 2008. "Virginity Testing and South Africa's HIV/AIDS Crisis: Beyond Rights Universalism and Cultural Relativism toward Health Capabilities." *California Law Review* 96, no. 6 (December): 1447–1517. https://scholarship.law.berkeley.edu/californialawreview/vol96/iss6/2/.

Ghanotakis, Elena, Susannah Mayhew, and Charlotte Watts. 2009. "Tackling HIV and Gender-Based Violence in South Africa: How Has PEPFAR Responded and What Are the Implications for Implementing Organizations?" *Health Policy and Planning* 24, no. 5 (September): 357–366.

Ghys, Peter D., Brian G. Williams, Mead Over, Timothy B. Hallett, y Peter Godfrey-Faussett. 2018. "Epidemiological Metrics and Benchmarks for a Transition in the HIV Epidemic." *PLOS Medicine* 15, no. 10 (October): e1002678. https://doi.org/10.1371/journal.pmed.1002678.

Giddens, Anthony, Mitchell Duneier, Richard P. Appelbaum, y Debora Carr. 2009. *Introduction to Sociology.* 7ª ed. Nueva York, NY: W. W. Norton & Company.

Giddens, Anthony. 1992. *The Transformation of Intimacy: Sexuality, Love and Eroticism in Modern Societies.* Stanford, CA: Stanford University Press.

Gill, Aisha K. 2008. "'Crimes of Honour' and Violence against Women in the UK." *International Journal of Comparative and Applied Criminal Justice* 32 (2): 243–263.

Gillespie, Stuart. 2006. *Children Vulnerability and AIDS: Case Studies from Southern Africa.* Washington, DC: International Food Policy Research Institute. https://www.ifpri.org/publication/child-vulnerability-and-aids.

Gillespie, Susan L., Mary E. Paul, Javier Chinen, y William T. Shearer. 2013. "HIV Infection and Acquired Immunodeficiency Syndrome." En *Clinical Immunology: Principles and Practice*, 4ª ed., editado por Robert R. Rich, Thomas A. Fleisher, William T. Shearer, Harry W. Schroeder Jr., Anthony J. Frew y Cornelia M. Weyand, 465–479. Filadelfia, PA: Elsevier Saunders.

Goffman, Erving. 1959. *The Presentation of Self in Everyday Life.* Nueva York, NY: Anchor Books.

Goffman, Erving. 1963. *Stigma: Notes on the Management of Spoiled Identity.* Englewood Cliffs, NJ: Prentice-Hall.

Goh, Debbie. 2008. "It's the Gays' Fault: News and HIV as Weapons against Homosexuality in Singapore." *Journal of Communication Inquiry* 32, no. 4 (October): 383–399.

Goldstein, Richard. 1991. "The Implicated and the Immune: Responses to AIDS in the Arts and Popular Culture." En *A Disease of Society: Cultural and*

Institutional Responses to AIDS, edited by Dorothy Nelkin, David P. Willis y Scott V. Parris, 17-42. Nueva York, NY: Cambridge University Press.

Gomes do Espirito Santo, Maria Eugenia, y Gina D. Etheredge. 2005. "Male Clients of Brothel Prostitutes as a Bridge for HIV Infection between High Risk and Low Risk Groups of Women in Senegal." *Sexually Transmitted Infections* 81, no. 4 (August): 342–344.

Gordon, David F. 2000. *The Global Infectious Disease Threat and Its Implications for the United States*. NIE 99-17D. Washington, DC: National Intelligence Council. https://www.dni.gov/files/documents/infectiousdiseases_2000.pdf.

Gordon, David F. 2002. *The Next Wave of HIV/AIDS: Nigeria, Ethiopia, Russia, India, and China*. ICA 2002-04 D. Washington, DC: National Intelligence Council. https://apps.dtic.mil/dtic/tr/fulltext/u2/a511661.pdf.

Gori, Luca, Piero Manfredi, y Mauro Sodini. 2019. "HIV/AIDS, Demography and Development: Individual Choices Versus Public Policies in SSA." En *Human Capital and Economic Growth: The Impact of Health, Education and Demographic Change*, editado por Alberto Bucci, Klaus Prettner y Alexia Prskawetz, 323–356. Cham, CH: Palgrave Macmillan.

Govender, Prega. 1999. "Child Rape: A Taboo within the AIDS Taboo." *Sunday Times*, April 4, 1999. http://www.aegis.com/news/suntimes/1999/ST990401.html.

Gqola, Pumla Dineo. 2015. *Rape: A South African Nightmare*. Johannesburg: MFBooks Joburg.

Gram, Inger T., Tonje Braaten, Eiliv Lund, Loic Le Marchand, y Elisabete Weiderpass. 2009. "Cigarette Smoking and Risk of Colorectal Cancer among Norwegian Women." *Cancer Causes & Control* 20, no. 6 (August): 895–903.

Grassivaro Gallo, Pia, Marica Livio, y Franco Viviani. 2004. "Changes in Infibulation Practice in East Africa: Comments on a Ritual Alternative to Infibulation in Merka, Somalia." En *Flesh and Blood: Perspectives on the Problem of Circumcision in Contemporary Society*, editado por George C. Denniston, Frederick M. Hodges and Marilyn Fayre Milos, 133–142. Nueva York, NY: Kluwer Academic/Plenum Publishers.

Green, Edward C., y Allison Herling Ruark. 2011. *AIDS, Behavior, and Culture: Understanding Evidence-Based Prevention*. Walnut Creek, CA: Left Coast Press.

Green, Geoff, Jan M. Gilbertson, y Michael F.J. Grimsley. 2002. "Fear of Crime and Health in Residential Tower Blocks: A Case Study in Liverpool, UK." *European Journal of Public Health* 12, no. 1 (March): 10–15.

Greenblott, Kara, and Kate Greenaway. 2007. *Food Security and Nutrition: Meeting the Needs of Orphans and Other Children Affected by HIV and AIDS in Africa*. Roma: World Food Programme. http://www.wfp.org/food_aid/doc/Food_Security_and_Nutrition_Meeting.pdf.

Grigsby, Byron L. 2004. *Pestilence in Medieval and Early Modern English Literature*. Nueva York, NY: Routledge.

Groce, Nora E., y Reshma Trasi. 2004. "Rape of Individuals with Disability: AIDS and the Folk Belief of Virgin Cleansing." *The Lancet* 363, no. 9422 (May): 1663–1664.

Gruskin, Sofia, y Daniel Tarantola. 2008. "Universal Access to HIV Prevention, Treatment and Care: Assessing the Inclusion of Human Rights in

International and National Strategic Plans." *AIDS* 22, no. Suppl. 2 (August): S123–S132.

Gündüz, Zuhal Yeşilyurt. 2006. "The HIV/AIDS Epidemic - What's Security Got to Do with It?" *Perceptions* 11, no. 2 (Summer): 49–84. http://sam.gov.tr/the-hivaids-epidemic-whats-security-got-to-do-with-it/.

Gunga, Samson O. 2009. "The Politics of Widowhood and Re-Marriage among the Luo of Kenya." *Thought and Practice* 1 (1): 161–174.

Haber, Lawrence D., y Richard T. Smith. 1971. "Disability and Deviance: Normative Adaptations of Role Behavior." *American Sociological Review* 36, no.1 (February): 87–97.

Hadingham, Jenny. 2000. "Human Security and Africa: Polemic Opposites." *South African Journal of International Affairs* 7 (2): 113–121.

Halasz, Jacek. 2018. "About the Right to Be Ill." *Medicine, Health Care, and Philosophy* 21, no. 1 (March): 113–123.

Hall, Katherine, y Winnie Sambu. 2018. "Income Poverty, Unemployment and Social Grants." In *South African Child Gauge 2018. Children, Families and the State: Collaboration and Contestation*, edited by Katherine Hall, Linda Richter, Zitha Mokomane and Lori Lake, 137–143. Cape Town: Children's Institute, University of Cape Town. http://www.ci.uct.ac.za/ci/child-gauge/2018.

Halperin, Daniel T., Stephen Shiboski, Joel Palefsky, y Nancy Padian. 2002. "High Level of HIV-1 Infection from Anal Intercourse: A Neglected Risk Factor in Heterosexual AIDS Prevention." Póster presentado en la XIV International AIDS Conference, Barcelona.

Harper, Cynthia C., y Sara S. McLanahan. 2004. "Father Absence and Youth Incarceration." *Journal of Research on Adolescence* 14, no. 3 (September): 369–397.

Harrisberg, Kim. 2019. "Rape Map and Murdered Women - Welcome to South Africa's Republic of Sexual Abuse." Reuters. Última modificación: 10 de diciembre de 2019. https://www.reuters.com/article/us-safrica-rape-exhibition-trfn/rape-map-and-murdered-women-welcome-to-south-africas-republic-of-sexual-abuse-idUSKBN1YE2FT.

Harsono, Dini, Carol L. Galletly, Elaine O'Keefe, y Zita Lazzarini. 2017. "Criminalization of HIV Exposure: A Review of Empirical Studies in the United States." *AIDS and Behavior* 21, no. 1 (January): 27–50.

Hassen, Fatuma, y Ngussie Deyassa. 2013. "The Relationship between Sexual Violence and Human Immunodeficiency Virus (HIV) Infection among Women Using Voluntary Counseling and Testing Services in South Wollo Zone, Ethiopia." *BMC Research Notes* 6: 271. https://doi.org/10.1186/1756-0500-6-271.

Hatzenbuehler, Mark L., Jo C. Phelan, y Bruce G. Link. 2013. "Stigma as a Fundamental Cause of Population Health Inequalities." *American Journal of Public Health* 103, no. 5 (May): 813–821.

Heiberg, Turid, ed. 2005. *10 Essential Learning Points: Listen and Speak Out against Child Sexual Abuse of Girls and Boys*. Oslo: Save The Children Norway. https://resourcecentre.savethechildren.net/library/listen-and-speak-out-against-sexual-abuse-boys-and-girls-10-essential-learning-points-global.

Heidarnia, Mohmmad Ali, y Ali Heidarnia. 2016. "Sick Role and a Critical Evaluation of Its Application to Our Understanding of the Relationship between Physician and Patients." *Novelty in Biomedicine* 4, no. 3 (Summer): 126–134.

Hein, Wolfgang, Sonja Bartsch, and Lars Kohlmorgen, eds. 2007. *Global Health Governance and the Fight against HIV/AIDS*. Basingstoke, Reino Unido: Palgrave Macmillan.

Heinecken, Lindy. 2001. "Living in Terror: The Looming Security Threat to Southern Africa." *African Security Review* 10 (4): 7–17.

Helman, Cecil G. 2007. *Culture, Health and Illness: An Introduction for Health Professionals*. 5th ed. Londres: Hodder Arnold.

Hendrick, Clyde, y Susan S. Hendrick, eds. 2000. *Close Relationships: A Sourcebook*. Thousand Oaks, CA: Sage.

Herek, Gregory M. 1986. "The Instrumentality of Attitudes: Towards a Neo-Functional Theory." *Journal of Social Issues* 42, no. 2 (Summer): 99–114.

Herek, Gregory M. 1999. "AIDS and Stigma." *American Behavioral Scientist* 42, no. 7 (April): 1106–1116.

Herek, Gregory M. 2002. "Thinking about AIDS and Stigma: A Psychologist's Perspective." *The Journal of Law, Medicine & Ethics* 30, no. 4 (December): 594–607.

Herek, Gregory M. 2009. "Sexual Stigma and Sexual Prejudice in the United States: A Conceptual Framework." En *Contemporary Perspectives on Lesbian, Gay, and Bisexual Identities: The 54th Nebraska Symposium on Motivation*, editado por Debra A. Hope, 65–111. Nueva York, NY: Springer.

Herek, Gregory M., y Erik K. Glunt. 1988. "An Epidemic of Stigma: Public Reactions to AIDS." *American Psychologist* 43, no. 11 (November): 886–891.

Herek, Gregory M., y John P. Capitanio. 1998. "Symbolic Prejudice or Fear of Infection? A Functional Analysis of AIDS-Related Stigma among Heterosexual Adults." *Basic and Applied Social Psychology* 20 (3): 230–241.

Heuveline, Patrick. 2004. "Impact of the Epidemic on Population and Household Structure: The Dynamics and Evidence to Date." *AIDS* 18, no. Suppl. 2 (June): S45–S53.

Heyman, Bob, Mette Henriksen, y Karen Maughan. 1998. "Probabilities and Health Risks: A Qualitative Approach." *Social Science & Medicine* 47, no. 9 (November): 1295–1306.

Hicks, Esther K. 1996. *Infibulation: Female Mutilation in Islamic Northeastern Africa*. New Brunswick, NJ: Transaction Publishers.

Highleyman, Liz. 2011. "HIV Eradication: Time to Talk about a Cure." *Bulletin of Experimental Treatment for AIDS* 23, no. 2 (Winter-Spring): 13–27.

Hlatshaneni, Simnikiwe. 2019. "Rape 'Pushes up Number of HIV Infections, Also among Children'." *The Citizen*, 27 de noviembre de 2019. https://citizen.co.za/news/south-africa/health/2211070/rape-pushes-up-number-of-hiv-infections-also-among-children/.

Holloway, Linda. 2014. "HIV/AIDS." En *Encyclopedia of Social Deviance*, vol. 1, editado por Craig J. Forsyth and Heith Copes, 327–329. Thousand Oaks, CA: Sage.

Hood, Johanna. 2013. "AIDS Phobia (aizibingkongjuzheng) and the People Who Panic about AIDS (kong'aiZu): The Consequences of HIV Representations in China." En *HIV in World Cultures: Three Decades of Representations*, editado por Gustavo Subero, 203–234. Farnham, Reino Unido: Ashgate.

Hope, Ruth. 2007. *Addressing Cross-Generational Sex: A Desk Review of Research and Programs*. Washington, DC: Population Reference Bureau. https://www.

igwg.org/resources/addressing-cross-generational-sex-a-desk-review-of-research-and-programs/.

Hubert, Don. 1999. "Human Security: Safety for People in a Changing World." Documento presentado en la Regional Conference on the Management of African Security in the Twenty-First Century, Nigerian Institute of International Affairs, Lagos, Nigeria, 23–24 June 1999.

Hugo, Nicola. 2012. "Virginity Testing and HIV/AIDS: Solution or Human Rights Violation." Polity.org.za. Última modificación: 19 de julio de 2012. http://www.polity.org.za/article/virginity-testing-and-hivaids-solution-or-human-rights-violation-2012-07-19.

Husbands, Winston, Jessica Cattaneo, Lydia Makoroka, Rui Pires, Jocelyn Watchorn, y Jessica Whitbread. 2012. *HIV-Related Stigma: Synthesis Paper.* Toronto, ON: AIDS Committee of Toronto. http://www.actoronto.org/research.nsf/pages/act.research.0390.

Iacob, Simona, Iacob Diana G., y Gheorghita Jugulete. 2017. "Improving the Adherence to Antiretroviral Therapy, a Difficult but Essential Task for a Successful HIV Treatment-Clinical Points of View and Practical Considerations." *Frontiers in Pharmacology* 8, no. 831 (November). https://doi.org/10.3389/fphar.2017.00831.

Icard, Larry D. 2008. "Reaching African-American Men on the 'Down Low': Sampling Hidden Populations: Implications for HIV Prevention." *Journal of Homosexuality* 55 (3): 437–449.

ICF Macro. 2010. *AIDS Indicator Survey: Interviewer's Manual.* Calverton, MD: ICF Macro. https://dhsprogram.com/pubs/pdf/AISM1/AIS_Interviewer's_Manual_28Dec2010.pdf.

Institute for Security Studies and Malawi Institute for Management. 2003. *HIV/AIDS and Attrition: Assessing the Impact on the Safety, Security and Access to Justice in Malawi.* Pretoria: Institute for Security Studies.

Institute of Medicine, Board on Children, Youth, and Families, Board on Global Health, Committee for the Evaluation of the President's Emergency Plan for AIDS Relief (PEPFAR) Implementation, Jamie Sepúlveda, Charles Carpenter, James Curran, William Holzemer, Helen Smits, Kimberly Scott, and Michele Orza, eds. 2007. *PEPFAR Implementation: Progress and Promise.* Washington, DC: National Academies Press.

Interagency Coalition on AIDS and Development. 2006. *Best Practices for Care of Children Orphaned by AIDS.* Ottawa, ON: Interagency Coalition on AIDS and Development. http://www.icad-cisd.com/pdf/Orphans_FS_EN.pdf.

International HIV/AIDS Alliance and Vasavya Mahila Mandali. 2004. *Moving Forward: A Report on Pioneering Responses to Children Affected by HIV/AIDS in Andhra Pradesh, India.* Hove, Reino Unido: International HIV/AIDS Alliance. https://www.streetchildren.org/resources/moving-forward-a-report-on-pioneering-responses-to-children-affected-by-hivaids-in-andhra-pradesh-india/.

Israel, Ellen, Carlos Laudari, y Cecilia Simonetti. 2008. *HIV Prevention, among Vulnerable Populations: The Pathfinder International Approach.* Pathfinder International Technical Guidance Series Number 6. Watertown, MA: Pathfinder International. https://www.pathfinder.org/publications/hiv-prevention-among-vulnerable-populations-pathfinder-approach/.

Jadhav, Apoorva, Parinita Bhattacharjee, Thalinja Raghavendra, James Blanchard, Stephen Moses, Shajy Isac, y Shiva S. Halli. 2013. "Risky Behaviors among HIV-

Positive Female Sex Workers in Northern Karnataka, India." *AIDS Research and Treatment* 2013: 878151. http://dx.doi.org/10.1155/2013/878151.

Jamieson, Lucy, Lizette Berry, y Lori Lake. 2017. "Transforming South Africa: A Call to Action." In *South African Child Gauge 2017*, edited by Lucy Jamieson, Lizette Berry and Lori Lake, 91–95. Ciudad del Cabo: Children's Institute, University of Cape Town. http://www.ci.uct.ac.za/ci/child-gauge/2017.

Jenness, Samuel M., Elizabeth M. Begier, Alan Neaigus, Christopher S. Murrill, Travis Wendel, y Holly Hagan. 2011. "Unprotected Anal Intercourse and Sexually Transmitted Diseases in High-Risk Heterosexual Women." *American Journal of Public Health* 101, no. 4 (April): 745–750.

Jewkes, Rachel K., Kristin Dunkle, Mzikazi Nduna, and Nwabisa Shai. 2010a. "Intimate Partner Violence, Relationship Power Inequity, and Incidence of HIV Infection in Young Women in South Africa: A Cohort Study." *The Lancet* 376, no. 9734 (July): 41–48.

Jewkes, Rachel K., Kristin Dunkle, Mzikazi Nduna, P. Nwabisa Jama, y Adrian Puren. 2010b. "Associations between Childhood Adversity and Depression, Substance Abuse and HIV & HSV2 Incident Infections in Rural South African Youth." *Child Abuse & Neglect* 34, no. 11 (November): 833–841.

Jewkes, Rachel, y Naeemah Abrahams. 2000. *Violence against Women in South Africa: Rape and Sexual Coercion*. Pretoria: Crime Prevention Research Resources Centre, Council for Scientific and Industrial Research.

Jewkes, Rachel, Naeemah Abrahams, Shanaaz Mathews, Mohammed Seedat, Ashley Van Niekerk, Shanaaz Suffla, y Kopano Ratele. 2009. "Preventing Rape and Violence in South Africa: Call for Leadership in a New Agenda for Action." MRC Policy Brief 2, South African Medical Research Council, Pretoria.

Jewkes, Rachel. 2004. "Child Sex Abuse and HIV Infection." En *Sexual Abuse of Young Children in Southern Africa*, editado por Linda M. Richter, Andrew Dawes y Craig Higson-Smith, 130–142. Ciudad del Cabo: Human Sciences Research Council Press.

Johnson, Shannon. 2019. "How Long Can a Person Live with HIV?" Medical News Today. Última modificación: 30 de enero de 2019. https://www.medicalnews today.com/articles/324321.

Jones, Nancy Lee. 2003. "The Americans with Disabilities Act (ADA): Statutory Languages and Recent Issues." En *The Americans with Disabilities Act (ADA): Overview, Regulations and Interpretations*, editado por Nancy Lee Jones, 85-126. Hauppauge, NY: Nova Science Publishers.

Jönsson, Christer. 2010. "Coordinating Actors in the Fight against HIV/AIDS: From 'Lead Agency' to Public-Private Partnerships." En *Democracy and Public-Private Partnerships in Global Governance*, editado por Magdalena Bexell y Ulrika Mörth, 167–189. Basingstoke, UK: Palgrave Macmillan.

Jörgens, Viktor, and Monika Grüsser. 2013. "Happy Birthday, Claude Bernard." *Diabetes* 62, no. 7 (July): 2181–2182.

Jürgens, Ralf, y Jonathan Cohen. 2009. *Human Rights and HIV/AIDS: Now More Than Ever - 10 Reasons Why Human Rights Should Occupy the Center of the Global AIDS Struggle*. 4ª ed. Nueva York, NY: Open Society Law and Health Initiative. https://www.opensocietyfoundations.org/publications/human-rights-and-hiv aids-now-more-ever.

Jürgens, Ralf, Manfred Nowak, y Marcus Day. 2011. "HIV and Incarceration: Prisons and Detention." *Journal of the International AIDS Society* 14, no 1 (January): 26. https://doi.org/10.1186/1758-2652-14-26.

Kabeer, Naila. 2014. "Violence against Women as 'Relational' Vulnerability Engendering the Sustainable Human Development Agenda." Occasional Paper, Human Development Report Office. http://hdr.undp.org/en/content/violence-against-women-%E2%80%98relational%E2%80%99-vulnerability-engendering-sustainable-human-development.

Kalichman, Seth C., Dolly Ntseane, Keitseope Nthomang, Mosarwa Segwabe, Odireleng Phorano, y Leickness C. Simbayi. 2007. "Recent Multiple Sexual Partners and HIV Transmission Risks among People Living with HIV/AIDS in Botswana." *Sexually Transmitted Infections* 83, no. 5 (August): 371–375.

Kalichman, Seth C., Steven D. Pinkerton, Michael P. Carey, Demetria Cain, Vuyelwa Mehlomakulu, Kate B. Carey, Leickness Chisamu Simbayi, Kelvin Mwaba, y Ofer Harel. 2011. "Heterosexual Anal Intercourse and HIV Infection Risks in the Context of Alcohol Serving Venues, Cape Town, South Africa." *BMC Public Health* 11: 807. https://doi.org/10.1186/1471-2458-11-807.

Kalra, Gurvinder, y Dinesh Bhugra. 2013. "Sexual Violence against Women: Understanding Cross-Cultural Intersections." *Indian Journal of Psychiatry* 55, no. 3 (July-September): 244–249.

Kane, Stephanie. 1994. "Sacred Deviance and AIDS in a North American Buddhist Community." *Law and Policy* 16, no. 3 (July): 323–339.

Kaplan, Adriana, Mary Forbes, Isabelle Bonhoure, Mireia Utzet, Miguel Martín, Malick Manneh, y Haruna Ceesay. 2013. "Female Genital Mutilation/Cutting in the Gambia: Long-Term Consequences and Complications during Delivery and for the Newborn." *International Journal of Women's Health* 5: 323–331. https://doi.org/10.2147/IJWH.S42064.

Karanja, Daniel Njoroge. 2003. *Female Genital Mutilation in Africa*. Maitland, FL: Xulon Press.

Kazatchkine, Cécile. 2010. "Criminalizing HIV Transmission or Exposure: The Context of Francophone West and Central Africa." *HIV/AIDS Policy & Law Review* 14, no. 3 (June): 1, 5–12.

Keetile, Mpho. 2014. "High-Risk Behaviors among Adult Men and Women in Botswana: Implications for HIV/AIDS Prevention Efforts." *SAHARA-J: Journal of Social Aspects of HIV/AIDS* 11 (1): 158–166.

Kelly, Jeffrey A., y Seth C. Kalichman 2002. "Behavioral Research in HIV/AIDS Primary and Secondary Prevention: Recent Advances and Future Directions." *Journal of Consulting and Clinical Psychology* 70, no. 3 (June): 626–639.

Keown, Mary Katherine. 2007. "Health Activists Link Spread of HIV-AIDS to FGM." Women's eNews. Última modificación: 10 de Agosto de 2007. http://womensenews.org/2007/08/health-activists-link-spread-hiv-aids-fgm/.

Kershaw, Robert J. 2008. *The impact of HIV/AIDS on the Operational Effectiveness of Military Forces*. ASCI Research Report 4. Nueva York, NY: AIDS, Security and Conflict Initiative. http://asci.researchhub.ssrc.org/working-papers/Kershaw.pdf.

Kharsany, Ayesha B. M., y Quarraisha A. Karim. 2016. "HIV Infection and AIDS in Sub-Saharan Africa: Current Status, Challenges and Opportunities." *The Open AIDS Journal* 10: 34–48. https://doi.org/10.2174/1874613601610010034.

Kidd, Ross, and Sue Clay. 2003. *Understanding and Challenging HIV Stigma: Toolkit for Action*. Washington, DC: International Center for Research on Women. https://www.icrw.org/publications/understanding-and-challenging-hiv-stigma -toolkit-for-action/.

Killianova, Tereza. 2013. "Risky Behavior." En *Encyclopedia of Behavioral Medicine*, editado por Marc D. Gellman y J. Rick Turner. Nueva York, NY: Springer. Acceso: 4 de mayo de 2010. https://doi.org/10.1007/978-1-4419-1005-9_1551.

Kim, Young Soo. 2015. "World Health Organization and Early Global Response to HIV/AIDS: Emergence and Development of International Norms." *Journal of International and Area Studies* 22, no. 1 (June): 19–40. http://www.jstor.org/stable /43490278.

Kirby, Douglas, Robyn Dayton, Kelly L'Engle, y Allison Pricke. 2012. *Promoting Partner Reduction: Helping Young People Understand and Avoid HIV Risks from Multiple Partnerships*. Durham, NC: FHI 360. https://www.fhi360.org/resource/ promoting-partner-reduction-helping-young-people-understand-and-avoid-hiv-risks-multiple.

Klouman, Elise, Rachel Manongi, y Knut-Inge Klepp. 2005. "Self-Reported and Observed Female Genital Cutting in Rural Tanzania: Associated Demographic Factors, HIV and Sexually Transmitted Infections." *Tropical Medicine & International Health* 10, no. 1 (January): 105–115.

Knipscheer, Jeroen, Erick Vloeberghs, Anke van der Kwaak, y Maria van den Muijsenbergh. 2015. "Mental Health Problems Associated with Female Genital Mutilation." *BJPsych Bulletin* 39, no. 6 (December): 273–277.

Knox, Michael D., y Tiffany Chenneville. 2006. "Prevention and Education Strategies." En *Psychiatric Aspects of HIV/AIDS*, editado por Francisco Fernandez y Pedro Ruiz, 395–403. Filadelfia, PA: Lippincott Williams & Wilkins.

Kontomanolis, Emmanuel N., Spyridon Michalopoulos, Grigorios Gkasdaris, y Zacharias Fasoulakis. 2017. "The Social Stigma of HIV-AIDS: Society's Role." *HIV/AIDS - Research and Palliative Care* 9: 111-118. https://doi.org/10.2147/HIV. S129992.

Koon-Magnin, Sarah. 2014. "National Crime Victimization Survey." En *Encyclopedia of Social Deviance*, vol. 2, editado por Craig J. Forsyth y Heith Copes, 457–458. Thousand Oaks, CA: Sage.

Krishnan, Suneeta, Megan S. Dunbar, Alexandra M. Minnis, Carol A. Medlin, Caitlin E. Gerdts, y Nancy S. Padian. 2008. "Poverty, Gender Inequities, and Women's Risk of Human Immunodeficiency Virus/AIDS." *Annals of the New York Academy of Sciences* 1136, no. 1 (June) 101–110.

Larsen, Pamela D., Patricia Ryan Lewis, y Ilene Morof Lubkin. 2006. "Illness Behavior and Roles." En *Chronic Illness: Impact and Intervention*, 6ª ed., editado por Ilene Morof Lubkin y Pamela D. Larsen, 23-44. Sudbury, MA: Jones and Bartlett Publishers.

Lasco, Chanté. 2002. "Virginity Testing in Turkey: A Violation of Women's Human Rights." *Human Rights Brief* 9 (3): 10–13. http://digitalcommons.wcl.american. edu/hrbrief/vol9/iss3/3.

Lata, Swaran, y Shikha Verma. 2013. "Mental Health of HIV/AIDS Orphans: A Review." *Journal of AIDS and HIV Research* 5, no. 12 (December): 455–467. https://doi.org/10.5897/JAHR2013.0271.

Laurie, Roberta. 2015. *Weaving a Malawi Sunrise: A Woman, a School, a People.* Edmonton, AB: University of Alberta Press.

Lawson, Erica, Fauzia Gardezi, Liviana Calzavara, Winston Husbands, Ted Myers, y Wangari Esther Tharao. 2006. *HIV/AIDS Stigma, Denial, Fear and Discrimination: Experiences and Responses of People from African and Caribbean Communities in Toronto.* Toronto, ON: African and Caribbean Council on HIV/AIDS in Ontario and HIV Social, Behavioural and Epidemiological Studies Unit, Universidad de Toronto. https://tspace.library.utoronto.ca/handle/1807/10304.

Leclerc-Madlala, Suzanne. 2001. "Virginity Testing: Managing Sexuality in a Maturing HIV/AIDS Epidemic." *Medical Anthropology Quarterly* 15, no. 4 (December): 533–552.

Leclerc-Madlala, Suzanne. 2003. "Protecting Girlhood? Virginity Revivals in the Era of AIDS." *Agenda* 17 (56): 16–25.

Leclerc-Madlala, Suzanne. 2008. "Sugar Daddies and HIV: Is It Really about Money, Money, Money?" *HSRC Review* 6, no. 3 (September): 11–12.

Leclerc-Madlala, Suzanne. 2010. "Virginity Testing: Managing Sexuality in a Maturing HIV/AIDS epidemic." En *Perspectives on Africa: A Reader in Culture, History and Representation,* 2ª ed., editado por Roy Richard Grinker, Stephen C. Lubkemann y Christopher B. Steiner, 411–422. Oxford: Wiley-Blackwell.

Lee, Rachel S., Arlene Kochman, y Kathleen J. Sikkema. 2002. "Internalized Stigma among People Living with HIV/AIDS." *AIDS and Behavior* 6, no. 4 (December): 309–319.

Leggett, Ted. 2002. "Everyone's an Inspector: The Crisis of Rank Inflation and the Decline of Visible Policing." *South African Crime Quarterly,* no. 1 (July): 23–26.

Lehman, J. Stan, Meredith H. Carr, Allison J. Nichol, Alberto Ruisanchez, David W. Knight, Anne E. Langford, Simone C. Gray, y Jonathan H. Mermin. 2014. "Prevalence and Public Health Implications of State Laws That Criminalize Potential HIV Exposure in the United States." *AIDS and Behavior* 18, no. 6 (June): 997–1006.

Lemelle Jr., Anthony J., Charlene Harrington, y Allen J. LeBlanc. 1999. *Readings in the Sociology of AIDS.* Upper Saddle River, NJ: Prentice-Hall.

Lemert, Edwin H. 1951. *Social Pathology: A Systematic Approach to the Theory of Sociopathic Behavior.* Nueva York, NY: McGraw-Hill.

Levi, Jacob, Alice Raymond, Anton Pozniak, Pietro Vernazza, Philipp Kohler, y Andrew Hill. 2016. "Can the UNAIDS 90-90-90 Target Be Achieved? A Systematic Analysis of National HIV Treatment Cascades." *BMJ Global Health* 1, no. 2 (August): e000010. http://dx.doi.org/10.1136/bmjgh-2015-000010.

Levy, Neil. 2018. "Responsibility as an Obstacle to Good Policy: The Case of Lifestyle Related Disease." *Journal of Bioethical Inquiry* 15, no. 3 (September): 459–468.

Lewis, Nathalie M., Greta R. Bauer, Todd A. Coleman, Soraya Blot, Daniel Pugh, Meredith Fraser, y Leanne Powell. 2015. "Community Cleavages: Gay and Bisexual Men's Perceptions of Gay and Mainstream Community Acceptance in the Post-AIDS, Post-Rights Era." *Journal of Homosexuality* 62 (9): 1201–1227.

Li, Li, Zunyou Wu, Sheng Wu, Manhong Jia, Eli Lieber, y Yao Lu. 2008. "Impacts of HIV/AIDS Stigma on Family Identity and Interactions in China." *Families, Systems and Health* 26, no. 4 (December): 431–442.

Li, Ying, Caitlin M. Marshall, Hilary C. Rees, Annabelle Nunez, Echezona E. Ezeanolue, y John E. Ehiri. 2014. "Intimate Partner Violence and HIV Infection among Women: A Systematic Review and Meta-Analysis." *Journal of the International AIDS Society* 17, no. 1 (January): 18845. https://doi.org/10.7448/IA S.17.1.18845.

Lichtenstein, Bronwen. 2005. "Domestic Violence, Sexual Ownership, and HIV Risk in Women in the American Deep South." *Social Science & Medicine* 60, no. 4 (February): 701–714.

Lin, Xiuyun, Guoxiang Zhao, Xiaoming Li, Bonita Stanton, Liying Zhang, Yan Hong, Junfeng Zhao, y Xiaoyi Fang. 2010. "Perceived HIV Stigma among Children in a High HIV-Prevalence Area in Central China: Beyond the Parental HIV-Related Illness and Death." *AIDS Care* 22 (5): 545–555.

Lloyd, Mary Elizabeth. 2008. *AIDS Orphans Rising: What You Should Know and What You Can Do to Help Them Succeed.* Ann Arbor, MI: Loving Healing Press.

Loeber, Rolf, y Magda Stouthamer-Loeber. 1986. "Family Factors as Correlates and Predictors of Juvenile Conduct Problems and Delinquency". En *Crime and Justice: An Annual Review of Research*, vol. 7, editado por Michael Tonry y Norval Morris, 29–149. Chicago, IL: University of Chicago Press.

Loewenson, Rene, y Alan Whiteside. 2001. "HIV/AIDS: Implications for Poverty Reduction." Documento de antecedentes preparado para el Programa de las Naciones Unidas para el Desarrollo para el período extraordinario de sesiones de la Asamblea General de las Naciones Unidas sobre el VIH / SIDA, 25-27 de junio de 2001, Nueva York.

Loftspring, Rachel C. 2007. "Inheritance Rights in Uganda: How Equal Inheritance Rights Would Reduce Poverty and Decrease the Spread of HIV/AIDS in Uganda." *University of Pennsylvania Journal of International Law* 29 (1): 243–281. https://scholarship.law.upenn.edu/jil/vol29/iss1/5.

Longman, Chia, y Gily Coene. 2015. "Harmful Cultural Practices and Minority Women in Europe: From Headscarf Bans to Forced Marriages and Honour Related Violence." En *Interrogating Harmful Cultural Practices: Gender, Culture and Coercion*, editado por Chia Longman y Tamsin Bradley, 51–66. Farnham, Reino Unido: Ashgate.

Loosli, B. Clarence. 2004. *Traditional Practices and HIV Prevention in Sub-Saharan Africa.* Ginebra: Geneva Foundation for Medical Education and Research. https://www.gfmer.ch/GFMER_members/pdf/Traditional_HIV_Loosli.pdf.

Loutfy, Mona R., Carmen H. Logie, Yimeng Zhang, Sandra L. Blitz, Shari L. Margolese, Wangari E. Tharao, Sean B. Rourke, Sergio Rueda, y Janet M. Raboud. 2012. "Gender and Ethnicity Differences in HIV-Related Stigma Experienced by People Living with HIV in Ontario, Canada." *PLOS One* 7 (12): e48168. https://doi.org/10.1371/journal.pone.0048168.

Luke, Nancy. 2005. "Confronting the 'Sugar Daddy' Stereotype: Age and Economic Asymmetries and Risky Sexual Behavior in Urban Kenya." *International Family Planning Perspectives* 31, no. 1 (March): 6–14.

Luthy-Kaplan, Katrina. 2015. "An Epidemic of Child Rape in Khayelitsha." Global Health NOW. Última modificación: 1 de julio de 2015. https://www.globalhealth now.org/2015-07/epidemic-child-rape-khayelitsha.

Luz, Paula M, Benjamin Osher, Beatriz Grinsztejn, Rachel L. Maclean, Elena Losina, Madeline E. Stern, Claudio J. Struchiner, Robert A. Parker, Kenneth A. Freedberg, Fabio Mesquita, Rochelle P. Walensky, Valdilea G. Veloso, y A. David Paltiel. 2018. "The Cost-Effectiveness of HIV Pre-Exposure Prophylaxis in Men Who Have Sex with Men and Transgender Women at High HIV Infection in Brazil." *Journal of the International AIDS Society* 21, no. 3 (March): e25096. https://doi.org/10.1002/jia2.25096.

Luz, Paula M., Valdilea G Veloso, y Beatriz Grinsztejn. 2019. "The HIV Epidemic in Latin America: Accomplishments and Challenges on Treatment and Prevention." *Current Opinion in HIV and AIDS* 14, no. 5 (September): 366–373.

Machisa, Mercilene, Rachel Jewkes, Colleen Lowe Morna, y Kubi Rama. 2011. *The War at Home: Gender Based Violence Indicators Project. Gauteng Research Report, South Africa.* Johannesburgo: Gender Links and South African Medical Research Council. http://genderlinks.org.za/programme-web-menu/publications/the-war-at-home-gbv-indicators-project-2011-08-16/.

Machisa, Mercilene, Ruxana Jina, Gerard Labuschagne, Lisa Vetten, Lizle Loots, Sheena Swemmer, Bonita Meyersfeld, y Rachel Jewkes. 2017. *Rape Justice in South Africa: A Retrospective Study of the Investigation, Prosecution and Adjudication of Reported Rape Cases from 2012.* Pretoria: Gender and Health Research Unit, South African Medical Research Council. http://www.mrc.ac.za/reports/rape-justice-south-africa-retrospective-study-investigation-prosecution-and-adjudication.

Macia, Manuel, Pranitha Maharaj, y Ashley Gresh. 2011. "Masculinity and Male Sexual Behaviour in Mozambique." *Culture, Health & Sexuality* 13 (10): 1181–1192.

Madiba, Sphiwe, y Nomsa Ngwenya. 2017. "Cultural Practices, Gender Inequality and Inconsistent Condom Use Increase Vulnerability to HIV Infection: Narratives from Married and Cohabiting Women in Rural Communities in Mpumalanga Province, South Africa." *Global Health Action* 10 (Suppl. 2): 55–62.

Maleche, Allan, y Emma Day. 2011. "Traditional Cultural Practices and HIV: Reconciling Culture and Human Rights." Documento de trabajo preparado para la tercera reunión del Grupo Asesor Técnico de la Comisión Mundial sobre el VIH y el Derecho, 7-9 de julio de 2011. http://www.hivlawcommission.org/index.php/workingpapers?task=document.viewdoc&id=102.

Maman, Suzanne, Jacquelyn Campbell, Michael D. Sweat, y Andrea C. Gielen. 2000. "The Intersections of HIV and Violence: Directions for Future Research and Interventions." *Social Science & Medicine* 50, no. 4 (February): 459–478.

Mampane, Johannes N. 2018. "Exploring the 'Blesser and Blessee' Phenomenon: Young Women, Transactional Sex, and HIV in Rural South Africa." *Sage Open* 8, no. 4 (October-December): 1–9. https://doi.org/10.1177/2158244018806343.

Manning, Ryann. 2002. "HIV/AIDS and Democracy: What Do We Know?" En *HIV/AIDS, Economics and Governance in South Africa: Key Issues in Understanding Response*, editado por Kevin Kelly, Warren Parker y Stephen Gelb, 21–36. Johannesburgo: Centre for AIDS Development, Research and Evaluation.

Manning, Wendy D., Peggy C. Giordano, Monica A. Longmore, y Christine M. Flanagan. 2012. "Young Adult Dating Relationships and the Management of Sexual Risk." *Population Research and Policy Review* 31, no. 2 (April): 165–185.

Maphagela, Amy. 2016. "Bitter Themes and Sugar Daddies: Inter-Generational Sex and the Spread of HIV in South Africa." En *Sizonqoba! Outliving AIDS in Southern Africa*, editado por Busani Ngcaweni, 197–220. Pretoria: Africa Institute of South Africa.

Mash, Rachel, y Robert Mash. 2013. "Faith-Based Organisations and HIV Prevention in Africa: A Review." *African Journal of Primary Health Care & Family Medicine* 5 (1): a464. https://doi.org/10.4102/phcfm.v5i1.464.

Maslovskaya, Olga, James Brown, y Sabu S. Padmadas. 2009. "Disentangling the Complex Association between Female Genital Cutting and HIV among Kenyan Women." *Journal of Biosocial Science* 41, no. 6 (November): 815–830.

Masuku, Sibusiso. 2002. "Prevention Is Better Than Cure: Addressing Violent Crime in South Africa." *South African Crime Quarterly*, no. 2 (November): 5–12.

Masuku, Themba. 2007. *An Overview of the Implementation of the SAPS Policy and Five Year (2000–2005) Strategic Plan on HIV and AIDS: The Case of Johannesburg Policing Area*. Johannesburgo: Centre for the Study of Violence and Reconciliation. https://www.csvr.org.za/publications/1501-an-overview-of-the-implementation-of-the-saps-policy-a-five-year-2000-2005-strategic-plan-on-hiv-a-aids-the-case-of-the-johannesburg-policing-area.

Mattes, Robert. 2003. "Health Democracies? The Potential Impact of AIDS on Democracy in Southern Africa." ISS Paper 71, Institute for Security Studies, Pretoria.

Mawar, Nita, Seema Saha, Apoorvaa Pandit, y Uma Patil Mahajan. 2005. "The Third Phase of HIV Pandemic: Social Consequences of HIV/AIDS Stigma and Discrimination and Future Needs." *Indian Journal of Medical Research* 122, no. 6 (December): 471–484.

Mbatha, Blessing. 2013. "AIDS-Related Stigma as a Barrier to HIV and AIDS Prevention, Care and Treatment in South African Public Universities." *Mediterranean Journal of Social Sciences* 4, no. 14 (November): 517–524.

Mburu, Gitau, Mark Limmer, y Paula Holland. 2019. "HIV Risk Behaviours among Women Who Inject Drugs in Coastal Kenya: Findings from Secondary Analysis of Qualitative Data." *Harm Reduction Journal* 16: 10. https://doi.org/10.1186/s12954-019-0281-y.

McGhee, Sarah Theresa. 2012. "Masculinity Sexuality and Soccer: An Exploration of Three Grass Sport-for-Social-Change Organizations in South Africa." Tesis de doctorado, Universidad del Sur de Florida. https://scholarcommons.usf.edu/etd/4368/.

McInnes, Colin. 2006. "HIV/AIDS and Security." *International Affairs (Royal Institute of International Affairs 1944-)* 82, no. 2 (March): 315–326.

Mcloughlin, Claire. 2010. *Topic Guide on Fragile States*. Birmingham, Reino Unido: Governance and Social Development Resource Centre, Universidad de Birmingham.

McNeill, Fraser G. 2011. *AIDS, Politics, and Music in South Africa*. Nueva York, NY: Cambridge University Press.

Médecins Sans Frontières. 2016. *Untreated Violence: The Need for Patient-Centred Care for Survivors of Sexual Violence in the Platinum Mining Belt*. Ciudad del Cabo: Médecins Sans Frontières. https://www.msf.org.za/about-us/publications/reports/untreated-violence.

Medie, Peace A. 2019. "Women and Violence in Africa." En *Oxford Research Encyclopedia of African History.* Oxford: Oxford University Press. Acceso: 21 de abril de 2020. https://doi.org/ 10.1093/acrefore/9780190277734.013.56.

Meel, Banwari Lal. 2003. "The Myth of Child Rape as a Cure for HIV/AIDS in Transkei: A Case Report." *Medicine, Science and the Law* 43, no. 1 (January): 85–88.

Meinck, Franziska, Lucie D. Cluver, Mark E. Boyes, y Elsinah L. Mhlongo. 2015. "Risk and Protective Factors for Physical and Sexual Abuse of Children and Adolescents in Africa: A Review and Implications for Practice." *Trauma, Violence, & Abuse* 16, no. 1 (January): 81–107.

Meini, Bruno, y Mara Tognetti Bordogna. 2018. "The Impact of HIV-Related Stigma on Children Orphaned by AIDS or Living with Seropositive Care givers." *International Review of Sociology* 28 (3): 541–555.

Meini, Bruno, y Mara Tognetti Bordogna. 2019. "The Contribution of Harmful Traditional Practices to HIV Transmission among Adolescent and Adult Females in Sub-Saharan Africa: A Victimological Approach." *International Journal of Gender Studies in Developing Societies* 3 (1): 37–59.

Meini, Bruno. 2008a. "HIV/AIDS, Crime and Security in Southern Africa." *African Journal of Criminology and Justice Studies* 3, no. 2 (Spring): 35–84. https://www.umes.edu/uploadedFiles/_WEBSITES/AJCJS/Content/vol3.2% 20meini%20final1.pdf.

Meini, Bruno. 2008b. "La Relazione tra la Questione Sociale degli Orfani da AIDS e il Crimine." *Nuove Esperienze di Giustizia Minorile/ New Experiences of Juvenile Justice*, no. 3: 23–33.

Meini, Bruno. 2013. "The HIV/AIDS Pandemic: Social Risks and Moral Panic in a Global Context." In *Global Society, Cosmopolitanism and Human Rights*, editado por Vittorio Cotesta, Vincenzo Cicchelli y Mariella Nocenzi, 185–196. Newcastle upon Tyne: Cambridge Scholars Publishing.

Mendelsohn, Benjamin. 1976. "Victimology and Contemporary Society's Trends." *Victimology* 1, no. 1 (Spring): 8–28.

Mishra, Vinod, y Simona Bignami-Van Assche. 2008. *Orphans and Vulnerable Children in High HIV Prevalence Countries in Sub-Saharan Africa.* DHS Analytical Studies 15. Calverton, MD: Macro International Inc. https://dhsprogram.com/ publications/publication-AS15-Analytical-Studies.cfm.

Mkhwanazi, Nolwazi, Tawanda Makusha, Deidre Blackie, Lenore Manderson, Katharine Hall, y Mayke Huijbregts. 2018. "Negotiating the Care of Children and Support for Caregivers." En *South African Child Gauge 2018. Children, Families and the State: Collaboration and Contestation*, editado por Katharine Hall, Linda Richter, Zitha Mokomane y Lori Lake, 70–80. Ciudad del Cabo: Children's Institute, Universidad de Ciudad del Cabo.

Mojapelo, Lebohang. 2016. "Virginity Testing 'Sacred' but Not a Science." Africa Check. Última modificación: 10 de febrero de 2016. https://africacheck.org reports/virginity-testing-sacred-but-not-a-science.

Mokwena, Steve. 1991. "The Era of the Jackrollers: Contextualising the Rise of the Youth Gangs in Soweto." Documento presentado en el Centro para el Estudio de la Violencia y la Reconciliación, Johannesburgo, Sudáfrica, Seminario 7, 30 de octubre. https://www.csvr.org.za/publications/1805-the-era-of-the-jackrollers-contextualising-the-rise-of-the-youth-gangs-in-soweto.

Moletsane, Mokgadi. 2013. "Educational and Psychosocial Effects of AIDS on Orphans from a Previously Disadvantaged South African Township." *Journal of Human Ecology* 44 (3): 297–303.

Monjok, Emmanuel, Ekere J. Essien, y Laurens Holmes. 2007. "Female Genital Mutilation: Potential for HIV Transmission in Sub-Saharan Africa and Prospects for Epidemiologic Investigation and Intervention." *African Journal of Reproductive Health* 11 (1): 33–42.

Moodley, Prevan, y Sumayya Ebrahim. 2019. "#Blesser: A Critical Evaluation of Conceptual Antecedents and the Allure of a Transactional Relationship." *Acta Academica* 51 (2): 21–40.

Mookodi, Godisang. 2004. "Male Violence against Women in Botswana: A Discussion of Gendered Uncertainties in a Rapidly Changing Environment." *African Sociological Review/ Revue Africaine de Sociologie* 8 (1): 118–138.

Morgan, Myfanwy. 2003. "The Doctor-Patient Relationship." En *Sociology as Applied to Medicine*, 5ª ed., editado por Graham Scambler, 55–70. Londres: Saunders.

Morison, Linda, Caroline Scherf, Gloria Ekpo, Katie Paine, Beryl West, Rosalind Coleman, y Gijs Walraven. 2001. "The Long-Term Reproductive Health Consequences of Female Genital Cutting in Rural Gambia: A Community-Based Survey." *Tropical Medicine & International Health* 6, no. 8 (August): 643–653.

Morse, Stephen S. 2001. "Factors in the Emergence of Infectious Diseases." En *Plagues and Politics: Infectious Disease and International Policy*, editado por Andrew T. Price-Smith, 8–26. Basingstoke, Reino Unido: Palgrave Macmillan.

Mtenga, Sally M., Constanze Pfeiffer, Sonja Merten, Masuma Mamdani, Amon Exavery, Joke Haafkens, Marcel Tanner, y Eveline Geubbels. 2015. "Prevalence and Social Drivers of HIV among Married and Cohabitating Heterosexual Adults in South-Eastern Tanzania: Analysis of Adult Health Community Cohort Data." *Global Health Action* 8 (1): 28941. https://doi.org/10.3402/gha.v8.28941.

Mujuzi, Jamil. 2012. "Widow Inheritance in Uganda." En *The International Survey of Family Law: 2012 Edition*, editado por Bill Atkin, 393–403. Bristol: Jordan Publishing.

Mulieri, Ilaria, Flavia Santi, Anna Colucci, Emanuele Fanales Belasio, Pietro Gallo, y Anna Maria Luzi. 2014. "Sex Workers Clients in Italy: Results of a Phone Survey on HIV Risk Behaviour and Perception." *Annali dell'Istituto Superiore di Sanità* 50 (4): 363–368.

Murphy, William D., Emily M. Coleman, y Mary R. Haynes. 1986. "Factors Related to Coercive Sexual Behavior in a Nonclinical Sample of Males." *Violence and Victims* 1 (4): 255–278.

Musariri-Chipatiso, Linda, Violet Nyambo, Mercilene Machisa, y Kevin Chiramba. 2014. *The Western Cape Gender Based Violence Indicators Study*. Johannesburgo: Gender Links.

Musheno, Michael. 1994. "Social-Legal Dynamics of AIDS: Constructing Identities, Protecting Boundaries amidst Crisis." *Law & Policy* 16, no. 3 (July): 235–247.

Muthumbi, Jane, Joar Svanemyr, Elisa Scolaro, Marleen Temmerman, y Lale Say. 2015. "Female Genital Mutilation: A Literature Review of the Current

Status of Legislation and Policies in 27 African Countries and Yemen." *African Journal of Reproductive Health* 19 (3): 32–40.

Mutinta, Given. 2014. "Multiple Sexual Partnerships and Their Underlying Risk Influences at the University of KwaZulu-Natal." *Journal of Human Ecology* 46 (2): 147–155.

Muula, Adamson S., y Joseph M. Mfusto-Bengo. 2004. "Important but Neglected Ethical and Cultural Considerations in the Fight against HIV/AIDS in Malawi." *Nursing Ethics* 11, no. 5 (September): 479–488.

Mwoma, Teresa, y Jace Pillay. 2016. "Educational Support for Orphans and Vulnerable Children in Primary Schools: Challenges and Interventions." *Issues in Educational Research* 26 (1): 82–97. http://www.iier.org.au/iier26/mwoma.pdf.

Nachman, Steven R., y Ginette Dreyfuss. 1986. "Haitians and AIDS in South Florida." *Medical Anthropology Quarterly* 17, no. 2 (February): 32–33.

Nagtegaal, Jackie. 2018. "The Cost of Rape: Seeking Justice in South Africa." *Daily Maverick*, 7 de septiembre de 2018. https://www.dailymaverick.co.za/opinionista/2018-09-07-the-cost-of-rape-seeking-justice-in-south-africa/.

Naidoo, Ruben K., y Karthy Govender. 2011. "Compulsory HIV Testing of Alleged Sexual Offenders: A Human Rights Violation." *South African Journal of Bioethics and Law* 4, no. 2 (December): 95–101. http://www.sajbl.org.za/index.php/sajbl/article/view/126.

Nambiar, Puja, y William R. Short. 2019. "Mechanisms of HIV Transmission." En *Fundamental of HIV Medicine 2019*, edited by W. David Hardy, 21–24. Nueva York, NY: Oxford University Press.

Namey, Emily, Brian Perry, Jennifer Headley, Albert Kouakou Yao, Mariame Louise Ouattara, Coulibaly Shighata, y Michael Ferguson. 2018. "Understanding the Financial Lives of Female Sex Workers in Abidjan, Côte d'Ivoire: Implications for Economic Strengthening Interventions for HIV Prevention." *AIDS Care* 30 (Suppl. 3): 6–17.

Namy, Sophie, Catherine C. Carlson, Kathleen O'Hara, Janet Nakuti, Paul Bukuluki, Julius Lwanyaaga, Sylvia Namakula, Barbrah Nanyunja, Milton L Wainberg, Dipak Naker, y Lori Michau. 2017. "Towards a Feminist Understanding of Intersecting Violence against Women and Children in the Family." *Social Science & Medicine* 184 (July): 40–48.

Nare, Prince. 2013. "Implementing the Right to Post-Exposure Prophylaxis for HIV Prevention in a Broken System: Lessons from a Community-Based Organisation in South Africa." *Diversity and Equality in Health and Care* 10 (4): 231–235. http://diversityhealthcare.imedpub.com/implementing-the-right-to-postexposure-prophylaxis-for-hiv-prevention-in-a-broken-system-lessons-from-a-communitybased-organisation-in-south-africa.pdf.

National AIDS Trust. 2003. "Fact Sheet 3: Examples of HIV-Related Discrimination." The Learning Exchange. Acceso: 6 de marzo de 2020. https://lx.iriss.org.uk/content/examples-hiv-related-discrimination.

National AIDS Trust. 2014. *HIV: A Guide for Police Forces. How to Address in Police Occupational Health Policies and Blood-Borne Virus (BBV) Training*. Londres: National AIDS Trust. https://www.nat.org.uk/publication/hiv-guide-police-forces.

Ndahinda, Felix Mukwiza. 2007. "Victimization of African Indigenous Peoples: Appraisal of Violations of Collective Rights under Victimological and International Law Lenses." *International Journal on Minority and Group Rights* 14 (1): 1–23.

Newburn, Tim. 2017. *Criminology*. 3ª ed. Nueva York, NY: Routledge.

Ngige, Lucy W., Alice. N. Ondigi, y Stephan M. Wilson. 2008. "Family Diversity in Kenya." En *Families in a Global Context*, edited by Charles B. Hennon and Stephan M. Wilson, 207–231. New York, NY: Routledge.

Nicholson, Tamaryn Jane. 2016. "A Call to Action." *Psychology in Society*, no. 52: 121–124.

Nicolosi, Alfredo, Maria Léa Corrêa Leite, Massimo Musicco, Claudio Arici, Giovanna Gavazzeni, y Adriano Lazzarin. 1994. "The Efficiency of Male-to-Female and Female-to-Male Sexual Transmission of the Human Immunodeficiency Virus: A Study of 730 Stable Couples." *Epidemiology* 5, no. 6 (November): 570–575.

Nieweglowski, Katherine, y Patrik W. Corrigan. 2017. "Stigma and Health." En *Oxford Research Encyclopedia of Psychology*, editado por Ada Brunstein y Oliver Braddick. Nueva York, NY: Oxford University Press. https://doi.org/10.1093/acrefore/9780190236557.013.8.

Noroozinejad, Gholamhossein, Mosaieb Yarmohmmadi Vasel, Fatemeh Bazrafkan, Mahmoud Sehat, Majid Rezazadeh, y Khodabakhsh Ahmadi. 2013. "Perceived Risk Modifies the Effect of HIV Knowledge on Sexual Risk Behaviors." *Frontiers in Public Health*, no. 1 (September): 33. https://doi.org/10.3389/fpubh.2013.00033.

Nöstlinger, Christiana, Daniela Rojas Castro, Tom Platteau, Sonia Dias, y Jean Le Gall. 2014. "HIV-Related Discrimination in European Health Care Settings." *AIDS Patient Care and STDs* 28, no. 3 (March): 155–161.

Ntozi, James P. M., Innocent Najjumba Mulindwa, Fred Ahimbisibwe, Natal Ayiga, y Jonathan Odwee. 2003. "Has the HIV/AIDS Epidemic Changed Sexual Behaviour of High Risk Groups in Uganda?" *African Health Sciences* 3 (3): 107–116.

Nwaneri, Onyi. 2019. "Children Are Our Future: Why Do We Rape, Abuse and Kill Them?" *Daily Maverick*, May 29, 2019. https://www.dailymaverick.co.za/article/2019-05-29-children-are-our-future-why-do-we-rape-abuse-and-kill-them/.

Nyblade, Laura, y Kerry MacQuarrie. 2006. *Can We Measure HIV/AIDS-Stigma and Discrimination? Current Knowledge about Quantifying Stigma in Developing Countries*. Washington, DC: United States Agency for International Development. http://www.policyproject.com/pubs/generalreport/Measure%20HIV%20Stigma.pdf.

Ochillo, Marylyn A., Edwin van Teijlingen, y Martin Hind. 2017. "Influence of Faith-Based Organisations on HIV Prevention Strategies in Africa: A Systematic Review." *African Health Sciences* 17 (3): 753–761.

Odu, Bimbola Kemi, y Florence Foluso Akanle. 2008. "Knowledge of HIV/AIDS and Sexual Behaviour among the Youths in South West Nigeria." *International Journal of Tropical Medicine* 3 (4): 79–84.

Office of the US Global AIDS Coordinator. 2012. *Guidance for Orphans and Vulnerable Children Programming*. Washington, DC: Office of the US Global AIDS Coordinator.

Ogbebo, Winifred. 2010. "Africa: Female Genital Mutilation Helps Spread of HIV/AIDS - Obasanjo-Bello." AllAfrica Global Media. Última modificación: 29 de Agosto de 2010. http://allafrica.com/stories/201008300148.html.

Ogden, Jane. 1995. "Psychosocial Theory and the Creation of the Risky Self." *Social Science & Medicine* 40, no. 3 (February): 409–415.

Ogolla, Maurice. 2014. "Levirate Unions in both the Bible and African Cultures: Convergence and Divergence." *International Journal of Humanities and Social Science* 4, no. 10 (1) (August): 287–292.

Ogunbodede, Eyitope O. 2004. "HIV/AIDS Situation in Africa." *International Dental Journal* 54, no. Suppl. 6 (December): 352–360.

OHCHR (Office of the High Commissioner for Human Rights) y UNAIDS (Joint United Nations Programme on HIV/AIDS). 2006. *International Guidelines on HIV/AIDS and Human Rights: 2006 Consolidated Version.* Ginebra: Oficina del Alto Comisionado para los Derechos Humanos y Programa Conjunto de las Naciones Unidas sobre el VIH / SIDA. https://www.ohchr.org/Documents/Issues /HIV/ConsolidatedGuidelinesHIV.pdf.

OHCHR (Office of the High Commissioner for Human Rights) y WHO (World Health Organization). 2008. *Fact Sheet No. 31: The Right to Health.* Ginebra: Oficina del Alto Comisionado para los Derechos Humanos. https://www.refworld. org/docid/4862 5ª742.html.

OHCHR (Office of the High Commissioner for Human Rights). 1995. *Fact Sheet No. 23: Harmful Traditional Practices Affecting the Health of Women and Children.* Ginebra: Oficina del Alto Comisionado para los Derechos Humanos. http://www. refworld.org/docid/479477410.html.

Okello, Elialilia S., Glenn J. Wagner, Bonnie Ghosh-Dastidar, Jeffrey Garnett, Dickens Akena, Noeline Nakasujja, y Seggane Musisi. 2015. "Depression, Internalized HIV Stigma and HIV Disclosure." *World Journal of AIDS* 5, no. 1 (March): 30–40. https://doi.org/10.4236/wja.2015.51004.

O'Mathúna, Dónal, y Walt Larimore. 2006. *Alternative Medicine: The Christian Handbook, Updated and Expanded.* Grand Rapids, MI: Zondervan.

Onyeneho, Nkechi G. 2009. "HIV/AIDS Risk Factors and Economic Empowerment Needs of Female Sex Workers in Enugu Urban, Nigeria." *Tanzania Journal of Health Research* 11, no. 3 (July): 126–135.

Oppenheimer, Gerald M. 1992. "Causes, Cases, and Cohorts: The Role of Epidemiology in the Historical Construction of AIDS." En *AIDS: The Making of a Chronic Disease*, editado por Elizabeth Fee y Daniel M. Fox, 49–83. Berkeley, CA: University of California Press.

Oriji, Christian Chigozi, y Rosemary Ekechukwu. 2015. "Relationship between Cultural Practices and HIV/AIDS Transmission in Rivers State, Nigeria." *European Journal of Research in Social Sciences* 3 (3): 52–60.

Ortblad, Katrina F., Jared M. Baeten, Peter Cherutich, Joyce Njeri Wamicwe, and Judith N. Wasserheit. 2019. "The Arc of HIV Epidemics in Sub-Saharan Africa: New Challenges with Concentrating Epidemics in the Era of 90–90–90." *Current Opinion in HIV and AIDS* 14, no. 5 (September): 354–365.

Ostergard Jr., Robert L. 2002. "Politics in the Hot Zone: AIDS and National Security in Africa." *Third World Quarterly* 23 (2): 333–350.

Outwater, Anne, Naeema Abrahams, y Jacquelyn C. Campbell. 2005. "Women in South Africa: Intentional Violence and HIV/AIDS: Intersections and Prevention." *Journal of Black Studies* 35, no. 4 (March): 135–154.

Overseas Security Advisory Council. 2018. *South Africa 2018 Crime & Safety Report.* Washington, DC: United States Department of State. https://www.osac.gov/Pages/ContentReportDetails.aspx?cid=23940.

Padian, Nancy. S., Stephen C. Shiboski, Sarah O. Glass, and Eric Vittinghoff. 1997. "Heterosexual Transmission of Human Immunodeficiency Virus (HIV) in Northern California: Results from a Ten-Year Study." *American Journal of Epidemiology* 146, no. 4 (August): 350–357.

Paltiel, A. David, Kenneth A. Freedberg, Callie A. Scott, Bruce R. Schackman, Elena Losina, Bingxia Wang, George R. Seage, III, Caroline E. Sloan, Paul E. Sax, y Rochelle P. Walensky 2009. "HIV Pre-Exposure Prophylaxis in the United States: Impact on Lifetime Infection Risk, Clinical Outcomes, and Cost-effectiveness." *Clinical Infectious Diseases* 48, no. 6 (March): 806–815.

Parajuli, Ranjan, Eivind Bjerkaas, Aage Tverdal, Loïc Le Marchand, Elisabete Weiderpass, y Inger T Gram. 2014. "Cigarette Smoking and Colorectal Cancer Mortality among 602,242 Norwegian Males and Females." *Clinical Epidemiology* 6: 137–145. https://doi.org/10.2147/CLEP.S5872.

Parker, Richard, and Peter Aggleton. 2003. "HIV and AIDS-Related Stigma and Discrimination: A Conceptual Framework and Implications for Action." *Social Science & Medicine* 57, no. 1 (July): 13–24.

Parker, Richard, Peter Aggleton, Kathy Attawell, Julie Pulerwitz, y Lisanne Brown. 2002. *HIV/AIDS Related Stigma and Discrimination: A Conceptual Framework and an Agenda for Action.* Washington, DC: Population Council.

Parker, Richard. 2012. "Stigma, Prejudice and Discrimination in Global Public Health." *Cadernos de Saúde Pública* 28, no. 1 (January): 164–169.

Parsons, Talcott. 1951. *The Social System.* Glencoe, IL: Free Press.

Parsons, Talcott. 1964. *Social Structure and Personality.* Nueva York, NY: Free Press.

Parsons, Talcott. 1975. "The Sick Role and the Role of the Physician Reconsidered." *The Milbank Memorial Fund Quarterly: Health ad Society* 53, no. 3 (Summer): 257–278.

Parsons, Talcott. 1978. *Action Theory and the Human Condition.* Nueva York, NY: Free Press.

Patterson, David, y Leslie London. 2002. "International Law, Human Rights and HIV/AIDS." *Bulletin of the World Health Organization* 80 (12): 964–969. https://apps.who.int/iris/handle/10665/71665.

Patterson, David. 2004. *Programming HIV/AIDS: A Human Rights Approach – A Tool for International Development and Community-Based Organizations Responding to HIV/AIDS (Canadian Version).* Toronto, ON: Canadian HIV/AIDS Legal Network. https://npin.cdc.gov/publication/programming-hivaids-human-rights-approach -tool-international-development-and-community.

Pépin, Jacques, Mireille Plamondon, Alfredo Claudino Alves, Mélissa Beaudet, y Annie-Claude Labbé. 2006. "Parenteral Transmission during Excision and Treatment of Tuberculosis and Trypanosomiasis May Be Responsible for the HIV-2 Epidemic in Guinea-Bissau." *AIDS* 20, no. 9 (June): 1303–1311.

Perron, Liette, Vyta Senikas, Margaret Burnett, Victoria Davis, Social Sexual Issues Committee, y Ethics Committee. 2013. "Female Genital Cutting." *Journal of Obstetrics and Gynaecology Canada* 35, no. 11 (November): 1028–1045.

Perrow, Charles, y Mauro F. Guillén. 1990. *The AIDS Disaster: The Failure of Organizations in New York and the Nation.* New Haven, CT: Yale University Press.

Peterson, Zoë D., and Charlene L. Muehlenhard. 2007. "Conceptualizing the 'Wantedness' of Women's Consensual and Nonconsensual Sexual Experiences: Implications for How Women Label Their Experiences with Rape." *The Journal of Sex Research* 44 (1): 72–88.

Pharoah, Robyn, y Taya Weiss. 2005. "AIDS, Orphans, Crime, and Instability: Exploring the Linkages." ISS Paper 107, Institute for Security Studies, Pretoria.

Pharoah, Robyn, and Martin Schönteich. 2003. "AIDS, Security and Governance in Southern Africa: Exploring the Impact." ISS Paper 65, Institute for Security Studies, Pretoria.

Pharoah, Robyn. 2004a. "Introduction". En *A Generation at Risk? HIV/AIDS, Vulnerable Children and Security in Southern Africa*, editado por Robyn Pharoah, 1–8. Institute for Security Studies Monograph Series, no. 109. Pretoria: Institute for Security Studies.

Pharoah, Robyn. 2004b. "Conclusion". En *A Generation at Risk? HIV/AIDS, Vulnerable Children and Security in Southern Africa*, editado por Robyn Pharoah, 115–122. Institute for Security Studies Monograph Series, no. 109. Pretoria: Institute for Security Studies.

Phillips, J. Craig, y Elizabeth M. Saewyc. 2010. "HIV Disease and Gay, Lesbian, Bisexual, and Transgender Persons." En *The Person with HIV/AIDS: Nursing Perspectives*, 4th ed., editado por Jerry D. Durham y Felissa R. Lashley, 365–404. Nueva York, NY: Springer.

Pinto, Carla M. A., Ana R. M. Carvalho, Dumitru Baleanu, y Hari M. Srivastava. 2019. "Efficacy of the Post-Exposure Prophylaxis and of the HIV Latent Reservoir in HIV Infection." *Mathematics* 7, no. 6 (June): 515. https://doi.org/10.3390/math7060515.

Pitchenik, Arthur E., Margaret A. Fischl, Gordon M. Dickinson, Daniel M. Becker, Arthur M. Fournier, Mark T. O'Connell, Robert M. Colton, y Thomas J. Spira. 1983. "Opportunistic Infections and Kaposi's Sarcoma among Haitians: Evidence of a New Acquired Immunodeficiency State." *Annals of Internal Medicine* 98, no. 3 (March): 277–284.

Pitpitan, Eileen V., Seth C. Kalichman, Lisa A. Eaton, Steffanie A. Strathdee, y Thomas L. Patterson. 2013. "HIV/STI Risk among Venue-Based Female Sex Workers across the Globe: A Look Back and the Way Forward." *Current HIV/AIDS Reports* 10, no. 1 (March): 65–78.

Poorolajal, Jalal, Elham Hooshmand, Hossein Mahjub, Nader Esmailnasab, y Ensiyeh Jenabi. 2016. "Survival Rate of AIDS Disease and Mortality in HIV-Infected Patients: A Meta-Analysis." *Public Health* 139 (October): 3–12.

Population Services International. 2005. *The Sugar Daddy Syndrome: African Campaign Battle Ingrained Phenomenon*. Washington, DC: Population Services International.

Powers, Kimberly A., Charles Poole, Audrey E. Pettifor, y Myron S. Cohen. 2008. "Rethinking the Heterosexual Infectivity of HIV-1: A Systematic Review and Meta-Analysis." *The Lancet Infectious Diseases* 8, no. 9 (September): 553–563.

Pulerwitz, Julie, Annie Michaelis, Ellen Weiss, Lisanne Brown, y Vaishali Mahendra. 2010. "Reducing HIV-Related Stigma: Lessons Learned from Horizons Research and Programs." *Public Health Reports* 125, no. 2 (March-April): 272–281.

Qiao, Shan, Jing-Bao Nie, Joseph Tucker, Stuart Rennie, y Xiao-Ming Li. 2015. "The Role of Social Relationship in HIV Healing and Its Implications in HIV Cure in China." *Health Psychology and Behavioral Medicine* 3 (1): 115–127.

Quam, Michael D. 1990. "The Sick Role, Stigma and Pollution: The Case of AIDS." En *Culture and AIDS*, editado por Douglas A. Feldman, 29–44. Nueva York, NY: Praeger.

Quinn, Sandra C., y Supriya Kumar. 2014. "Health Inequalities and Infectious Disease Epidemics: A Challenge for Global Health Security." *Biosecurity and Bioterrorism: Biodefense Strategy, Practice, and Science* 12, no. 5 (September): 263–273.

Qukula, Qama. 2019. "Why Life Sentences Aren't the Solution to SA's Rape Crisis." CapeTalk. Última modificaión: 27 de noviembre de 2019. http://www.capetalk. co.za/articles/368215/why-life-sentences-aren-t-the-solution-to-sa-s-rape-crisis.

Reed, Elizabeth, Jhumka Gupta, Monica Biradavolu, Vasavi Devireddy, y Kim M. Blankenship. 2010. "The Context of Economic Insecurity and Its Relation to Violence and Risk Factors for HIV among Female Sex Workers in Andhra Pradesh, India." *Public Health Reports* 125, no. Suppl. 4 (July–August): 81–89.

Reidpath, Daniel D., y Kit Y. Chan. 2005. "A Method for the Quantitative Analysis of the Layering of HIV-Related Stigma." *AIDS Care* 17 (4): 425–432.

Reisel, Dan, y Sarah M. Creighton. 2015. "Long Term Consequences of Female Genital Mutilation (FMG)." *Maturitas* 80, no. 1 (January): 48–51.

Reniers, Georges, y Rania Tfaily. 2012. "Polygyny, Partnership Concurrency, and HIV Transmission in Sub-Saharan Africa." *Demography* 49, no. 3 (August): 1075–1101.

Reniers, Georges, y Susan Watkins. 2010. "Polygyny and the Spread of HIV in Sub-Saharan Africa: A Case of Benign Concurrency." *AIDS* 24, no. 2 (January): 299–307.

Research Directorate of the Immigration and Refugee Board of Canada. 2006a. *Nigeria: Levirate Marriage Practices among the Yoruba, Igbo and Hausa-Fulani; Consequences for a Man or Woman Who Refuses to Participate in the Marriage; Availability of State Protection (February 2006)*. Ottawa, ON: Immigration and Refugee Board of Canada. https://www.refworld.org/docid/45f1478811.html.

Research Directorate of the Immigration and Refugee Board of Canada. 2006b. *Zimbabwe: The Custom of Wife 'Inheritance'; the Government's Attitude towards This Custom; Protection Available to Women Who Refuse to Observe This Custom (2004–January 2006)*. Ottawa, ON: Immigration and Refugee Board of Canada. https://www.refworld.org/docid/45f147cb23.html.

Ridgeway, Cecilia L., y Lynn Smith-Lovin. 1996. "Gender and Social Interaction [Introduction]." *Social Psychology Quarterly* 59, no. 3 (September): 173-175.

Robatjazi, Mehri, Masoumeh Simbar, Fatemeh Nahidi, Jaber Gharehdaghi, Mohammadali Emamhadi, Abou-Ali Vedadhir, y Hamid Alavimajd. 2016. "Virginity Testing Beyond a Medical Examination." *Global Journal of Health Sciences* 8 (7): 152–164.

Rodriguez, Sarah B. 2014. *Female Circumcision and Clitoridectomy in the United States: A History of a Medical Treatment*. Rochester, NY: University of Rochester Press.

Roseman, Mindy Jane, Sofia Gruskin, y Sumita Banerjee. 2004. *HIV/AIDS and Human Rights in a Nutshell: A Quick and Useful Guide for Action, as Well as a Framework to Carry HIV/AIDS and Human Rights Actions Forward*. Boston, MA: Program on International Health and Human Rights, François-Xavier Bagnoud Center for Health and Human Rights, Harvard School of Public Health and Toronto, ON: International Council of AIDS Service Organizations. https://www. hivlawandpolicy.org/resources/hivaids-and-human-rights-nutshell-program-international-health-and-human-rights-harvard.

Rueda, Sergio, Katherine Gibson, Sean B. Rourke, Tsegaye Bekele, Sandra Gardner, John Cairney, y el OHTN Cohort Study Team. 2012. "Mastery Moderates the Negative Effect of Stigma on Depressive Symptoms in People Living with HIV." *AIDS and Behavior* 16, no. 3 (April): 690–699.

Saag, Michael S., Constance A. Benson, Rajesh T. Gandhi, Jennifer F. Hoy, Raphael J. Landovitz, Michael J. Mugavero, Paul E. Sax, Davey M. Smith, Melanie A. Thompson, Susan P. Buchbinder, Carlos del Rio, Joseph J. Eron Jr, Gerd Fätkenheuer, Huldrych F. Günthard, Jean-Michel Molina, Donna M. Jacobsen, y Paul A. Volberding. 2018. "Antiretroviral Drugs for Treatment and Prevention of HIV Infection in Adults: 2018 Recommendations of the International Antiviral Society–USA Panel." *JAMA* 320, no. 4 (July): 379-396. https://doi.org/10.1001/jama.2018.8431.

Sabatier, Renée. 1988. *Blaming Others: Prejudice, Race and Worldwide AIDS*. Washington, DC: Panos Institute; Filadelfia, PA: New Society Publishers.

Sahasrabuddhe, Vikrant V., y Sten H. Vermund. 2007. "The Future of HIV Prevention: Control of Sexually Transmitted Infections and Circumcision Interventions." *Infectious Disease Clinics of North America* 21, no. 1 (March): 241–257.

Saki, Mandana, Sima Mohammad Khan Kermanshahi, Eesa Mohammadi, y Minoo Mohraz. 2015. "Perception of Patients with HIV/AIDS from Stigma and Discrimination." *Iranian Red Crescent Medical Journal* 17, no. 6 (June): e23638. https://doi.org10.5812/ircmj.23638v2.

Salbu, Steven R. 1996. "AIDS and the Blood Supply: An Analysis of Law, Regulation, and Public Policy." *Washington University Law Quarterly* 74 (4): 913–980.

Samson, Anda. 2008. "Lack of Empowerment: A Driving Force behind the HIV and VAW epidemics." En *The Multiple Faces of the Intersections between HIV and Violence against Women*, editado por Aracely Barahona-Strittmatter y Dynis Luciano, 17–21. Washington, DC: Development Connections. https:// genderandaids.unwomen.org/en/resources/2008/11/the-multiple-faces-of-the-intersections-between-hiv-and-violence-against-women.

Samudzi, Zoé, y Jenevieve Mannell. 2016. "Cisgender Male and Transgender Female Sex Workers in South Africa: Gender Variant Identities and Narratives of Exclusion." *Culture, Health & Sexuality* 18 (1): 1–14.

Samuelsen, Helle, Ole Norgaard, y Lise Rosendal Ostergaard. 2012. "Social and Cultural Aspects of HIV and AIDS in West Africa: A Narrative Review of Qualitative Research." *SAHARA-J: Journal of Social Aspects of HIV/AIDS* 9, no. 2 (June): 64–73.

Sander, Dirk, Matthias Wentzlaff-Eggebert, Martin Kruspe, Alexandra Gurinova, y Matthias Kuske. 2016. *Communication Strategies for the Prevention of HIV, STI, and Hepatitis among MSM in Europe*. Estocolmo: European Centre for Disease Prevention and Control. https://ecdc.europa.eu/en/publications-data/

communication-strategies-prevention-hiv-sti-and-hepatitis-among-msm-europe.

Sands, Peter, Carmen Mundaca-Shah, y Victor J. Dzau. 2016. "The Neglected Dimension of Global Security: A Framework for Countering Infectious-Disease Crises." *The New England Journal of Medicine* 374, no. 13 (March): 1281-1287.

Sanjel, Seshananda. 2013. "Gender-Based Violence: A Crucial Challenge for Public Health." *Kathmandu University Medical Journal* 11, no. 1 (April-June): 179–184.

SAPS (South African Police Service) Strategic Management. 2016. *Annual Report 2015/2016.* Pretoria: South African Police Service. https://www.saps.gov.za/about/stratframework/annual_report/2015_2016/saps_annual_report_2015_2016.pdf.

SAPS (South African Police Service) Strategic Management. 2018. *Annual Report 2017/2018.* Pretoria: South African Police Service. https://www.saps.gov.za/about/stratframework/annual_report/2017_2018/saps_annual_report_2017_2018.pdf.

SAPS (South African Police Service) Strategy, Research, Monitoring and Evaluation. 2015. *Strategic Plan 2014–2019.* Pretoria: South African Police Service. https://www.saps.gov.za/about/stratframework/strategic_plan/2015_2019/strategic_plan_%202015.pdf.

SAPS (South African Police Service). 2018. *Crime Situation in RSA: Twelve Months 01 April 2017 to 31 March 2018.* Pretoria: South African Police Service. https://pmg.org.za/page/SAPSCrimeStats.

Sarbin, Theodore R. 1967. "The Dangerous Individual: An Outcome of Social Identity Transformation." *British Journal of Criminology* 7, no. 3 (July): 285–295.

Sartorius, Norman. 2007. "Stigmatized Illnesses and Health Care." *Croatian Medical Journal* 48, no. 3 (June): 396–397.

Sawers, Larry, Alan G. Isaac, y Eileen Stillwaggon. 2011. "HIV and Concurrent Sexual Partnerships: Modelling the Role of Coital Dilution." *Journal of the International AIDS Society* 14, no.1 (January): 44. https://doi.org/10.1186/17 58-2652-14-44.

Scambler, Graham, y Frederique Paoli. 2008. "Health Work, Female Sex Workers and HIV/AIDS: Global and Local Dimensions of Stigma and Deviance as Barriers to Effective Interventions." *Social Science & Medicine* 66, no. 8 (April): 1848–1862.

Scheper-Hughes, Nancy, y Margaret Lock. 1991. "The Message in the Bottle: Illness and the Micropolitics of Resistance." *Journal of Psychohistory* 18 (4): 409–432.

Schiltz, Marie-Angie, y Theodorus G. M. Sandfort. 2000. "HIV-Positive People, Risk and Sexual Behaviour." *Social Science & Medicine* 50, no. 11 (June): 1571–1588.

Schleifer, Rebecca. 2004. *Deadly Delay: South Africa's Efforts to Prevent HIV in Survivors of Sexual Violence.* Nueva York, NY: Human Right Watch. https://www.hrw.org/report/2004/03/03/deadly-delay/south-africas-efforts-prevent-hiv-survivors-sexual-violence.

Schlein, Lisa. 2013. "UN: Epidemic of Violence against Women is Global." Voice of America. Última modificación: 20 de junio de 2013. https://www.voanews.com/science-health/un-epidemic-violence-against-women-global.

Schneider, Michael. F., Stephen Gange, Carolyn M. Williams, Kathryn Anastos, Ruth M. Greenblatt, Lawrence A. Kingsley, Roger Detels y Alvaro Muñoz. 2005. "Patterns of the Hazard of Death after AIDS through the Evolution of Antiretroviral Therapy: 1984–2004." *AIDS* 19, no. 17 (November): 2009–2018.

Schneider, Michelle, Matthew Chersich, Marleen Temmerman, Olivier Degomme, y Charles D. Parry. 2014. "The Impact of Alcohol on HIV Prevention and Treatment for South Africans in Primary Healthcare." *Curationis* 37 (1): a1137. https://doi.org/10.4102/curationis.v37i1.1137.

Schönteich, Martin. 1999. "Age and AIDS: South Africa's Crime Time Bomb?" *African Security Review* 8 (4): 34–43.

Schönteich, Martin. 2002. "The Coming Crime Wave? AIDS, Orphans and Crime in South Africa." *Southern African Journal of HIV Medicine* 3 (1): 30–34.

Schönteich, Martin. 2003. "A Bleak Outlook: HIV/AIDS and the South African Police Service." *South African Crime Quarterly*, no. 5 (September): 1–6.

Schwerhoff, Gerd. 2013. "Early Modern Violence and the Honour Code: From Social Integration to Social Distinction?" *Crime, Histoire & Sociétés /Crime, History & Societies* 17 (2): 27–46.

Sciolla, L. ed. 1983. *Identità. Percorsi di Analisi in Sociologia*. Turín: Rosenberg and Sellier.

Scott, John, y Gordon Marshall. 2009. "Sick Role." En *A Dictionary of Sociology*, 3ª ed. rev., 687. Oxford: Oxford University Press.

Seacat, Jason D., y Richard Hirschman. 2011. "Attributions and Expectancies about People Living with HIV/AIDS: Implications for Stereotyping." *Current Research in Social Psychology* 17, Article 5. https://uiowa.edu/crisp/sites/uiowa.edu.crisp/files/17.5.pdf.

Shannon, Kate, Shira M. Goldenberg, Kathleen N. Deering, y Steffanie A. Strathdee. 2014. "HIV Infection among Female Sex Workers in Concentrated and High Prevalence Epidemics: Why a Structural Determinants Framework Is Needed." *Current Opinion in HIV and AIDS* 9, no. 2 (March): 174–182.

Shannon, Kate, Steffanie A. Strathdee, Jean Shoveller, Melanie Rusch, Thomas Kerr, y Mark W. Tyndall. 2009. "Structural and Environmental Barriers to Condom Use Negotiation with Clients among Female Sex Workers: Implications for HIV-Prevention Strategies and Policy." *American Journal of Public Health* 99, no. 4 (April): 659–665.

Sharif, Pamela D. 1990. "Haitians Fight Blood War against AIDS Discrimination." *Black Enterprise*, July 1990, 13.

Shaw, George M., y Eric Hunter. 2012. "HIV Transmission." *Cold Spring Harbor Perspectives in Medicine* 2, no. 11 (November): a006965. https://doi:10.1101/cshperspect.a006965

Shayo, Festo K., y Mariam H. Kalomo. 2019. "Prevalence and Correlates of Sexual Intercourse among Sexually Active In-School Adolescents: An Analysis of Five Sub-Sahara African Countries for the Adolescent's Sexual Health Policy Implications." *BMC Public Health* 19, no. 1 (December): 1285. https://doi.org/10.1186/s12889-019-7632-1.

Shields, Rachel. 2010. "South Africa's Shame: The Rise of Child Rape." *The Independent*, May 16, 2010. http://www.independent.co.uk/news/world/africa/south-africas-shame-the-rise-of-child-rape-1974578.html.

Shrestha, Roman, Pramila Karki, y Michael M. Copenhaver. 2016. "Early Sexual Debut: A Risk Factor for STIs/HIV Acquisition among a Nationally Representative Sample of Adults in Nepal." *Journal of Community Health* 41, no. 1 (February): 70–77.

Sibanda-Moyo, Nonhlanhla, Eleanor Khonje, y Maame Kyerewaa Brobbey. 2017. *Violence against Women in South Africa: A Country in Crisis.* Johannesburgo: Centre for the Study of Violence and Reconciliation. https://www.csvr.org.za/publications/2735-violence-against-women-in-sa.

Siegal, Frederick, y Marta Siegal. 1983. *AIDS: The Medical Mystery.* Nueva York, NY: Grove Press.

Simbayi, Leickness C., Seth Kalichman, Anna Strebel, Allanise Cloete, Nomvo Henda, y Ayanda Mqeketo. 2007. "Internalized Stigma, Discrimination, and Depression among Men and Women Living with HIV/AIDS in Cape Town, South Africa." *Social Science & Medicine* 64, no. 9 (May): 1823–1831.

Smart, Rose. 2003. *Policies for Orphans and Vulnerable Children: A Framework for Moving Ahead.* Washington, DC: POLICY Project. https://eldis.org/document/A1 4519.

Smit, Peter J., Michael Brady, Michael Carter, Ricardo Fernandes, Lance Lamore, Michael Meulbroek, Michel Ohayon, Tom Platteau, Peter Rehberg, Jürgen K. Rockstroh, y Marc Thompson. 2012. "HIV-Related Stigma within Communities of Gay Men: A Literature Review." *AIDS Care* 24 (4): 405–412.

Smith, Candace. 2019. "How Communities Are Addressing Violence against Women in South Africa." ABC. Última modificación: 18 de julio de 2019. https://abcnews.go.com/International/communities-addressing-violence-women-south-africa/story?id=64389896.

Smith, Charlene. 2001. *Proud of Me. Speaking Out against Sexual Violence and HIV.* Johannesburgo: Penguin Books.

Smith, David J. 1995. "Youth Crime and Conduct Disorders: Trends, Patterns and Causal Explanations." En *Psychosocial Disorders in Young People: Time Trends and Their Causes,* editado por Michael Rutter y David J. Smith, 389–489. Chichester, Reino Unido: John Wiley and Sons Ltd.

Smythe, Dee. 2015. *Rape Unresolved: Policing Sexual Offences in South Africa.* Ciudad del Cabo: University of Cape Town Press.

Solnes Miltenburg, Andrea. 2010. "Female Genital Mutilation: The Three Feminine Pains in Somaliland." *Global Medicine,* no. 9 (February): 6–10. https://ifmsa.nl/projecten/global-medicine-issue9.pdf.

Somerville, Jamice. 1990. "FDA Reverses Policy, Drops Ban on Haitian Blood Donors." *American Medical News,* 28 de diciembre de 1990. Westlaw.

Sontag, Susan. 2001. *Illness as Metaphor and AIDS and Its Metaphors.* Nueva York, NY: Picador.

Special Representative of the Secretary-General on Violence against Children and Plan International. 2012. *Protecting Children from Harmful Practices in Plural Legal Systems with a Special Emphasis on Africa.* Nueva York, NY: Office of the Special Representative of the Secretary-General on Violence against Children. https://resourcecentre.savethechildren.net/library/protecting-children--practices-plural-legal-systems-special-emphasis-africa.

Stangl, Anne L., Laura Brady, y Katherine Fritz. 2012. *Technical Brief: Measuring HIV Stigma and Discrimination.* Washington, DC: International Center for

Research on Women. http://strive.lshtm.ac.uk/system/files/ attachments/STRIVE%20stigma%20measurement.pdf.

Statistics South Africa. 2018. *Victims of Crime Survey 2017/18.* Pretoria: Statistics South Africa. http://www.statssa.gov.za/?page_id=1854&PPN=P0341&SCH=7373.

Steen, Richard, Jan A. C., Hontelez, Owen Mugurungi, Amon Mpofu, Suzette M Matthijsse, Sake J. de Vlas, Gina A. Dallabetta, y Frances M. Cowan. 2019. "Economy, Migrant Labour and Sex Work: Interplay of HIV Epidemic Drivers in Zimbabwe over Three Decades." *AIDS* 33, no. 1 (January): 123–131.

Steffenson, Annie E., Audrey E. Pettifor, George R. 3rd Seage, Helen V. Rees, y Paul D. Cleary. 2011. "Concurrent Sexual Partnerships and Human Immunodeficiency Virus Risk among South African Youth." *Sexually Transmitted Diseases* 38, no. 6 (June): 459–466.

Stewart, Frances, and Graham Brown. 2010. "Fragile States: CRISE Overview 3." Oxford: Centre for Research on Inequality, Human Security and Ethnicity (CRISE), Universidad de Oxford. https://gsdrc.org/document-library/fragile-states-crise-overview-3/.

Stöckl, Heidi, Naira Kalra, Jantine Jacobi, y Charlotte Watts. 2013. "Is Early Sexual Debut a Risk Factor for HIV Infection among Women in Sub-Saharan Africa? A Systematic Review." *American Journal of Reproductive Immunology* 69, no. Suppl. 1 (February): 27–40.

Stockman, Jamila K., Jacquelyn C. Campbell, y David D. Celentano. 2010. "Sexual Violence and HIV Risk Behaviors among a Nationally Representative Sample of Heterosexual American Women: The Importance of Sexual Coercion." *Journal of Acquired Immune Deficiency Syndromes* 53, no. 1 (January): 136–143.

Stoner, Marie, Nadia Nguyen, Kelly Kilburn, F. Xavier Gomez-Olive, Jessie K. Edwards, Amanda Selin, James P. Hughes, Yaw Agyei, Catherine Macphail, Kathleen Kahn, y Audrey Pettifor. 2019. "Age-Disparate Partnerships and Incident HIV Infection in Adolescent Girls and Young Women in Rural South Africa." *AIDS* 33, 1 (January): 83–91.

Stuber, Jennifer, Ilan Meyer, y Bruce Link. 2008. "Stigma, Prejudice, Discrimination and Health." *Social Science & Medicine* 67, no. 3 (August): 351–357.

Stuijt, Adriana. 2009. "Half of South Africa's Young Have AIDS from Rape." Digital Journal. Última modificación: 8 de enero de 2009. http://www.digitaljournal.com /article/264771.

Sutherland, Edwin Hardin, y Donald R. Cressey. 1974. *Criminology.* Filadelfia, PA: Lippincott.

Sydor, Anna. 2013. "Conducting Research into Hidden or Hard-to-Reach Populations." *Nurse Researcher* 20, no. 3 (January): 33–37.

Tadjbakhsh, Shahrbanou, y Anuradha M. Chenoy. 2007. *Human Security: Concepts and Implications.* Nueva York, NY: Routledge.

Tamarit, Josep, Carolina Villacampa, y Gemma Filella. 2010. "Secondary Victimization and Victim Assistance." *European Journal of Crime, Criminal Law and Criminal Justice* 18 (3): 281–298.

The Antiretroviral Therapy Cohort Collaboration. 2017. "Survival of HIV-Positive Patients Starting Antiretroviral Therapy between 1996 and 2013: A Collaborative Analysis of Cohort Studies." *The Lancet HIV* 4, no. 8 (August): e349-e356. https://doi.org/10.1016/S2352-3018(17)30066-8.

Thi, Mai Doan Ahn, Deborah Bain Brickley, Dang Thi Nhat Vinh, Don J. Colby, Annette H. Sohn, Nguyen Quang Trung, Le Truong Giang, y Jeffrey S. Mandel. 2008. "A Qualitative Study of Stigma and Discrimination against People Living with HIV in Ho Chi Minh City, Vietnam." *AIDS and Behavior* 12, no. Suppl. 1 (July): S63–S70.

Thisyakorn, Usa. 2017. "Elimination of Mother-to-Child Transmission of HIV: Lessons Learned from Success in Thailand." *Paediatrics and International Child Health* 37 (2): 99–108.

Thobejane, Tsoaledi Daniel, y Tsetselelani Decide Mdhluli. 2015. "Probing the Efficacy of Virginity Testing on the Fight against HIV/AIDS: The Case of the KwaZulu-Natal, South Africa." *OIDA International Journal of Sustainable Development* 8 (7): 11–20.

Thobejane, Tsoaledi Daniel, Tshilidzi Patrecia Mulaudzi, y Rally Zitha. 2017. "Factors Leading to 'Blesser-Blessee' Relationships amongst Female Students: The Case of a Rural University in Thulamela Municipality, Limpopo Province, South Africa." *Gender and Behaviour* 15 (2): 8716–8731.

Thomas, Caroline. 2001. "Global Governance, Development and Human Security: Exploring the Links." *Third World Quarterly* 22 (2): 159–175.

Thomas, Lynn. 2000. "'Ngaitana (I Will Circumcise Myself)': Lessons from Colonial Campaigns to Ban Excision in Meru, Kenya." En *Female, 'Circumcision' in Africa: Culture, Controversy and Change*, editado por Bettina Shell-Duncan y Ylva Hernlund, 129–150. Boulder, CO: Lynne Rienner Publishers.

Thomas, Richard K. 2003. *Society and Health: Sociology for Health Professionals*. Nueva York, NY: Plenum Publishers

Todres, Jonathan. 2007. "Rights Relationships and the Experience of Children Orphaned by AIDS." *UC Davis Law Review* 41, no. 2 (December): 417–476.

Tomasevski, Katarina. 2006. "Why a Human Rights Approach to HIV/AIDS Makes All the Difference." En *Human Rights and Poverty Reduction: Realities, Controversies and Strategies - An ODI Meeting Series*, edited by Tammie O'Neal, 71–76. Londres: Overseas Development Institute.

Tomaszewski, Evelyn P. 2012. "Human Rights Update: Understanding HIV/AIDS Stigma and Discrimination." Human Rights and International Affairs Division, National Association of Social Workers. Acceso: 18 de noviembre de 2019. https://www.socialworkers.org/LinkClick.aspx?fileticket=Ehw3d_90z30%3D&portalid=0.

Tortu, Stephanie, Lloyd A. Goldsamt, y Rahul Hamid. 2001. *A Practical Guide to Research and Services with Hidden Populations*. Boston, MA: Allyn & Bacon.

Treichler, Paula A. 1987. "AIDS, Homophobia and Biomedical Discourse: An Epidemic of Signification." *Cultural Studies* 1 (3): 263–305.

Udehn, Lars. 2001. *Methodological Individualism: Background, History and Meaning.* Londres: Routledge.

UN Women (United Nations Entity for Gender Equality and the Empowerment of Women). 2012. *Handbook for Legislation on Violence against Women.* Nueva York, NY: United Nations Entity for Gender Equality and the Empowerment of Women. https://www.unwomen.org/en/digital-library/publications/2012/12/handbook-for-legislation-on-violence-against-women.

UNAIDS (Joint United Nations Programme on HIV and AIDS) y DPKO (Department of Peacekeeping Operations). 2011a. *On The Front Line: A*

Review of Programmes That Address HIV among International Peacekeepers and Uniformed Services 2005–2010. Nueva York, NY: Naciones Unidas.

UNAIDS (Joint United Nations Programme on HIV and AIDS) y DPKO (Department of Peacekeeping Operations). 2011b. *The Responsibility of the Security Council in the Maintenance of International Peace and Security: HIV/AIDS and International Peacekeeping Operations.* Ginebra: Programa conjunto de las Naciones Unidas sobre el VIH y el SIDA. https://www.unaids.org/en/resources/documents/2011/20110512_UNSC_UNAIDS_DPKO_NonPaper.

UNAIDS (Joint United Nations Programme on HIV and AIDS) y la European Commission. 2013. "Right to Health, Right to Life: Why We Need to Act Now on HIV and Human Rights – High Level Meeting on HIV and Human Rights in the European Union and Neighbouring Countries." Documento de debate, Programa conjunto de las Naciones Unidas sobre el VIH y el SIDA, Ginebra. https://ec.europa.eu/health/sites/health/files/sti_prevention/docs/ev_2013052 7_discussion_paper_en.pdf.

UNAIDS (Joint United Nations Programme on HIV and AIDS) y WHO (World Health Organization). 2005. *AIDS Epidemic Update: December 2005.* Ginebra: Programa Conjunto de las Naciones Unidas sobre el VIH y el SIDA. https://www.who.int/hiv/pub/epidemiology/epiupdate2005/en/.

UNAIDS (Joint United Nations Programme on HIV and AIDS) Interagency Task Team on Education. 2004. *The Role of Education in the Protection, Care and Support of Orphans and Vulnerable Children Living in a World with HIV and AIDS.* Programa Conjunto de las Naciones Unidas sobre el VIH y el SIDA. http://unesdoc.unesco.org/images/0013/001355/135531e.pdf.

UNAIDS (Joint United Nations Programme on HIV and AIDS). 2007. *Reducing HIV Stigma and Discrimination: A Critical Part of National AIDS Programmes.* Programa Conjunto de las Naciones Unidas sobre el VIH y el SIDA. https://www.unaids.org/en/resources/documents/2009/20090401_jc1521_stigmati sation_en.pdf.

UNAIDS (Joint United Nations Programme on HIV and AIDS). 2008. *Report on the Global AIDS Epidemic 2008.* Programa Conjunto de las Naciones Unidas sobre el VIH y el SIDA. http://www.unaids.org/en/resources/documents/2008/20081107 _jc1510_2008globalreport_en.pdf.

UNAIDS (Joint United Nations Programme on HIV and AIDS). 2011. *UNAIDS Terminology Guidelines.* Programa Conjunto de las Naciones Unidas sobre el VIH y el SIDA. https://www.unaids.org/en/resources/documents/2011/20111025_ JC2118_UNAIDS_Terminology_Guidelines.

UNAIDS (Joint United Nations Programme on HIV and AIDS). 2013. *Ending Overly Broad Criminalisation of HIV Non-Disclosure, Exposure and Transmission: Critical Scientific, Medical and Legal Considerations.* Ginebra: Programa Conjunto de las Naciones Unidas sobre el VIH y el SIDA. https://www.unaids.org/en/resources/ documents/2013/20130530_Guidance_Ending_Criminalisation.

UNAIDS (Joint United Nations Programme on HIV and AIDS). 2014. *Reduction of HIV-Related Stigma and Discrimination.* Ginebra: Programa Conjunto de las Naciones Unidas sobre el VIH y el SIDA. https://www.catie.ca/en/resources/ reduction-hiv-related-stigma-and-discrimination.

UNAIDS (Joint United Nations Programme on HIV and AIDS). 2015a. *UNAIDS 2016-2021 Strategy: On the Fast-Track to End AIDS.* Ginebra: Programa Conjunto de las Naciones Unidas sobre el VIH y el SIDA. https://www.unaids.org/en/resources/documents/2015/UNAIDS_PCB37_15-18.

UNAIDS (Joint United Nations Programme on HIV and AIDS). 2015b. *UNAIDS Terminology Guidelines*. Ginebra: Programa Conjunto de las Naciones Unidas sobre el VIH y el SIDA. http://www.unaids.org/en/resources/documents/2015/2015_terminology_guidelines.

UNAIDS (Joint United Nations Programme on HIV and AIDS). 2016. *On the Fast-Track to an AIDS-Free Generation: The Incredible Journey of the Global Plan towards the Elimination of New HIV Infections among Children by 2015 and Keeping Their Mothers Alive*. Ginebra: Programa Conjunto de las Naciones Unidas sobre el VIH y el SIDA. https://reliefweb.int/report/world/fast-track-aids-free-generation-incredible-journey-global-plan-towards-elimination-new.

UNAIDS (Joint United Nations Programme on HIV and AIDS). 2017. *Disability and HIV*. Ginebra: Programa Conjunto de las Naciones Unidas sobre el VIH y el SIDA. https://www.unaids.org/en/resources/documents/2017/jc2905_disability-and-hiv.

UNAIDS (Joint United Nations Programme on HIV and AIDS). 2018a. *UNAIDS Data 2018*. Geneva: Joint United Nations Programme on HIV and AIDS. http://www.unaids.org/en/resources/documents/2018/unaids-data-2018.

UNAIDS (Joint United Nations Programme on HIV and AIDS). 2018b. *Implementation of the HIV Prevention 2020 Road Map*. Ginebra: Programa Conjunto de las Naciones Unidas sobre el VIH y el SIDA. https://reliefweb.int/report/world/implementation-hiv-prevention-2020-road-map-first-progress-report-march-2018.

UNAIDS (Joint United Nations Programme on HIV and AIDS). 2018c. *Women and Girls and HIV*. Ginebra: Programa Conjunto de las Naciones Unidas sobre el VIH y el SIDA. https://www.unaids.org/en/resources/documents/2018/women_girls_hiv.

UNAIDS (Joint United Nations Programme on HIV and AIDS). 2019. *UNAIDS Data 2019*. Ginebra: Programa Conjunto de las Naciones Unidas sobre el VIH y el SIDA. https://www.unaids.org/en/resources/documents/2019/2019-UNAIDS-data.

UNAIDS (Joint United Nations Programme on HIV and AIDS). 2020. "Country: South Africa." Acceso: 1 de junio de 2020. https://www.unaids.org/en/regionscountries/countries/southafrica.

UNDP (United Nations Development Programme). 1994. *Human Development Report 1994: New Dimensions of Human Security*. Nueva York, NY: Oxford University Press. http://www.hdr.undp.org/en/content/human-development-report-1994.

UNDP (United Nations Development Programme). 2013. *Legal Protection against HIV-Related Human Rights Violations: Experiences and Lessons Learned from National HIV Laws in Asia and the Pacific*. Bangkok: Programa de las Naciones Unidas para el Desarrollo. https://www.undp.org/content/undp/en/home/librarypage/hiv-aids/legal-protections-against-hiv-related-human-rights-violations.html.

UNDP (United Nations Development Programme). 2016. *Connecting the Dots: Strategy Note on HIV, Health and Development 2016-2021*. Nueva York, NY: Programa de las Naciones Unidas para el Desarrollo. http://www.undp.org/

content/undp/en/home/librarypage/hiv-aids/hiv--health-and-development-strategy-2016-2021.html.

UNESCO (United Nations Educational, Scientific and Cultural Organization). 2013. *Addressing the Links between Gender-Based Violence and HIV in the Great Lakes Region: Background Information on GBV and HIV*. París: Organización de las Naciones Unidas para la Educación, la Ciencia y la Cultura. https://genderandaids.unwomen.org/en/resources/2014/09/addressing-the-links-between-gender-based-violence-and-hiv-in-the-great-lakes-region-background-information-on-gbv-and-hiv.

UNFPA (United Nations Population Fund), UNHCR (United Nations High Commissioner for Refugees), UNICEF (United Nations Children's Fund), UNIFEM (United Nations Development Fund for Women), WHO (World Health Organization), FIGO (International Federation of Gynecology and Obstetrics), ICN (International Council of Nurses), MWIA (Medical Women's International Association), WCPT (World Confederation for Physical Therapy), y WMA (World Medical Association). 2010. *Global Strategy to Stop Health-Care Providers from Performing Female Genital Mutilation*. Ginebra: Organización Mundial de la Salud. http://www.unfpa.org/publications/global-strategy-stop-health-care providers-performing-fgm.

UNHCHR (United Nations High Commissioner for Human Rights). 2011. *The Protection of Human Rights in the Context of Human Immunodeficiency Virus (HIV) and Acquired Immune Deficiency Syndrome (AIDS)*. A/HRC/19/37. Ginebra: Consejo de Derechos Humanos de Naciones Unidas. https://www.right-docs.org/doc/a-hrc-19-37/.

UNICEF (United Nations Children's Fund). 2006. *Africa's Orphaned and Vulnerable Generations: Children Affected by AIDS*. Nueva York, NY: Fondo de las Naciones Unidas para los Niños. https://www.unicef.org/publications/index_35645.html.

UNICEF (United Nations Children's Fund). 2013. *Female Genital Mutilation/Cutting: A Statistical Overview and Exploration of the Dynamics of Change*. Nueva York, NY: Fondo de las Naciones Unidas para los Niños. https://www.unicef.org/publications/index_69875.html.

UNICEF (United Nations Children's Fund). 2016a. *For Every Child, End AIDS: Seventh Stocktaking Report, 2016*. Nueva York, NY: Fondo de las Naciones Unidas para los Niños. https://www.unicef.org/publications/index_93427.html.

UNICEF (United Nations Children's Fund). 2016b. *Protection and Resilience: A Simple Checklist for Why, Where and How, to Coordinate HIV and Child Protection Policy and Programming*. Nueva York, NY: Fondo de las Naciones Unidas para los Niños. https://ovcsupport.org/wp-content/uploads/2015/10/FINAL_HIV_CP_Tool_4C.pdf.

UNICEF (United Nations Children's Fund). 2016c. *Female Genital Mutilation/Cutting: A Global Concern*. Nueva York, NY: Fondo de las Naciones Unidas para los Niños. https://data.unicef.org/resources/female-genital-mutilation cutting-global-concern/.

UNICEF (United Nations Children's Fund). 2019. *The State of the World's Children 2019. Children, Food and Nutrition: Growing Well in a Changing World*. Nueva York, NY: Fondo de las Naciones Unidas para los Niños. https://www.unicef.org/reports/state-of-worlds-children-2019.

United Nations General Assembly. 2011. *Political Declaration on HIV/AIDS: Intensifying Our Efforts to Eliminate HIV/AIDS*. A/65/L.77. Nueva York, NY:

Asamble General de las Naciones Unidas. https://www.unwomen.org/en/docs/2011/6/political-declaration-on-hiv-aids-a-65-l77.

United Nations Security Council. 2000a. "Security Council Holds Debate on Impact of Peace and Security in Africa." Comunicado de prensa SC/6781, 4086ª sesión. 10 de enero de 2000. Sitio web de las Naciones Unidas. https://www.un.org/press/en/2000/20000110.sc6781.doc.html.

United Nations Security Council. 2000b. "Security Council, Adopting 'Historic' Resolution 1308 (2000) on HIV/AIDS, Calls For Pre-Deployment Testing, Counselling for Peacekeeping Personnel." Comunicado de prensa SC / 6890, 4172ª sesión, resolución 1308. 17 de julio de 2000. Sitio web de las Naciones Unidas. https://www.un.org/press/en/2000/20000717.sc6890.doc.html.

United Nations Security Council. 2011. "Unanimously Adopting 1983 (2011), Security Council Encourages Inclusion of HIV Prevention, Treatment, Care, Support in Implementing Peacekeeping Mandates." Comunicado de prensa SC / 10272, 6547ª reunión, resolución 1983. 7 de junio de 2011. Sitio web de las Naciones Unidas. https://www.un.org/press/en/2011/sc10272.doc.htm.

Utan, Kathryn. 2005. "Collateral Damage: HIV/AIDS Creates a Generation of Orphans and Vulnerable Children." *CommonHealth*, Spring: 59–66. http://www.aiha.com/wp-content/uploads/2015/07/15-Collateral-Damage-HIV-AIDS-Creates-a-Generation-of-Orphans-and-Vulnerable-Children.pdf.

Vahlne, Anders. 2009. "A Historical Reflection on the Discovery of Human Retroviruses." *Retrovirology* 6: 40. https://doi.org/10.1186/1742-4690-6-40.

Valdiserri, Ronald O. 2002. "HIV/AIDS Stigma: An Impediment to Public Health." *American Journal of Public Health* 92, no. 3 (March): 341–342.

Van Dyk, Alta C. 2008. *HIV/AIDS, Care and Counselling: A Multidisciplinary Approach.* 4ª ed. Ciudad del Cabo: Pearson Education.

Vanable, Peter A., Michael P. Carey, Donald C. Blair, y Rae A. Littlewood. 2006. "Impact of HIV-Related Stigma on Health Behaviors and Psychological Adjustment among HIV-Positive Men and Women." *AIDS and Behavior* 10, no. 5 (September): 473–482.

Varas-Díaz, Nelson, Irma Serrano-García, y José Toro-Alfonso. 2005. "AIDS-Related Stigma and Social Interaction: Puerto Ricans Living with HIV/AIDS." *Qualitative Health Research* 15, no. 2 (February): 169–187.

Varul, Matthias Zick. 2010. "Talcott Parsons, the Sick Role and Chronic Illness." *Body & Society* 16, no. 2 (June), 72–94.

Verbrugge, Lois M., y Alan M. Jette. 1994. "The Disablement Process." *Social Science & Medicine* 38, no. 1 (January): 1–14.

Vernal, Fiona. 2011. "Discourse Networks in South African Slave Society." *African Historical Review* 43 (2): 1–36.

Veterans Health Administration. 2008. "Secondary HIV Prevention: Information for VA Health Care Providers." Washington, DC: US Department of Veterans Affairs. https://www.hiv.va.gov/products/secondary-hiv-prevention.asp.

Vetten, Lisa. 2007. "New Crimes and Old Procedures: Can the New Sexual Offences Bill Deliver on Its Promises?" *South African Crime Quarterly*, no. 22 (December): 21–25.

Vetten, Lisa. 2014. "Rape and Other Forms of Sexual Violence in South Africa." *Institute for Security Studies Policy Brief* 72: 1–8.

Vian, Taryn, Katherine Semrau, Davidson H. Hamer, Le Thi Thanh Loan, y Lora Sabin. 2012. "HIV/AIDS-Related Knowledge and Behaviors among Most-at-Risk Populations in Vietnam." *The Open AIDS Journal* 6: 259–265. https://doi.org/10.2174/1874613601206010259.

Vickers, Steve. 2006. "Staging Sex Myths to Save Zimbabwe's Girls." BBC. Última modificación: 24 de octubre de 2006. http://news.bbc.co.uk/2/hi/africa/6076758.stm.

Viljoen, Frans, y Susan Precious. 2007. "Introduction: Human Rights under Threat in Attempts to Address HIV and AIDS." En *Human Rights under Threat: Four Perspectives on HIV, AIDS and the Law in Southern Africa*, editado por Frans Viljoen y Susan Precious, 1–12. Pretoria: Pretoria University Law Press.

Vincent, Louise. 2006. "Virginity Testing in South Africa: Re-Traditioning the Post-Colony." *Culture, Health & Sexuality* 8 (1): 17–30.

Vogelman, Lloyd, y Sharon Lewis. 1993. *Gang Rape and the Culture of Violence in South Africa.* Johannesburgo: Centre for the Study of Violence and Reconciliation.

Vriniotis, Mary. 2015. *Victimization Survey 101: Recommendations for Funding and Implementing a Victimization Survey.* Washington, DC: Inter-American Development Bank. https://publications.iadb.org/en/publication/12316/victimization-surveys-101-recommendations-funding-and-implementing-victimization.

Wadesango, Newman, Symphorosa Rembe, and Owence Chabaya. 2011. "Violation of Women's Rights by Harmful Traditional Practices." *The Anthropologist* 13 (2): 121–129.

Wæver, Ole. 1995. "Securitization and Desecurization." En *On Security*, editado por Ronnie D. Lipschutz, 46–86. Nueva York, NY: Columbia University Press.

Wainberg, Mark A. 2009. "Criminalizing HIV Transmission May Be a Mistake." *Canadian Medical Association Journal* 180, no. 6 (March): 688. https://doi.org/10.1503/cmaj.090249.

Watkins-Hayes, Celeste. 2014. "Intersectionality and the Sociology of HIV/AIDS: Past, Present, and Future Research Directions." *Annual Review of Sociology* 40: 431–457.

Weiss, Gregory L., y Lynne Lonnquist. 1997. *The Sociology of Health, Healing, and Illness.* 2ª ed. Upper Saddle River, NJ: Prentice-Hall.

Weiss, Mitchell G., Jayashree Ramakrishna, y Daryl Somma. 2006. "Health-Related Stigma: Rethinking Concepts and Interventions." *Psychology, Health & Medicine* 11 (3): 277–287.

White Hughto, Jaclyn M., Sari L. Reisner, y John. E. Pachankis. 2015. "Transgender Stigma and Health: A Critical Review of Stigma Determinants, Mechanisms, and Interventions." *Social Science & Medicine* 147 (December): 222–231.

Whiteside, Alan. 1998. *Implications of AIDS for Demography and Policy in Southern Africa.* Pietermaritzburg, Sudáfrica: University of Natal Press.

WHO (World Health Organization) Department of Gender, Women and Health and Global Coalition on Women and AIDS. 2004. "Violence against Women and HIV/AIDS: Critical Intersections - Intimate Partner Violence and HIV/AIDS." *WHO Information Bulletin Series*, no. 1 (November): 1–9. https://www.who.int/hac/techguidance/pht/InfoBulletinIntimatePartnerViolenceFinal.pdf.

WHO (World Health Organization) Department of Violence and Injury Prevention and Disability and Centre for Public Health, WHO Collaborating Centre for Violence Prevention, Liverpool John Moores University. 2010. *Violence Prevention: The Evidence*. Ginebra: Orgnización Mundial de la Salud. https://www.who.int/violence_injury_prevention/violence/the-evidence/en/.

WHO (World Health Organization) Regional Office for the Eastern Mediterranean. n.d. "Vulnerable Groups and Key Populations at Increased Risk of HIV – Definitions." Orgnización Mundial de la Salud. Acceso: 20 de abril de 2020. http://www.emro.who.int/asd/health-topics/vulnerable-groups-and-key-populations-at-increased-risk-of-hiv.html.

WHO (World Health Organization). 2006. *Report of the WHO European Region Technical Consultation, in Collaboration with the European AIDS Treatment Group (EATG) and AIDS Action Europe (AAE), on the Criminalization of HIV and Other Sexually Transmitted Infections*. Copenhague: Oficina Regional de la Organización Mundial de la Salud para Europa. https://www.hivlawand policy.org/resources/technical-consultation-collaboration-european-aids-treatment-group-and-aids-action-europe.

WHO (World Health Organization). 2007. *The World Health Report 2007 - A Safer Future: Global Public Health Security in the 21st Century*. Ginebra: Orgnización Mundial de la Salud. https://www.who.int/whr/2007/en/.

WHO (World Health Organization). 2008a. *Eliminating Female Genital Mutilation: An Interagency Statement – OHCHR, UNAIDS, UNDP, UNECA, UNESCO, UNFPA, UNHCR, UNICEF, UNIFEM, WHO*. Ginebra: Organización Mundial de la Salud. http://www.who.int/reproductivehealth/publications/fgm/9789241596442/en/.

WHO (World Health Organization). 2008b. *The World Health Report 2008 - Primary Health Care: Now More Than Ever*. Ginebra: Orgnización Mundial de la Salud. https://www.who.int/whr/2008/en/.

WHO (World Health Organization). 2011. *An Update on WHO's Work on Female Genital Mutilation (FGM): Progress Report*. Ginebra: Orgnización Mundial de la Salud. http://www.who.int/reproductivehealth/publications/fgm/rhr_11_18/en/.

WHO (World Health Organization). 2013. *Consolidated Guidelines on the Use of Antiretroviral Drugs for Treating and Preventing HIV Infection: Recommendations for a Public Health Approach*. Ginebra: Orgnización Mundial de la Salud. https://www.who.int/hiv/pub/guidelines/arv2013/en/.

WHO (World Health Organization). 2014a. *Global Update on the Health Sector Response to HIV, 2014*. Ginebra: Orgnización Mundial de la Salud. https://www.who.int/hiv/pub/progressreports/update2014/en/.

WHO (World Health Organization). 2014b. *Global Guidance on Criteria and Processes for Validation: Elimination of Mother-to-Child Transmission of HIV and Syphilis*. Ginebra: Orgnización Mundial de la Salud. https://apps.who.int/iris/handle/10665/112858.

WHO (World Health Organization). 2014c. *Guidelines on Post-Exposure Prophylaxis for HIV and the Use of Co-Trimoxazole Prophylaxis for HIV-Related Infections among Adults, Adolescents and Children: Recommendations for a Public Health Approach - December 2014 Supplement to the 2013 Consolidated ARV Guidelines*. Ginebra: Orgnización Mundial de la Salud. https://www.who. int/hiv/pub/guidelines/arv 2013/arvs2013upplement_dec2014/en/.

WHO (World Health Organization). 2014d. "Gender, Women and Health: What Do We Mean by 'Sex' and 'Gender'?" 28 de mayo de 2014. https://www.legal-tools.org/doc/a33dc3/pdf/.

WHO (World Health Organization). 2014e. "HIV Prevention: Offering Hope to Victims of Sexual Violence." Noviembre de 2014. https://www.who.int/features/2014/pep-antiretrovirals/en/.

WHO (World Health Organization). 2015. *HIV and Young People Who Sell Sex.* Ginebra: Orgnización Mundial de la Salud. https://www.who.int/hiv/pub/tool kits/hiv-young-sexworkers/en/.

WHO (World Health Organization). 2016a. *Global Health Sector Strategy on HIV, 2016–2021: Towards Ending AIDS.* Ginebra: Orgnización Mundial de la Salud. https://www.who.int/hiv/strategy2016-2021/ghss-hiv/en/.

WHO (World Health Organization). 2016b. *Consolidated Guidelines on HIV Prevention, Diagnosis, Treatment and Care for Key Populations.* Ginebra: Orgnización Mundial de la Salud. https://www.who.int/hiv/pub/guidelines/key populations-2016/en/.

WHO (World Health Organization). 2017. *WHO Guidelines on Ethical Issues in Public Health Surveillance.* Ginebra: Orgnización Mundial de la Salud. https://www.who.int/ethics/publications/public-health-surveillance/en/.

WHO (World Health Organization). 2019. *The Public Health Dimension of the World Drug Problem: How WHO Works to Prevent Drug Misuse, Reduce Harm and Improve Safe Access to Medicine.* Ginebra: Orgnización Mundial de la Salud. https://www.who.int/hiv/pub/idu/world-drug-problem-public-health/en/.

Wickström, Annette. 2010. "Virginity Testing as a Local Public Health Initiative: A 'Preventive Ritual' More Than a 'Diagnostic Measure'." *Journal of the Royal Anthropological Institute* 16, no. 3 (September): 532–550.

Wild, Lauren. 2001. "The Psychosocial Adjustment of Children Orphaned by AIDS." *Southern African Journal of Child and Adolescent Mental Health* 13 (1): 3–22.

Wilkinson, Kate. 2016. "Guide: Rape Statistics in South Africa." Africa Check. Última modificación: 22 de junio de 2016. https://africacheck.org/factsheets/guide-rape-statistics-in-south-africa/.

Wilkinson, Richard G. 1996. *Unhealthy Societies: The Afflictions of Inequality.* Londres: Routledge.

Willan, Samantha. 2000. *Considering the Impact of HIV/AIDS on Democratic Governance and Vice Versa.* Durban: División de Investigación en Economía de la Salud y VIH / SIDA, Universidad de Natal.

Williams, Simon J. 2003. *Medicine and the Body.* Londres: Sage.

Williams, Simon. J. 2005. "Parsons Revisited: From the Sick Role to...?" *Health* 9, no. 2 (April): 123-144.

Win, Everjoice J. 2004. "Virginity Testing as HIV/AIDS Prevention Strategy: Clutching at Straws, The Way I See It." *Sexuality in Africa Magazine* 1, no. 1 (March): 13–14.

Winter, Bronwyn, Denise Thompson, y Sheila Jeffreys. 2002. "The UN Approach to Harmful Traditional Practices." *International Feminist Journal of Politics* 4 (1): 72–94.

Youde, Jeremy. 2007. "HIV/AIDS and Democratic Legitimacy and Stability." En *HIV/AIDS and Threat to National and International Security*, editado por Robert L. Ostergard Jr., 197–222. Basingstoke, Reino Unido: Palgrave Macmillan.

Young, J. T. 2004. "Illness Behaviour: A Selective Review and Synthesis." *Sociology of Health & Illness* 26, no. 1 (January): 1–31.

Yount, Kathryn M., y Bisrat K. Abraham. 2007. "Female Genital Cutting and HIV/AIDS among Kenyan Women." *Studies in Family Planning* 38, no. 2 (June): 73–88.

Zaba, Basia, Jimmy Whitworth, Milly Marston, Jessica Nakiyingi, Anthony Ruberantwari, Mark Urassa, Raphaeli Issingo, Gabriel Mwaluko, Sian Floyd, Andrew Nyondo, y Amelia Crampin. 2005. "HIV and Mortality of Mothers and Children: Evidence from Cohort Studies in Uganda, Tanzania, and Malawi." *Epidemiology* 16, no. 3 (May): 275–280.

Zablotska, Iryna B., Ronald H. Gray, Michael A. Koenig, David Serwadda, Fred Nalugoda, Godfrey Kigozi, Nelson Sewankambo, Tom Lutalo, Fred Wabwire Mangen, y Maria J. Wawer. 2009. "Alcohol Use, Intimate Partner Violence, Sexual Coercion and HIV among Women Aged 15-24 in Rakai, Uganda." *AIDS and Behavior* 13, no. 2. (April): 225–233.

Zhang, Meiwen, Sarah Jane Steele, Amir Shroufi, Gilles van Cutsem, Junaid Khan, Garret Barnwell, Julia Hill, y Kristal Duncan. 2017. "The Health Impact of Sexual Violence among Women in a Platinum Mining Belt." Documento presentado en la Conferencia Anual sobre Retrovirus e Infecciones Oportunistas, Seattle, WA. http://www.croiconference.org/sessions/health-impact-sexual-violence-among-women-platinum-mining-belt.

Zhu, Bang-Yong, Jin Bu, Pei-Yong Huang, Zhi-Guang Zhou, Yue-Phing Yin, Xiang-Sheng Chen, Wan-Hui Wei, Ming-ying Zhong, Hong-Chu Wang, Hong Wang, y Quan Gan. 2012. "Epidemiology of Sexually Transmitted Infections, HIV, and Related High-Risk Behaviors among Female Sex Workers in Guangxi Autonomous Region, China." *Japanese Journal of Infectious Diseases* 65 (1): 75–78.

Ziguras, Christopher. 2004. *Self-Care: Embodiment, Personal Autonomy and the Shaping of Health Consciousness.* Londres: Routledge.

Zululand District Municipality. 2015. *Zululand Integrated Development Plan Review 2015/2016.* Ulundi, Sudáfrica: Municipalidad del distrito de Zululand. http://www.zululand.org.za/planning/integrated-development-plan/2015---2016-(final).aspx.

Lista de acrónimos

ACNUDH   Alto Comisionado de las Naciones Unidas para los Derechos Humanos (United Nations High Commissioner for Human Rights, UNHCHR y OHCHR por sus siglas en inglés)

AIS   AIDS Indicator Survey (Encuesta de Indicadores de SIDA)

CDC   Centers for Disease Control and Prevention (Centros de Control y Prevención de Enfermedades)

DHS   Demographic and Health Survey (Encuesta Demográfica y de Salud)

DOMP   Departamento de Operaciones de Mantenimiento de la Paz (Department of Peacekeeping Operations, DPKO por sus siglas en inglés)

FDA   Food and Drug Administration (Administración de Alimentos y Medicamentos)

GRID   Gay-Related Immunodeficiency (Inmunodeficiencia Relacionada con los Homosexuales)

ITS   Infecciones de Transmisión Sexual (Sexually Transmitted Infections, STIs por sus siglas en inglés)

KDHS   Kenya Demographic and Health Survey (Encuesta Demográfica y de Salud de Kenia)

LEAHN   Law Enforcement and HIV Network (Aplicación de la Ley y Red de VIH)

LGBT   Lesbian, Gay, Bisexual, and Transgender (Lesbianas, Gays, Bisexuales y Transexuales)

PCP   Pneumocystis Pneumonia (Neumonía por Pneumocystis)

PEP   Post-Exposure Prophylaxis (Profilaxis Posterior a la Exposición)

PrEP   Pre-Exposure Prophylaxis (Profilaxis Previa a la Exposición)

SAPS   South African Police Service (Servicio de Policía de Sudáfrica)

SIDA   Síndrome de Inmunodeficiencia Adquirida (Acquired Immunodeficiency Syndrome, AIDS por sus siglas en inglés)

TAR   Terapia Antirretroviral (Antiretroviral Therapy, ART por sus siglas en inglés)

TB	Tuberculosis
OMS	Organización Mundial de la Salud (World Health Organization, WHO por sus siglas en inglés)
ONU Mujeres	Entidad de las Naciones Unidas para la Igualdad de Género y el Empoderamiento de la Mujer (United Nations Entity for Gender Equality and the Empowerment of Women, UN Women por sus siglas en inglés)
ONUSIDA	Programa Conjunto de las Naciones Unidas sobre el VIH y el SIDA (Joint United Nations Programme on HIV and AIDS, UNAIDS por sus siglas en inglés)
PNUD	Programa de las Naciones Unidas para el Desarrollo (United Nations Development Programme, UNDP por sus siglas en inglés)
UN	United Nations (Naciones Unidas, ONU)
UNESCO	United Nations Educational, Scientific and Cultural Organization (Organización de las Naciones Unidas para la Educación, la Ciencia y la Cultura)
UNFPA	United Nations Population Fund (Fondo de Población de las Naciones Unidas)
UNICEF	United Nations Children's Fund (Fondo de las Naciones Unidas para los Niños)
UNODC	United Nations Office on Drugs and Crime (Oficina de Drogas y Crimen de las Naciones Unidas)
VOCS	Victims of Crime Survey (Encuesta de Víctimas de Delitos)
TARGA	Terapia Antirretroviral de Gran Actividad (Highly Active Antiretroviral Therapy, HAART por sus siglas en inglés)
VIH	Virus de Inmunodeficiencia Humana (Human Immunodeficiency Virus, HIV por sus siglas en inglés)

Index

www.ingramcontent.com/pod-product-compliance
Lightning Source LLC
Chambersburg PA
CBHW050517280326
41932CB00014B/2359